Josemaría Escrivá de Balaguer
FREUNDE GOTTES

Josemaría Escrivá de Balaguer

FREUNDE GOTTES

HOMILIEN

A
V Adamas-Verlag · Köln

Originaltitel: AMIGOS DE DIOS
Die spanische Erstausgabe erschien 1977
Aus dem Spanischen übertragen von Josef Arquer

2. Auflage

Imprimatur. Coloniae, die 25 octobris 1979,
Jr.-Nr. 98 008 I 79 † Hubert Luthe, vic. eplis.
Umschlagentwurf: Hannes Jähn
Gesamtherstellung: Bercker GmbH, 4178 Kevelaer
Printed in Germany 1980
ISBN 3 920007 56 5 (Lw)
ISBN 3 920007 57 3 (Br)

INHALT

DER AUTOR

Msgr. Josemaría Escrivá de Balaguer wurde am 9. Januar 1902 in Barbastro (Spanien) geboren und starb im Rufe der Heiligkeit am 26. Juni 1975 in Rom.

Nach seiner Priesterweihe am 28. März 1925 begann er sein priesterliches Wirken in Landpfarreien; später war er in Madrider Armenvierteln und Hospitälern, danach unter Studenten tätig. Am 2. Oktober 1928 gründete er die internationale katholische Vereinigung Opus Dei, die von Anfang an mit bischöflicher Approbation arbeitete und in den Jahren 1943 bis 1950 alle Approbationen des Heiligen Stuhles erhielt. Seit 1928 ist das Leben Msgr. Escrivás von der Geschichte und Ausbreitung des Opus Dei nicht zu trennen. Der Vereinigung gehören gegenwärtig Männer und Frauen aus 80 Ländern an.

Msgr. Escrivá de Balaguer promovierte in Rechtswissenschaft an der Universität Madrid und in Theologie an der Lateranuniversität in Rom. Er war Ehrendoktor der Universität Zaragoza und Großkanzler der Universitäten von Navarra (in Pamplona, Spanien) und Piura (Peru). Er war Superior im Seminar St. Franz von Paula in Zaragoza, Professor für Allgemeine und Berufsethik an der Hochschule für Publizistik in Madrid und Professor für Kanonisches und Römisches Recht in Zaragoza und Madrid. Msgr. Escrivá war Päpstlicher Hausprälat und Mitglied der Päpstlichen Römischen Akademie für Theologie. Er war tätig als Konsultor der Kongregation für Seminare und Universitäten sowie der Päpstlichen Kommission für die authentische Interpretation des Codex Iuris Canonici.

Unter seinen Veröffentlichungen finden sich historische und theologisch-juristische Studien wie *La Abadesa de las Huelgas*, sowie geistliche Bücher, die in viele Sprachen übersetzt wurden: *Der Weg*, *Der Rosenkranz*, *Christus begegnen* und *Gespräche mit Msgr. Escrivá de Balaguer*, eine Sammlung von Interviews, die er der Presse gab.

Seit 1946 lebte Msgr. Escrivá de Balaguer als Generalpräsident des Opus Dei in Rom. Sein Leichnam ruht in der Krypta der Kapelle Maria vom Frieden im Zentralsitz der Vereinigung in Rom, ständig begleitet vom Gebet und der Dankbarkeit vieler Menschen aus der ganzen Welt, die durch das Leben und die Lehre des Gründers des Opus Dei Gott nähergekommen sind.

ZUR EINFÜHRUNG

Gott weiß es besser. Wir Menschen begreifen recht wenig die väterliche, milde Art, wie Er uns zu sich führt. Als ich 1973 die Einführung zu dem Homilienband *Christus begegnen* schrieb, konnte ich nicht ahnen, daß jener heiligmäßige Priester, der diese Betrachtungen gehalten hatte, so bald in die himmlische Wohnung einziehen würde. Wir alle, Tausende von Männern und Frauen in der ganzen Welt, die wir sämtlich Kinder seines Gebetes, seines Opfers und seiner großzügigen Hingabe an den Willen Gottes sind, übertragen auf ihn mit unendlicher Dankbarkeit jenes ergreifende Lobeswort, das einst der heilige Augustinus von unserem Vater und Herrn, dem heiligen Josef, sprach: *Besser erfüllte er die Vaterschaft des Herzens, als jeder andere die des Fleisches*[1]. Es war an einem Donnerstag, dem 26. Juni 1975 um die Mittagsstunde, als er von uns ging; er starb in Rom, in der Stadt, die er liebte, weil sie Sitz des Petrus, Mitte der Christenheit und Haupt der allumfassenden

[1] Augustinus, *Sermo,* 51, 26 (PL 38, 348).

Liebe der heiligen Kirche ist. Wir hatten noch den Klang der Glocken im Ohr, die zum *Engel des Herrn* geläutet hatten – da vernahm schon der Gründer des Opus Dei mit einer Kraft, die nun niemals mehr nachlassen wird, den Ruf: *amice, ascende superius*[2], Du, mein Freund, rücke höher hinauf, komm, um den Himmel zu besitzen.

Während er an einem gewöhnlichen Tag seiner priesterlichen Arbeit nachging – dabei in einer tiefen Gemeinschaft mit dem, der das Leben ist –, verließ er diese Erde. So ist er nicht tot, denn er ist beim Herrn. Mitten in seiner seelsorgerischen Arbeit erfuhr er jene *selige Bestürzung* – wie es in der Homilie *Auf dem Weg zur Heiligkeit*[3] heißt –, die Begegnung mit Christus von Angesicht zu Angesicht. Er durfte endlich das herrliche Antlitz schauen, nach welchem er sich so oft mit dem Ruf gesehnt hatte: *Vultum tuum, Domine, requiram!*[4] Herr, ich suche Dein Angesicht!

Unmittelbar nachdem er von dieser Erde in die himmlische Heimat abberufen worden war, erreichten mich Zeugnisse von unzähligen Menschen, die sein heiliges Leben gekannt hatten. Es waren und sind Äußerungen, denen man heute schon freien Lauf geben kann; zu seinen Lebzeiten schwiegen viele, weil sie die Demut eines Menschen respektieren wollten, der sich als *einen Sünder, welcher Christus bis zur Torheit liebt,* ansah. Mir wurde der Trost zuteil, aus dem Munde des Heiligen Vaters selbst warme Worte des Lobes für den Gründer des Opus Dei zu hören. Zeitungen und Zeitschriften in der ganzen Welt haben

[2] Lk 14, 10.
[3] *Auf dem Weg zur Heiligkeit,* 296.
[4] Ps 26, 8.

zahlreiche Nachrufe und Beiträge, voll von Dankbarkeit, veröffentlicht; sie sind nicht nur von Christen geschrieben, sondern sie stammen auch von Menschen, welche sich zwar noch nicht als Christen bekennen, aber durch das Wort und die Schriften von Msgr. Escrivá de Balaguer begonnen haben, Christus zu entdecken.

„Solange ich lebe, werde ich nicht aufhören zu predigen, daß wir mit absoluter Notwendigkeit betende Menschen sein müssen, immer, bei allen Gelegenheiten und in den verschiedensten Umständen, denn Gott verläßt uns niemals“[5]. Das war seine einzige Aufgabe: Beten und andere zum Gebet ermuntern. Deshalb löste er, mitten in der Welt, eine erstaunliche *Mobilisierung von Menschen aus, die* – wie er gern sagte – *bereit sind, das christliche Leben ernst zu nehmen,* und zwar dadurch, daß sie den kindlichen Umgang mit Gott suchen. Viele von uns sind durch ihn, der ganz und gar Priester war, in „das große Geheimnis der göttlichen Barmherzigkeit: daß wir Kinder Gottes sind“[6], eingeweiht worden.

Dieser zweite Band mit Homilien von Msgr. Escrivá de Balaguer enthält einige Betrachtungen, die schon zu seinen Lebzeiten erschienen waren; andere aber gehören zu der großen Menge derer, die er erst zu einem späteren Zeitpunkt veröffentlicht sehen wollte; denn er arbeitete sehr viel, in Gelassenheit, doch unermüdlich. Niemals hatte er sich vorgenommen, ein *Autor* zu sein, obwohl er zu den Meistern der christlichen Spiritualität gehört. Der Schauplatz, auf dem seine ebenso liebenswerte wie Forderungen

[5] *Leben aus dem Gebet,* 247.
[6] *Umgang mit Gott,* 145.

stellende Lehre gelebt werden soll, ist die Arbeit, das Zuhause, der Bereich der menschlichen Beziehungen, ja, alle Bereiche überhaupt. Er besaß die Gabe, dem Hörer oder Leser unendlich viel mehr zu geben, als er auf den ersten Anhieb vermutet. Man liest ihn einfach gern. Die präzisen Formulierungen und anschaulichen Bilder erreichen jeden – über alle Unterschiede der Denkweise oder der Bildung hinweg. Er ist bei den Evangelien selbst zur Schule gegangen; daher die Klarheit, die Fähigkeit, an die Tiefen der Seele zu rühren, und die Kunst, niemals veraltet, weil niemals modisch zu sein.

Diese achtzehn Homilien umreißen eine Gesamtschau der natürlichen und christlichen Tugenden, die für jeden, der Christus aus der Nähe folgen will, grundlegend sind. Uns werden weder theoretische Abhandlungen noch wird uns ein Kompendium geistlichen Wohlverhaltens geboten. Die Homilien enthalten gelebte Lehre, in welcher sich die Tiefe des Theologen mit der Klarsichtigkeit verbindet, die der gute Seelenhirt aus dem Evangelium schöpft. Das Wort wird bei Msgr. Escrivá zu einem Gespräch mit Gott, zu einem Gebet, ohne daß es dabei aufhört, herzliche Unterhaltung über die Sorgen und Hoffnungen der Zuhörer zu sein. Deshalb sind diese Betrachtungen eine Katechese, eine Glaubensstunde über die christliche Lehre und das christliche Leben; man spricht zugleich von Gott und mit Gott. Dies mag der Grund für das außerordentlich Ansprechende der Homilien sein: daß man immer die Liebe schlechthin im Blick hat, daß man *auf Ihn schaut, beständig und mühelos*[7].

[7] *Auf dem Weg zur Heiligkeit*, 296.

Gleich zu Beginn begegnet uns ein ständiges Anliegen in der Verkündigung von Msgr. Escrivá: Gott ruft alle Menschen zur Heiligkeit. Er greift die Worte des Apostels auf – *dieser ist der Wille Gottes, eure Heiligung*[8] – und sagt uns: „Heilig müssen wir sein, und zwar – laßt es mich so sagen – *vom Scheitel bis zur Sohle:* Christen, die man für einen Heiligsprechungsprozeß vorschlagen könnte, wahr und echt; alles andere hieße, daß wir als Jünger des einzigen Meisters gescheitert wären"[9]. Genauer heißt es dann: „Die Heiligkeit, die der Herr von dir will, ist nur zu erlangen durch das Ernstnehmen der Arbeit und der alltäglichen, meistens unscheinbaren Pflichten, aus Liebe zu Gott"[10].

Worauf stützt sich ein Christ, daß er solch erstaunliche Hoffnungen in sich nähren kann? Was berechtigt ihn dazu? Die Antwort ist wie ein Kehrreim, der im Verlauf dieser Homilien immer wieder anklingt: die demütige Kühnheit „eines Menschen, der sich arm und schwach, aber auch Kind Gottes weiß"[11].

Für Msgr. Escrivá de Balaguer ist es offenkundig, daß die menschliche Existenz von einer entscheidenden Alternative geprägt ist: „Sklaverei oder Gotteskindschaft – das ist die Alternative unseres Lebens. Entweder Kinder Gottes oder Sklaven des Stolzes"[12]. Seitdem der Herr den zu sich nahm, den ich am meisten in dieser Welt liebte, hat mich das heiligmäßige Vorbild jener treuen und heroischen Hingabe, die der Gründer des Opus Dei gelebt hat, diese

[8] 1 Thess 4, 3.
[9] *Die Würde des Alltags,* 5.
[10] Ebd., 7.
[11] *Demut,* 108.
[12] *Das Gottesgeschenk unserer Freiheit,* 38.

Alternative noch eindringlicher in meinem Gebet betrachten lassen: Ohne die Demut und die Einfachheit des Kindes vermögen wir keinen einzigen Schritt auf dem Weg unseres Dienstes an Gott zu tun. „Demut bedeutet, daß wir uns so sehen, wie wir sind, ungeschminkt, wahrhaftig. Indem wir unsere Armseligkeit begreifen, öffnen wir uns der Größe Gottes, und das ist es, was unsere eigentliche Größe ausmacht"[13].

Er muß wachsen, ich muß abnehmen[14], lehrte Johannes der Täufer, der Wegbereiter Christi. Und Christus sagt: *Lernet von mir, denn ich bin sanftmütig und demütig von Herzen*[15]. Demut ist nicht *menschliches Gehemmtsein;* die Demut, die in der Verkündigung des Gründers des Opus Dei spürbar wird, ist eine lebendige, tief empfundene Wirklichkeit, „denn sie bedeutet, sein Kleinsein vor Gott anzuerkennen: als Kind, als Sohn"[16]. Msgr. Escrivá prägte einen Ausdruck, der wahrscheinlich niemals zuvor verwendet worden ist: *vibrierende Demut*[17], denn das Kleinsein des Kindes, das sich unter dem väterlichen Schutz des Allmächtigen weiß, bewirkt im Menschen ein tätiges Vibrieren im Glauben, in der Hoffnung, in der Liebe und in allen anderen Tugenden, die der Heilige Geist der Seele einflößt.

Das Leitthema der ersten Homilie ist auch in allen anderen gegenwärtig: das gewöhnliche Leben, der Alltag, das, was immer wiederkehrt. Msgr. Escrivá de Balaguer

[13] *Demut*, 96.
[14] Jo 3, 30.
[15] Mt 11, 29.
[16] *Demut*, 108.
[17] *Leben aus dem Glauben*, 202.

spricht über alle Tugenden unter ständigen Hinweisen auf das Leben eines Christen, der mitten in der Welt steht, weil *dies sein Platz ist, dies der Ort, an den Gott ihn hat hinstellen wollen.* An diesem Ort also entfalten sich die natürlichen Tugenden: Klugheit, Wahrhaftigkeit, Gelassenheit, Gerechtigkeit, Großmut, Arbeitsamkeit, Zucht und Maß, Aufrichtigkeit, Starkmut usw. Diese Tugenden sind menschlich-natürlich, aber auch christlich, denn Zucht und Maß werden durch den Geist der Buße und der Abtötung vervollkommnet, und die trockene Pflichterfüllung wird durch den göttlichen Hauch der Liebe erhöht, ,,die einem verschwenderischen Überfließen der Gerechtigkeit gleicht"[18]. Wir machen so von den Dingen zwar Gebrauch, aber wir bleiben von ihnen innerlich losgelöst und bewahren ein reines Herz.

Der Christ muß lernen, mit der Zeit verantwortlich hauszuhalten, denn: *Treiben wir die Geschäfte Gottes,* so ist die Zeit mehr als Geld: *Zeit ist Herrlichkeit*[19]. Er zeigt so seine Liebe zu Gott und zu den Mitmenschen, indem er *die Arbeit heiligt, sich in der Arbeit heiligt und die anderen durch die Arbeit heiligt.* Dies bringt ein gewissenhaftes Ernstnehmen der kleinen Dinge mit sich, das allen unfruchtbaren Träumereien abhold ist und sich im Menschlichen wie im Übernatürlichen im stillen Heroismus eines Menschen entfaltet, der die Wirklichkeit des Alltags mit Christus lebt. ,,Nirgends steht geschrieben, daß der Christ sich der Welt entfremden müsse. Jesus Christus, unser Herr, hat in Worten und Taten gerade eine Tugend gelobt,

[18] *Vor Gott und den Menschen,* 173.
[19] Vgl. *Der Weg,* 355.

die mir besonders am Herzen liegt: die Natürlichkeit, die Einfachheit. (...) Manchmal jedoch gewöhnen sich die Menschen so sehr an das Einfache, Alltägliche, daß sie dann unbewußt das Auffällige, Künstliche bevorzugen. Jeder hat schon irgendwann einmal erlebt, daß die Schönheit einer frischgeschnittenen, duftenden Rose mit den Worten gepriesen wird: wie aus Stoff!"[20]

Frisch wie soeben erblühte Rosen erreichen uns diese Worte des Gründers des Opus Dei: als die Frucht eines Lebens, das ganz dem Umgang mit Gott und einem weiten Apostolat, vergleichbar einem *Meer ohne Ufer,* gewidmet war. Ein durchgehendes Charakteristikum dieser Betrachtungen ist die Verschmelzung von Einfachheit und leidenschaftlicher, überfließender Liebe, die uns „im Herzen tief erschüttert"[21]; „habt es eilig damit, zu lieben"[22], denn „ein Menschenleben reicht nicht, um den Radius deiner Liebe ganz auszuschreiten"[23].

Dies führt uns zu einem weiteren Generalthema in seinen Homilien. Es ist „das Geflecht der drei göttlichen Tugenden, die die Unterlage bilden, auf der das wahre Leben eines christlichen Mannes und einer christlichen Frau gewoben wird"[24]. Immer wieder wird darauf Bezug genommen: „aus dem Glauben zu leben; beharrlich zu sein in der Hoffnung; uns ganz nah an Christus zu halten, Ihn wirklich und wahrhaftig und ganz zu lieben"[25]; „die Gewiß-

[20] *Natürliche Tugenden,* 89.
[21] *Auf dem Weg zur Heiligkeit,* 294.
[22] *Auf den Spuren Christi,* 140.
[23] *Der Wert der Zeit,* 43.
[24] *Die Hoffnung des Christen,* 205.
[25] *Die Würde des Alltags,* 22.

heit, mich als Sohn Gottes fühlen zu dürfen, erfüllt mich (...) mit wirklicher Hoffnung"[26]; „dann ist die Zeit gekommen, mitten in deinem Alltag dich im Glauben zu bewähren, die Hoffnung neu zu stärken und die Liebe wieder zu beleben"[27].

Den drei Homilien über den Glauben, die Hoffnung und die Liebe folgt eine, die dem Gebet gewidmet ist. Doch die Notwendigkeit eines Lebens des Umgangs mit Gott ist schon von der ersten Seite an ständig gegenwärtig. „Das Gebet muß nach und nach in der Seele Wurzeln schlagen"[28], in einer natürlichen, einfachen, vertrauensvollen Art, denn „die Kinder Gottes bedürfen keiner pedantisch ausgeklügelten Methode, um sich an ihren Vater zu wenden"[29]. Das Gebet ist der Faden, der die das Leben tragende Unterlage der drei göttlichen Tugenden durchzieht. Alles wird zu einer Einheit: im Leben erklingt das Echo des Göttlichen, denn „die Vereinigung mit unserem Herrn sondert uns nicht von der Welt ab, sie macht uns nicht zu weltfremden Wesen, die dem Lauf der Dinge entrückt sind"[30].

Inmitten der treffenden, präzisen Kommentare zu Stellen der Heiligen Schrift und der häufigen Erwähnung von Texten aus dem Schatz der christlichen Überlieferung brechen immer wieder wie ein reißender Strom Ausrufe der Liebe durch: „Wie groß ist die Liebe, wie groß die Barmherzigkeit unseres Vaters! Wenn ich auf solche Werke der

[26] *Die Hoffnung des Christen,* 208.
[27] *Arbeit Gottes,* 71.
[28] *Auf dem Weg zur Heiligkeit,* 295.
[29] *Leben aus dem Gebet,* 255.
[30] Ebd., 251.

Liebe Gottes gegenüber seinen Kindern blicke, auf Wohltaten, die geradezu von einem *göttlichen Verrücktsein* vor Liebe künden, dann möchte ich tausend Herzen und tausend Münder haben, um Gott den Vater, Gott den Sohn und Gott den Heiligen Geist ohne Ende zu preisen"[31].

Woher eine so starke Liebe? Einmal: Gott gab sie ihm; dann aber auch: Er war fähig, mit seinem freien Willen auf sie zu antworten und sie Tausenden und Abertausenden von Menschen weiterzugeben. Er liebte und er *wollte* diese Liebe, um der Gnade zu entsprechen, die Gott ihm in die Seele gesenkt hatte. Die Freiheit zu lieben – sie verkündete er mit Leidenschaft: „In Freiheit, ohne Zwang, entscheide ich mich für Gott: weil ich es so will, und ich entscheide mich dafür, zu dienen und mein Dasein in Hingabe an die anderen zu verwandeln – aus Liebe zu meinem Herrn, zu Jesus Christus. Dann darf ich kraft dieser Freiheit behaupten, daß nichts auf dieser Erde mich trennen wird von der Liebe Christi"[32].

Der Weg zur Heiligkeit, den uns Msgr. Escrivá weist, ist durch und durch ein Weg der tiefsten Achtung für die Freiheit. Der Gründer des Opus Dei kostet die Worte des heiligen Augustinus aus, der einmal schrieb: Gott *dachte, daß seine Diener besser sein würden, wenn sie ihm in Freiheit dienten*[33]. Dieser Weg führt zum Himmel, und zugleich ist er der gewiesene Pfad für die, die inmitten der Gesellschaft, im Berufsleben und in Bereichen tätig sind, die manchmal dem Gesetz Christi gleichgültig oder sogar

[31] *Das Gottesgeschenk unserer Freiheit*, 33.
[32] Ebd., 35.
[33] Augustinus, *De vera religione*, 14, 27 (PL 34, 134).

feindselig gegenüberstehen. Der Gründer des Opus Dei spricht nicht für Menschen, die sich in eine Art Treibhaus wohlbehütet zurückgezogen haben, sondern zu Menschen, die auf freier Wildbahn, in den verschiedensten Lebenssituationen, ihren Kampf bestehen müssen. Dort fällt die freie Entscheidung, Gott zu dienen und Ihn über alles zu lieben. Freiheit ist unerläßlich, und erst in Freiheit wird die Liebe stark und schlägt Wurzeln: „Vergeßt nicht, daß niemand schon von Geburt an heilig ist: der Heilige *wird*, er wird im ständigen Zusammenspiel von göttlicher Gnade und menschlichem Mitwirken“[34].

Der Umgang mit dem Herrn wird von zwei Kraftfeldern bestimmt: von der Liebe und von der Freiheit. Sie vereinen sich, sobald die Freiheit sich für die Liebe zu Gott entschieden hat. Dieser Sturzbach der Gnade und der freien Entsprechung vermag es, alle Hindernisse fortzuschwemmen: den *psychologischen Terror*[35], der gegen die entfesselt wird, die Gott treu bleiben wollen; die persönlichen Erbärmlichkeiten, die niemals verschwinden, aber zu Gelegenheiten werden, uns die Liebe in der Freiheit der Reue neu zu stärken; und die Schwierigkeiten des Milieus, die es *mit einer Saat des Friedens und der Freude*[36] zu überwinden gilt.

In manchen Anmerkungen zu dem großartigen göttlichen und menschlichen Zusammenspiel von Freiheit und Liebe schimmert etwas von dem Leiden durch, das das Leben von Msgr. Escrivá de Balaguer ständig begleitet hat:

[34] *Die Würde des Alltags*, 7.
[35] *Auf dem Weg zur Heiligkeit*, 298.
[36] *Demut*, 105.

Leiden aus Liebe, weil die Menschen so schwerfällig auf die göttliche Barmherzigkeit reagieren. Wer ihn sah, vermochte kaum etwas von diesem Leiden wahrzunehmen, denn nur wenige Menschen sind mit soviel Freude, soviel guter Laune und soviel stets erneuerter Jugendlichkeit des Geistes durch die Welt gegangen wie er. Schwermut kannte er nicht, es sei denn als die Sehnsucht nach der Liebe Gottes. Aber er hat viel gelitten. Zahlreiche seiner Kinder, die ihn nahe gekannt haben, sagten mir später: *Wie war es möglich, daß unser Vater soviel litt? Denn wir haben ihn nur froh, nur wach für die kleinsten Aufmerksamkeiten und immer ganz an uns hingegeben gesehen.*

Einige der hier vorliegenden Homilien geben auf diese Fragen eine indirekte Antwort: „Vergeßt eines nicht: bei Jesus sein heißt auch, mit Sicherheit seinem Kreuz begegnen. Wenn wir uns in die Hand Gottes geben, läßt Er es häufig zu, daß wir den Schmerz spüren, Einsamkeit, Widerwärtigkeiten, Verleumdungen, üble Nachrede, Spott, von innen und von außen; denn Er möchte uns nach seinem Bild und Gleichnis gestalten, und so erlaubt Er auch, daß man uns für verrückt hält und Narren nennt“[37].

Weil er so sehr dazu fähig war, das Kreuz des Herrn leidenschaftlich zu umarmen, konnte Msgr. Escrivá von sich sagen: „Ich bin in meinem Leben zu einem besonders tiefen Bewußtsein der Gotteskindschaft geführt worden. Ich habe das Glück erfahren, mich im Herzen meines Vaters bergen zu dürfen, um von da aus – auf dem Fundament seiner Liebe und meiner Demütigung – manches zu begradi-

[37] *Auf dem Weg zur Heiligkeit*, 301.

gen, mich zu läutern, dem Herrn zu dienen, alle Menschen zu verstehen und zu entschuldigen"[38]. Immer ist er den Eingebungen des Heiligen Geistes gefolgt, voller Fügsamkeit, damit sich in seinem Leben und Verhalten das liebenswerte Antlitz Christi widerspiegele. Er schenkte den Worten des Herrn uneingeschränkten Glauben. Oft wurde er von Menschen angefeindet, die anscheinend nicht vertragen können, daß jemand aus dem Glauben, in Hoffnung und mit Liebe leben kann. „Manch einer wird mich für naiv halten. Mir macht es nichts aus, so eingeschätzt zu werden, weil ich noch an die Liebe glaube . . . Und ich versichere euch, daß ich nie und nimmer aufhören werde, an sie zu glauben! Solange der Herr mir noch zu leben gibt, werde ich als Priester Jesu Christi im Bemühen fortfahren, Eintracht und Frieden unter denen auszubreiten, die Brüder sind, weil sie alle Gott zum Vater haben; im Bemühen darum, daß die Menschen sich besser verstehen und daß alle am selben Ideal teilhaben: am Glauben"[39].

Die Grundgestimmtheit der Liebe und der Freiheit und das Bewußtsein, daß wir uns im göttlichen Bereich des Glaubens und der Hoffnung zu bewegen haben, setzen sich um in Apostolat. Die Homilie *Damit alle gerettet werden* ist ganz diesem Thema gewidmet: „Jesus steht am Ufer des Sees Genezareth, während das Volk Ihn umdrängte, *um das Wort Gottes zu hören* (Lk 5, 1). So wie heute, seht ihr es nicht? Die Menschen wollen die Botschaft Gottes hören, auch wenn sie es nach außen nicht zeigen. Bei einigen ist die Lehre Christi vielleicht in Vergessenheit

[38] *Umgang mit Gott*, 143.
[39] *Vor Gott und den Menschen*, 174.

geraten, anderen, die ohne eigene Schuld mit dieser Lehre niemals vertraut gemacht wurden, erscheint die Religion als etwas Fremdes. Aber seid von einer Tatsache überzeugt, die ständig aktuell bleibt: Es kommt immer der Augenblick, in dem die Seele nicht mehr weiterkann, sich mit den üblichen Erklärungen nicht mehr zufrieden gibt und in den Lügen der falschen Propheten keine Befriedigung mehr findet. Dann hungern diese Menschen danach, ihre innere Unruhe mit der Lehre des Herrn zu stillen, auch wenn sie es nicht zugeben"[40].

Der apostolische Nerv, dieser ungestüme Wille, die drängende Liebe Gottes zu den Menschen weiterzugeben, durchzieht jede Seite dieses Bandes. Es geht darum, „den Seelen den wahren Frieden zu bringen" und „die Welt umzugestalten"[41]. Der Blick von Msgr. Escrivá de Balaguer ist ständig dem Meister zugewandt, der uns Menschen von der ewigen Seligkeit zu sprechen dadurch lehrte, daß Er auf Erden seine göttlichen Spuren hinterließ. Ich möchte es nicht unterlassen, den ganzen Abschnitt aus der Homilie *Auf dem Weg zur Heiligkeit* zu zitieren, in welchem der Gründer des Opus Dei eine Begebenheit aus dem Evangelium erläutert, die ihm besonders liebgeworden war: das apostolische Gespräch zwischen Jesus und den beiden Jüngern von Emmaus, die vielleicht schon alle Hoffnung verloren hatten.

„Es war ein gewöhnlicher Weg, wie der Weg so vieler anderer Wanderer dorthin. Da gesellt sich, ganz natürlich, Jesus zu ihnen. Das Gespräch mit Ihm verscheucht die

[40] *Damit alle gerettet werden,* 260.
[41] *Auf dem Weg zur Heiligkeit,* 294.

Müdigkeit. Ich stelle mir die Szene vor. Der Tag neigt sich bereits, eine leichte Brise weht. Ringsum Felder. Der Weizen ist schon fast reif, die alten Ölbäume schimmern silbrig im schwächer werdenden Licht"[42].

Christus begegnen, wenn Er vorübergeht. Die zwei Jünger merken, daß der Herr weiterziehen will, und so sagen sie Ihm: *Bleibe bei uns, denn es will Abend werden, und der Tag hat sich schon geneigt*[43]. „So sind wir, immer wenig kühn, vielleicht aus Unaufrichtigkeit, vielleicht aus Scham. Im Grunde denken wir: Bleibe bei uns, denn unsere Seele ist von Finsternis umhüllt, und nur Du bist das Licht, nur Du kannst die Sehnsucht in uns stillen, die uns verzehrt"[44].

Diese Sehnsucht nach Gott, die wir alle in uns tragen, bietet einem Christen jeden Tag Gelegenheiten zum Apostolat. Wir Menschen rufen nach Ihm, wir suchen Ihn, auch wenn manchmal das Gewissen schwankt oder der Blick an die Erde geheftet ist: „Jesus bleibt. Wie dem Kleophas und seinem Begleiter gehen uns die Augen auf, da Christus das Brot bricht. Mag Er auch unseren Blicken wieder entschwinden, fortan werden wir fähig sein, uns von neuem auf den Weg zu machen, während die Nacht hereinbricht, um zu den anderen über Ihn zu sprechen, denn soviel Freude kann ein Herz allein nicht fassen"[45]

Meine Gedanken kehren zum 26. Juni 1975 zurück, zu jenem Tag, den ich mir ständig gegenwärtig halte und den ich nie vergessen werde. Msgr. Escrivá wurde an diesem

[42] Ebd., 313.
[43] Lk 24, 29.
[44] *Auf dem Weg zur Heiligkeit,* 314.
[45] Ebd., 314.

Tag geboren, geboren für immer der göttlichen Liebe, weil sein Herz ein nie endendes Emmaus, die nie mehr endende Nähe Christi brauchte. In der Betrachtung *Auf dem Weg zur Heiligkeit* hatte er geschrieben: „Es entsteht in uns ein Durst nach Gott und das Verlangen, seine Tränen zu begreifen, sein Lächeln und sein Antlitz zu sehen. (...) Die Seele schreitet fort, in Gott geborgen, vergöttlicht: Der Christ ist zu einem dürstenden Wanderer geworden, der seinen Mund über die Wasserquellen beugt"[46]. Und weiter heißt es: „Ich pflege gern von einem ‚Weg' zu sprechen, denn wir sind ja unterwegs zu den himmlischen Wohnungen, zu unserer Heimat"[47].

Dort weilt er jetzt in der Gegenwart der Allerheiligsten Dreifaltigkeit, der heiligen Maria, der Mutter Gottes und unserer Mutter, und des heiligen Josefs, den er so innig liebte. Viele von uns, überall in der Welt, vertrauen ihm ihre Gebete an, denn wir sind davon überzeugt, daß Gott gern den erhört, der bestrebt war, ein *guter und getreuer Knecht*[48] zu sein, und der es während seines ganzen irdischen Lebens gewesen ist.

Die bisher veröffentlichten Schriften des Gründers des Opus Dei – besonders *Der Weg, Der Rosenkranz, Christus begegnen, Gespräche* – haben eine Auflage von über fünf Millionen erreicht und sind in mehr als dreißig Sprachen übersetzt worden. Wie all diese Werke, will auch der hier vorgelegte zweite Band seiner Homilien nur eins: dazu beitragen, daß mehr Menschen Gott näherkommen. Die Kir-

[46] Ebd., 310.
[47] Ebd., 313.
[48] Mt 25, 21.

che erlebt schwierige Zeiten. Der Heilige Vater mahnt unermüdlich zum Gebet, zur übernatürlichen Sicht, zur Treue gegenüber dem heiligen Glaubensgut, zum brüderlichen Verstehen, zum Frieden. Wir dürfen in einer solchen Situation nicht mutlos werden; es ist an der Zeit, die Tugenden, die die Gestalt eines Christen und Gotteskindes bestimmen und verdeutlichen, auch in heroischer Form zu leben. „Unser Kopf soll den Himmel berühren, aber beide Füße müssen fest auf der Erde stehen"[49], während wir durch die irdische Stadt gehen.

Das Leben eines Christen, der sich dazu entschließt, im Einklang mit der Erhabenheit seiner Berufung zu leben, erscheint wie ein Echo auf die Worte unseres Herrn: *Nicht mehr Knechte nenne ich euch; denn der Knecht weiß nicht, was sein Herr tut. Freunde habe ich euch genannt; denn ich habe euch alles geoffenbart, was ich von meinem Vater gehört habe*[50]. Ungeahnte Perspektiven öffnen sich, wenn wir bereit sind, dem göttlichen Willen fügsam zu folgen. Msgr. Escrivá de Balaguer genießt es förmlich, das herrliche Paradoxon hervorzuheben: es gebe „keine bessere Wahl, als sich aus Liebe in die göttliche Knechtschaft zu geben. In demselben Augenblick, da wir das tun, ändert sich unsere Stellung, und wir werden aus Sklaven zu Freunden und Kindern"[51].

Kinder Gottes, *Freunde Gottes:* das ist die Wahrheit, die Msgr. Escrivá de Balaguer allen, die ihn kannten, wie mit Feuer hat einprägen wollen. Seine Verkündigung ist

[49] *Natürliche Tugenden,* 75.
[50] Jo 15, 15.
[51] *Das Gottesgeschenk unserer Freiheit,* 35.

darauf gerichtet, die Seelen zu einem ständigen Umgang mit Gott anzuhalten, denn „es ist nicht christlich, sich als allerletzte Zuflucht auf die Freundschaft mit Gott zu besinnen“[52]. Jesus Christus ist wahrer Gott und wahrer Mensch, unser Bruder, unser Freund; wenn wir die Vertrautheit mit Ihm suchen, „werden wir das Glück der Gottesfreundschaft kosten“[53]; wenn wir nach Kräften bemüht sind, Ihn auf seinem Weg von Bethlehem bis nach Golgotha zu begleiten, und dabei seine Freude und sein Leid mit Ihm teilen, dann werden wir seines freundschaftlichen Umgangs gewürdigt: *calicem Domini biberunt* – heißt es im Stundengebet der Kirche – *et amici Dei facti sunt*[54], sie tranken aus dem Kelch des Herrn und wurden zu seinen Freunden.

Für die, die Gott lieben, gehören das Bewußtsein der Kindschaft und der freundschaftliche Umgang mit Ihm untrennbar zusammen. Als Kinder eilen wir zum Herrn und führen mit Ihm ein vertrautes Gespräch, das unser ganzes Leben erfüllen soll; und auch als Freunde eilen wir zu Ihm, denn „wir Christen sind in die Liebe verliebt“[55]. Das Bewußtsein der Gotteskindschaft drängt dann dazu, den Überfluß des inneren Lebens in Werke des Apostolates auszuströmen, und gleichzeitig führt die Freundschaft mit Gott dazu, daß wir die uns anvertrauten Gaben „in den Dienst aller stellen: es sind Gaben Gottes, die zu dem

[52] *Leben aus dem Gebet*, 247.
[53] *Auf dem Weg zur Heiligkeit*, 300.
[54] Antwortvers der zweiten Lesung im *Officium* der Kirchweihe der Basiliken von St. Peter und St. Paul.
[55] *Denn sie werden Gott schauen*, 183.

Werkzeug werden müssen, mit dem wir vielen helfen, Christus zu entdecken"[56].

Alle, die den Alltag, das Zeitliche, den Lauf der Geschichte von der Liebe Gottes wie durch eine Kluft getrennt sehen, irren sich. Der Herr ist ewig; die Welt ist sein Werk; und uns hat Er in sie hineingestellt, damit wir auf unserem irdischen Weg Gutes tun und dann die endgültige Heimat erreichen. Im Leben eines Christen ist alles wichtig, denn *alles kann zum Anlaß für eine Begegnung mit dem Herrn werden* und dadurch einen bleibenden Wert erhalten. „Die Menschen lügen, wenn sie in irdischen Dingen *für immer* sagen. Nur im Angesicht Gottes ist das *für immer* Wahrheit, wesenhafte Wahrheit. Und so mußt du leben, mit einem Glauben, der dich bei dem Gedanken an die Ewigkeit, die ja wirklich *für immer* ist, schon hier einen seligen Vorgeschmack des Himmels erfahren läßt"[57].

Msgr. Escrivá de Balaguer erfährt jetzt all dies nicht mehr als Vorgeschmack, sondern unmittelbar. Er ist in die Ewigkeit eingetreten. Deshalb gewinnen seine Worte – auch die, die ich hier in diesen Homilien vorlege –, Worte, die immer voller Kraft waren, noch mehr Gewalt, die Herzen zu durchdringen und mitzureißen. Ich schließe mit einigen Sätzen von ihm, die uns helfen können, eine weitere leidenschaftliche Liebe des Gründers des Opus Dei uns zu eigen zu machen: „Liebt die Kirche und dient ihr in Freude als Menschen, die sich aus Liebe zu diesem Dienst entschlossen haben. Wenn wir auf Menschen ohne Hoffnung, wie die beiden Emmaus-Jünger, treffen, dann wol-

[56] *Damit alle gerettet werden*, 258.
[57] *Leben aus dem Glauben*, 200.

len wir – nicht im eigenen, sondern in Christi Namen – voller Glauben auf sie zugehen und ihnen sagen, daß die Verheißung Jesu nicht fehlgehen kann, daß Er immer über seine Braut wacht und sie niemals verläßt. Die Finsternis wird schwinden, denn wir sind Kinder des Lichtes (vgl. Eph 5, 8) und zum ewigen Leben berufen“[58].

Alvaro del Portillo

[58] *Auf dem Weg zur Heiligkeit*, 316.

DIE WÜRDE DES ALLTAGS*

Einmal – es ist schon sehr lange her – waren wir unterwegs durch die spanische Hochebene. Von der Straße aus sah ich in der Ferne ein Bild, das mich innerlich bewegte und mir später oft beim Gebet geholfen hat: einige Männer rammten Pflöcke in die Erde ein und spannten dann zwischen sie senkrechte Netze, um so eine Hürde zu bauen. Dann kamen die Hirten mit ihren Lämmern und Schafen heran und, indem sie diese beim Namen riefen, führten sie sie in die Hürde hinein. Dort waren sie nun, alle zusammen, geborgen. 1

Heute, mein Herr und Gott, erinnere ich mich wieder an jene Hirten und an jene Schafhürde, weil wir alle, die wir hier versammelt sind, um das Gespräch mit Dir zu suchen, ebenso wie viele andere Menschen in der ganzen Welt, uns auf Deiner Weide wissen. Du selbst hast es gesagt: *Ich bin der Gute Hirt. Ich kenne die Meinen, und die Meinen kennen mich*[1]. Du kennst uns gut, Du weißt, daß wir immer

* Homilie, gehalten am 11. März 1960.

[1] Jo 10, 14.

Deiner Stimme – der Stimme des Guten Hirten – hellhörig folgen wollen, denn *das ist das ewige Leben, daß sie Dich erkennen, den allein wahren Gott, und den Du gesandt hast, Jesus Christus*[2].

Das Bild Christi mit seinen Schafen zur Rechten und zur Linken erscheint mir so liebenswert, daß ich es in der Kapelle, wo ich für gewöhnlich die heilige Messe feiere, habe darstellen lassen, und an manchen anderen Stellen habe ich die Worte des Herrn anbringen lassen: *Cognosco oves meas et cognoscunt me meae*[3]. Es sind gleichsam Weckzeichen für uns, die uns an die Gegenwart Gottes erinnern und daran, daß Er uns tadelt oder ermahnt und belehrt – Er, der Hirt der Herde[4]. Ich habe absichtlich mit jener Erinnerung aus früheren Zeiten beginnen wollen, weil sie gut hierher paßt.

Gott will uns heilig

2 Wir alle, ihr und ich, sind Teil der Familie Christi, denn Gott hat uns *schon vor Erschaffung der Welt auserwählt, daß wir heilig und untadelig vor Ihm seien. Aus Liebe hat Er uns nach seinem freien Willensentschluß durch Jesus Christus zu seinen Kindern vorherbestimmt, zum Preis der Herrlichkeit seiner Gnade*[5]. Die Auserwählung, ein Geschenk der Gnade, richtet uns auf ein deutlich wahrnehm-

[2] Jo 17, 3.
[3] Jo 10, 14.
[4] Vgl. Sir 18, 13.
[5] Eph 1, 4–5.

bares Ziel: auf die persönliche Heiligkeit. Paulus spricht es bündig aus: *Haec est voluntas Dei: sanctificatio vestra*[6], dies ist der Wille Gottes: eure Heiligung. Vergessen wir es also niemals: Wir sind in der Hürde des Herrn, damit wir dieses hohe Ziel erreichen.

Und wieder muß ich an eine Begebenheit denken, die 3
lange zurückliegt. Eines Tages ging ich in die Kathedrale von Valencia, um dort zu beten. Als ich am Grab des Seligen Ridaura vorbeikam, erzählte man mir von diesem Priester, daß er auf die Frage nach seinem Alter – er war schon sehr alt – immer die gleiche, sehr bestimmte Antwort gab: *wenige Jahre,* und um deutlich zu machen, was er meinte, fügte er hinzu: *Nur die Jahre, die ich im Dienste Gottes verbracht habe, zählen.* Bei vielen von euch kann man noch an den Fingern einer Hand die Jahre zählen, die seit dem Tag vergangen sind, an dem ihr euch entschlossen habt, ganz Gott zu gehören und Ihm inmitten der Welt, in eurem Milieu und durch eure berufliche Arbeit dienen zu wollen. Es ist auch nicht so wichtig; wichtig ist nur, daß in uns diese Gewißheit gleichsam eingebrannt ist: die Aufforderung zur Heiligkeit, die Christus an alle Menschen ohne Ausnahme richtet, verlangt von einem jeden die Sorge um das eigene innere Leben und die tägliche Einübung in die christlichen Tugenden. Der Herr fordert nicht einen durchschnittlichen, überdurchschnittlichen oder außerordentlichen Einsatz, sondern eine Entschlossenheit, die bis zum wirklich Heroischen gehen muß.

Das Ziel, das ich euch vor Augen stelle – genauer ge- 4
sagt, das Gott uns allen vor Augen stellt – ist kein Phanta-

[6] 1 Thess 4, 3.

siegebilde und kein unerreichbares Ideal. Ich könnte euch von so vielen ganz gewöhnlichen Männern und Frauen, wie ihr und wie ich, erzählen, die sich entschlossen haben, Christus zu folgen und in Liebe das Kreuz eines jeden Tages zu tragen[7], nachdem sie auf scheinbar gewöhnlichem Wege Ihm, der *quasi in occulto*[8], wie verborgen, vorüberging, begegnet sind. In unserer Zeit, in der Sichgehenlassen und Schlaffheit oder Hemmungslosigkeit und Anarchie als Zeichen des allgemeinen Verfalls herrschen, gewinnt gerade deshalb die einfache, tiefe Erkenntnis, die mich seit Beginn meiner priesterlichen Tätigkeit verzehrt und die ich der ganzen Menschheit weitergeben möchte, immer mehr an Aktualität: *Es gibt Weltkrisen, weil es an Heiligen fehlt.*

5 Inneres Leben: das ist die Forderung, mit der sich der Meister in der Seele eines jeden vernehmbar macht. Heilig müssen wir sein, und zwar – laßt es mich so sagen – *vom Scheitel bis zur Sohle:* Christen, die man für einen Heiligsprechungsprozeß vorschlagen könnte, wahr und echt; alles andere hieße, daß wir als Jünger des einzigen Meisters gescheitert wären. Bedenkt außerdem, daß Gott, indem Er auf uns blickt und uns die Gnade für den Kampf um die Heiligkeit inmitten der Welt schenkt, uns damit auch zum Apostolat verpflichtet. Denn die Sorge um die Seelen ist sogar aus menschlich-natürlicher Sicht eine logische Folge der göttlichen Auserwählung, wie ein Kirchenvater andeutet: *Wenn ihr entdeckt, daß etwas euch von Nutzen gewesen ist, versucht ihr, andere dafür zu gewinnen. Deshalb müßt ihr auch wünschen, daß andere euch auf den Wegen*

[7] Vgl. Mt 16, 24.
[8] Jo 7, 10.

des Herrn begleiten. Wenn ihr zum Forum oder zu den Thermen geht und einem begegnet, der nichts zu tun hat, ladet ihr ihn ein, euch zu begleiten. Übertragt diese irdische Gewohnheit auf das Geistliche und, wenn ihr zu Gott geht, geht nicht allein[9].

Im Normalfall macht Christus die Wirksamkeit unseres Bemühens, andere mitzuziehen, von unserem inneren Leben abhängig. Wir sollten uns dies gegenwärtig halten, damit wir keine Zeit vergeuden mit falschen Ausreden oder mit entschuldigenden Hinweisen auf die Schwierigkeiten des Milieus, die übrigens seit Beginn des Christentums nie gefehlt haben. Die Bedingung, die Christus für eine wirksame apostolische Arbeit stellt, ist die Heiligkeit: genauer gesagt, das Bemühen um Treue, denn die Heiligkeit selbst werden wir auf Erden nie erlangen. Es erscheint unglaublich: Gott und die Menschen brauchen unsere Treue. Sie soll uneingeschränkt, unverfälscht, bis zum Letzten konsequent, ungeschwächt durch Mittelmäßigkeit und Kompromisse sein: offen für die Fülle der christlichen Berufung, die wir bejahen und liebend zu verwirklichen streben.

Es könnte jemand denken, daß ich dabei ausschließlich 6
eine kleine Gruppe auserwählter Menschen im Blick habe. Aber laßt euch nicht so leicht durch Kleinmut und Bequemlichkeit täuschen, fühlt vielmehr in euch den göttlichen Ernst der Berufung, ein anderer Christus, *ipse Christus,* Christus selbst, sein zu sollen. Anders gesagt: Ihr sollt in euch das Verlangen danach spüren, das eigene Verhalten

[9] Gregor der Große, *Homiliae in Evangelia,* 6, 6 (PL 76, 1098).

und die Anforderungen des Glaubens zur Übereinstimmung zu bringen, denn die Heiligkeit, um die wir ringen, ist keine Heiligkeit zweiter Klasse – die gibt es nicht. Die wichtigste dieser Anforderungen entspricht wesenhaft der Natur des Menschen: zu lieben, denn *die Liebe ist das Band der Vollkommenheit*[10], und zwar so zu lieben, wie es der Herr ausdrücklich gebietet: *Du sollst den Herrn, deinen Gott, lieben mit deinem ganzen Herzen, mit deiner ganzen Seele und mit deinem ganzen Gemüt*[11], das heißt: uneingeschränkt. Darin besteht die Heiligkeit.

7 In der Tat ist dies ein hohes Ziel, ein steiler Weg. Aber vergeßt nicht, daß niemand schon von Geburt an heilig ist: der Heilige *wird*, er wird im ständigen Zusammenspiel von göttlicher Gnade und menschlichem Mitwirken. Ein christlicher Schriftsteller der ersten Jahrhunderte bemerkt zu der Vereinigung mit Gott: *Alles, was sich entwickelt, ist zuerst klein. Indem es immer wieder Nahrung zu sich nimmt, wächst es stetig und wird groß*[12]. Deshalb: Willst du konsequent als Christ leben – und ich weiß, daß du das willst, auch wenn Siege und die stetige Ausrichtung unseres armseligen Leibes auf das Höhere hin dir oft so schwer fallen –, dann mußt du mit größter Sorgfalt auf die kleinsten Dinge achten, denn die Heiligkeit, die der Herr von dir will, ist nur zu erlangen durch das Ernstnehmen der Arbeit und der alltäglichen, meistens unscheinbaren Pflichten, aus Liebe zu Gott.

[10] Kol 3, 14.
[11] Mt 22, 37.
[12] Markus, Eremit, *De lege spirituali,* 172 (PG 65, 926).

Kleine Dinge und Leben der Kindschaft

Ich denke jetzt an die unter euch, die nach Jahren immer noch Tagträumen nachhängen und wie Tartarin de Tarascon eitel und naiv auf Löwenjagd ausziehen – in den Gängen ihres Hauses, dort, wo man bestenfalls Mäuse fängt. Euch will ich wieder einmal an einen wunderbaren, gottgewollten Weg erinnern: die gewöhnlichen Alltagspflichten erfüllen und darin jene Kämpfe austragen, die nur Er und wir kennen und die Gott wohlgefällig sind. 8

Seid davon überzeugt, daß ihr in der Regel keine spektakulären Taten vollbringen werdet – nicht zuletzt deshalb, weil sich die Gelegenheit dazu nur selten bietet. Gelegenheiten aber, eure Liebe zu Christus durch die kleinen, alltäglichen Dinge zu zeigen, die gibt es zur Genüge. Wie sagt doch der heilige Hieronymus: *Auch im Kleinen offenbart sich der gleiche Geist* (der Seelengröße). *Wir bewundern die Größe des Schöpfers nicht nur am Himmel, an der Erde, am Weltmeer, an Elefanten, Kamelen, Pferden, Rindern, Panthern, Bären und Löwen. Sie offenbart sich uns auch in den kleinsten Tierchen, z. B. in der Ameise, der Schnake, der Mücke, dem Würmchen und in anderen kleinen Wesen, die wir mehr vom Sehen als dem Namen nach kennen. In ihnen allen offenbart sich uns der gleiche Reichtum des Schöpfers. Ähnlich ist auch eine Seele, die sich Christus ganz hingibt, auf die kleinen Dinge nicht minder bedacht als auf die großen*[13].

Wenn wir das Wort des Herrn betrachten: *ich heilige* 9
mich für sie, damit auch sie in der Wahrheit geheiligt sei-

[13] Hieronymus, *Epistolae,* 60, 12 (PL 22, 596).

en[14], wird uns deutlich, worin unser einziges Ziel besteht: darin, uns zu heiligen; heilig zu werden, um andere zu heiligen. Hier mag sich die Versuchung eines leisen Zweifels melden: Wir, die wir zur Befolgung der göttlichen Aufforderung fest entschlossen sind, seien gar nicht so zahlreich, und außerdem als Werkzeuge gar nicht so wertvoll. Ja, im Vergleich zu der Gesamtheit der Menschen sind wir nur wenige, und als einzelne taugen wir nicht viel. Aber unser Meister sagt uns mit aller Bestimmtheit, daß der Christ Licht, Salz, Sauerteig der Welt ist, und *schon ein wenig Sauerteig durchsetzt den ganzen Teig*[15]. Gerade deshalb habe ich immer wieder gesagt, daß uns alle Menschen interessieren, von Hundert alle Hundert, und keinen einzigen nehmen wir aus, denn wir wissen, daß Christus alle erlöst hat und einige wenige in seinen Dienst nehmen will, damit sie, die selbst nichts sind, sein Heil ausbreiten helfen.

Ein Jünger Christi wird niemals einen Mitmenschen geringschätzig behandeln; er wird den Irrtum beim Namen nennen, aber den Irrenden in Liebe zurechtweisen, sonst könnte er ihm nicht helfen, ihn nicht heiligen. Was not tut, ist Wohlwollen, Verstehen, Entschuldigen, brüderliches Begegnen, und in allem den Rat des heiligen Johannes vom Kreuz beherzigen: *Lege Liebe dort hinein, wo es keine Liebe gibt, und du wirst Liebe finden*[16]. Auch für Dinge, die scheinbar nicht von Belang sind in der beruflichen Arbeit, im Familienleben oder im Umgang mit Bekannten, gilt dies. Uns muß also daran liegen, jede Gelegenheit, sei

[14] Jo 17, 19.
[15] Gal 5, 9.
[16] Vgl. Johannes vom Kreuz, *Brief an Maria von der Menschwerdung*, 6. 7. 1591.

sie auch noch so alltäglich, wahrzunehmen: und indem wir sie heiligen, heiligen wir uns und heiligen wir jene Menschen, die mit uns die Sorgen des Alltags teilen. So werden wir in unserem Leben die milde, liebenswerte Last eines Miterlösers verspüren.

Ich möchte diese Zeit des Gesprächs vor dem Herrn mit 10
einer Notiz fortsetzen, die ich schon vor Jahren benutzt habe und die auch heute noch aktuell ist. Damals schrieb ich mir folgenden Gedanken der heiligen Theresia von Avila auf: *Alles, was vergänglich ist und Gott mißfällt, ist nichts und weniger als nichts*[17]. Begreift ihr, warum eine Seele keinen Frieden und keine innere Ruhe mehr findet, wenn sie sich von ihrem Ziel entfernt und vergißt, daß Gott sie für die Heiligkeit geschaffen hat? Seht also zu, daß ihr niemals die Ausrichtung auf das Übernatürliche verliert, nicht einmal in Zeiten der Entspannung oder der Erholung, die ja ebenso nötig sind wie die Arbeit.

Daß ihr zu hohem Ansehen in eurer beruflichen Arbeit kommt – ausgezeichnet; daß ihr bei eurem Engagement in weltlichen Angelegenheiten – immer in voller Freiheit – Erfolge feiert – ausgezeichnet. Aber wenn ihr darüber den Sinn für das Übernatürliche verliert, der all euer Schaffen prägen muß, dann habt ihr trotzdem den Weg traurig verfehlt.

Erlaubt mir in diesem Zusammenhang ein paar Rand- 11
bemerkungen, die mir hier passend erscheinen. Niemals habe ich jemanden, der zu mir kommt, gefragt, wie er politisch denkt: das interessiert mich überhaupt nicht! Mit

[17] Theresia von Avila, *Buch ihres Lebens*, 20, 26.

meiner Zurückhaltung möchte ich etwas deutlich machen, was wesentlich zum Opus Dei gehört, dem ich mich dank der Gnade und der Barmherzigkeit Gottes im Dienst an der heiligen Kirche ganz gewidmet habe. Dieses Thema der Politik interessiert mich nicht, weil ihr als Christen im politischen, kulturellen und im gesellschaftlichen Leben vollkommene Freiheit mit der entsprechenden persönlichen Verantwortlichkeit besitzt. Nur das Lehramt der Kirche kann da Grenzen ziehen. Und nur dann, wenn ihr diese Grenzen überschrittet, wäre ich besorgt, und zwar um das Wohl eurer Seele; erst dann müßte ich euch auf den Widerspruch zwischen dem Glauben, den ihr bekennt, und den Werken, die ihr tut, mahnend hinweisen. Manche Leute können solch eine Hochachtung für eure eigenständige Urteilsbildung, wenn sie euch dem Gesetz Gottes nicht entfremdet, nicht verstehen; sie verkennen den wahren Begriff der Freiheit, die Christus für uns am Kreuz errungen hat, *qua libertate Christus nos liberavit*[18], der Freiheit, mit der uns Christus befreit hat. Ihr sektiererisches Denken treibt sie in zwei verschiedene Richtungen: die einen maßen sich an, ihre Meinungen in weltlichen Angelegenheiten als Glaubenssätze hinzustellen, und die anderen entwürdigen den Menschen, indem sie den Glauben den verwegensten Fehlinterpretationen ausliefern, als ob er irgendetwas Beliebiges wäre.

12 Kehren wir zum Thema unserer Betrachtung zurück. Ich sagte, daß selbst die größten gesellschaftlichen oder beruflichen Erfolge letztlich nur klägliches Scheitern sind, wenn ihr euch im inneren Leben gehen laßt und euch vom

[18] Gal 4, 31.

Herrn abwendet. In den Augen Gottes – und das ist das entscheidende – ist derjenige ein Sieger, der um eine echt christliche Lebensführung kämpft; da gibt es keinen Mittelweg. Wie viele Menschen begegnen uns, die sich nach menschlichen Maßstäben glücklich preisen müßten und die doch gehetzt und verbittert dahinleben. Man möchte meinen, sie griffen mit vollen Händen in die Freude, aber schon bei oberflächlichem Kennenlernen wird ihre Bitterkeit offenkundig, schlimmer als Galle. Uns wird es nicht so ergehen, wenn wir bemüht sind, in allem den Willen Gottes zu tun, Ihn zu ehren und zu rühmen und sein Reich überallhin auszubreiten.

Ein konsequent christliches Leben

Ich höre manchmal, was mich besonders schmerzt, von 13
katholischen Christen – Kindern Gottes, durch die Taufe dazu berufen, ein anderer Christus zu sein –, die ihr Gewissen mit einer formalen Frömmigkeit beruhigen und mit einer Art *religiösen Gefühls* einlullen: von Zeit zu Zeit beten sie, je nach dem subjektiven Bedarf; sie sehen in der heiligen Messe eine nicht übertrieben ernstzunehmende Sonntagspflicht – ihren Magen aber befriedigen sie mit sorgsamer Regelmäßigkeit –, sie sind bereit, ihren Glauben gegen ein Linsengericht einzutauschen, damit ihnen nur ja keine Nachteile für ihre Stellung entstehen . . . Aber auf der anderen Seite scheuen sie sich nicht, ohne Rücksicht auf ein mögliches Ärgernis, das christliche Namensschild zum eigenen Nutzen zu verwenden. Nein! Bloße Namensschil-

der sollen uns nicht genügen! Ich möchte, daß ihr ganze Christen seid, Christen aus einem Guß. Aber dazu ist es nötig, daß ihr konsequent nach der rechten geistlichen Nahrung sucht.

Ihr wißt aus eigener Erfahrung, daß das innere Leben darin besteht, jeden Tag immer wieder von neuem zu beginnen. Ich habe euch das oft gesagt, um einer möglichen Mutlosigkeit vorzubeugen. Und wir alle, ihr und ich, spüren im Herzen, daß es nötig ist, beharrlich zu kämpfen. Ihr werdet bei eurer Gewissenserforschung bestimmte immer wiederkehrende Rückschläge festgestellt haben, die an sich geringfügig sind, euch aber fast übergroß erscheinen, weil ihr in ihnen den Mangel an Liebe, an Hingabe, an Opfergeist, an Feingefühl erkennt. Auch mir ergeht es so. Entschuldigt diesen neuerlichen Hinweis auf meine Person, aber auch ich bespreche, während ich mit euch rede, mit dem Herrn die Fragen meiner Seele. Bereut in solchen Situationen aufrichtig, habt den festen Wunsch zu sühnen, aber verliert den Frieden nicht.

14 Zu Beginn der vierziger Jahre mußte ich oft nach Valencia reisen. Materielle Mittel fehlten mir damals gänzlich. Ich, ein armer Priester, und die, die – wie ihr jetzt – zu mir kamen, wir versammelten uns zum Gebet, wo immer wir konnten. Manchmal an einem abgelegenen Strand – wie die ersten Freunde des Meisters ... Erinnerst du dich? Lukas erzählt, wie Paulus und er, die unterwegs nach Jerusalem waren, Tyrus verließen: *Alle gaben uns mit Frauen und Kindern das Geleit bis vor die Stadt hinaus. Am Strande knieten wir nieder und beteten*[19].

[19] Apg 21, 5.

Einmal, als nach einem herrlichen Sonnenuntergang der Abend schon dämmerte, sahen wir, wie sich ein Boot dem Strand näherte. Die Fischer – kräftige Gestalten, mit entblößtem Oberkörper, dunkel wie aus Bronze, durchnäßt – stiegen aus. Sie machten sich daran, das Netz mit den vielen silbern glänzenden Fischen, das hinten am Boot befestigt gewesen war, an Land zu ziehen. Sie zogen mit Kraft und Schwung, und ihre Füße sanken tief in den Sand ein. Plötzlich kam ein Kind, braungebrannt wie sie; es näherte sich dem Seil, faßte es mit seinen kleinen Händen und begann mitzuziehen, so gut es konnte. Die Fischer, die ziemlich derb und ungehobelt erschienen, waren wohl darüber gerührt, denn sie schickten das Kind, das ja eher störte, nicht fort, sondern ließen es mithelfen.

Ich mußte an euch und an mich denken; an euch, die ich damals noch nicht kannte, und auch an mich, an unser aller Mitziehen, jeden Tag und in tausenderlei Dingen. Wenn wir wie jenes kleine Kind vor Gott hintreten, von der eigenen Hilflosigkeit überzeugt und doch für seine Absichten offen, dann werden wir leichter das Ziel erreichen, wir werden das Netz – ein volles Netz – an Land ziehen, weil die Macht Gottes selber unserer eigenen armen Plackerei zu Hilfe kommt.

Aufrichtig in der geistlichen Leitung

Ihr kennt eure Pflichten als Christen gut genug, um den 15
Weg zur Heiligkeit ruhig und beständig gehen zu können;

ebenso seid ihr vor den meisten Schwierigkeiten schon auf der Hut, denn sie werden bereits am Anfang des Weges erkennbar. Nun möchte ich euch ans Herz legen, daß ihr die Hilfe und Anleitung durch einen Seelenführer sucht und ihm alles anvertraut: den Wunsch nach Heiligkeit, die alltäglichen Fragen eures inneren Lebens, die Siege und die Niederlagen.

Bei der geistlichen Leitung sollt ihr immer sehr aufrichtig sein: Sagt alles, öffnet die Seele ganz, unumwunden und ohne Angst. Sonst wird der anfangs ebene und gerade Weg immer verschlungener, und was erst nur eine Kleinigkeit war, wird schließlich zu einem erstickenden Brocken. *Ist jemand zu Fall gekommen, wäre es ein Irrtum zu meinen, daß dieser Fall urplötzlich geschah. Nein, er war in einer Täuschung über sich befangen und begann schon aus verkehrten Grundsätzen, oder er überließ sich so lange einer geistigen Laxheit, bis nach und nach die Lauterkeit des Herzens dahinschwand und er am Ende unter dem Gewicht der allmählich wachsenden Laster zusammenbrach (...) Auch ein Haus fällt nicht plötzlich, mir nichts dir nichts zusammen, sondern zuerst dringen entweder infolge alter Mängel oder durch die Nachlässigkeit der Bewohner nur ein paar Tropfen in die Ritzen ein, bis so ganz allmählich das Dach verrottet, und wenn nun seine Löcher nicht geflickt werden, dann regnet es schließlich in Strömen hinein*[20].

Erinnert ihr euch an die Geschichte von dem Zigeuner, der beichten ging? Natürlich ist sie erfunden, denn über

[20] Cassian, *Collationes*, 6, 17 (PL 49, 667–668).

eine wirkliche Beichte würde man niemals sprechen, und außerdem habe ich die Zigeuner sehr gern. Der arme Kerl! Er bereute wirklich ...: *Herr Pfarrer, ich bekenne, daß ich einen Strick gestohlen habe* ... – nun, das ist nicht viel ... – *und daran hing ein Maultier ... und daran noch ein Strick ... und daran noch ein Maultier* ... Und das zwanzigmal. Meine Kinder, auch mit uns ist es so: Lassen wir den einen Strick durchgehen, dann folgt ein ganzer Zug böser Neigungen und Erbärmlichkeiten, die uns erniedrigen und beschämen. Ähnlich ist es im Umgang mit den anderen: Es beginnt mit einer kaum wahrnehmbaren Lieblosigkeit, und am Ende steht die eisige Gleichgültigkeit dessen, der seinen Mitmenschen den Rücken kehrt.

Fangt uns die Füchse, diese jungen Füchse, die die 16
Weinberge verwüsten, ja unsere Weinberge, welche in Blüte stehen[21]. Seid treu, sehr treu im Kleinen! Das Streben danach wird uns auch kindliches Vertrauen zu unserer Mutter Maria lehren. Habe ich euch nicht zu Beginn gesagt, daß wir alle klein sind, weil nur die Jahre zählen, die seit unserem Entschluß, Gott ganz nahe zu sein, vergangen sind? Deshalb ist es nur vernünftig, wenn wir in unserem Elend und in unserer Ohnmacht die Nähe der erhabenen, heiligen Reinheit der Mutter Gottes, die auch unsere Mutter ist, suchen.

Hört eine andere Geschichte, die wirklich geschehen ist und die ich erzählen darf, weil sie schon viele, viele Jahre zurückliegt und in ihrer derben Unmittelbarkeit hilfreich sein kann. Ich hielt Besinnungstage für Priester aus ver-

[21] Hl 2, 15.

schiedenen Diözesen. Jeden einzelnen suchte ich auf, freundlich und anteilnehmend, damit sie sich mit mir aussprechen könnten; denn auch wir Priester brauchen einen brüderlichen Ratgeber und Helfer. Im Gespräch mit einem, der etwas ungeschliffen, aber gerade und ehrlich war, hatte ich mich bemüht, wenn auch schonend, so doch nachdrücklich die offene Aussprache herbeizuführen, um die möglichen Wunden seines Herzens zu heilen. Plötzlich unterbrach er mich und sagte: *Wie beneide ich meinen Esel; er hat in sieben Pfarreien gedient, und kein Mensch hat etwas an ihm auszusetzen. Hätte ich doch gedient wie er!*

17 Prüfe dich gründlich ... Vielleicht verdienen auch wir nicht das Lob dieses Landpfarrers für seinen Esel. Wir haben viel gearbeitet, hier und dort Verantwortung getragen, in dieser und jener Sache Erfolge gehabt ... Aber, vor dem Angesicht Gottes, findest du da nichts, was zu beklagen ist? Hast du wirklich immer versucht, Gott und deinen Mitmenschen, deinen Brüdern, zu dienen? Oder hast du dich zuviel um deinen Egoismus, dein Ansehen, deinen Ehrgeiz, deine rein irdischen, hoffnungslos flüchtigen Erfolge gekümmert?

All dies sage ich euch ganz ungeschminkt, denn ich will jetzt von neuem Gott um Vergebung bitten und möchte auch euch dazu anleiten. Vor unserem Blick steht unsere mangelnde Treue, stehen all die Fehler, Erbärmlichkeiten, Schlaffheiten; jeder kennt da seine eigene Geschichte. Sprechen wir also zum Herrn aus vollem Herzen das Reuegebet des Petrus: *Domine, tu omnia nosti, tu scis quia amo te!*[22] Herr, Du weißt alles, Du weißt, daß ich Dich liebe!

[22] Jo 21, 17.

Trotz meiner Erbärmlichkeiten! Ja, ich nehme mir heraus, es so abzuwandeln: Du weißt, daß ich Dich gerade wegen meiner Erbärmlichkeiten liebe, denn sie bringen mich dazu, daß ich mich auf Dich stütze, der Du meine Stärke bist: *quia tu es, Deus, fortitudo mea*[23]. Und dann, nach diesem Reueakt, beginnen wir von neuem.

Die Gegenwart Gottes suchen

Inneres Leben. Heiligkeit in den gewöhnlichen Aufgaben, Heiligkeit in den kleinen Dingen, Heiligkeit in der beruflichen Arbeit, in den Sorgen eines jeden Tages... Heiligkeit, damit wir andere heiligen können. Ich kenne jemanden – und doch kenne ich ihn eigentlich bis heute noch nicht richtig –, der einmal träumte, er flöge mit einem Flugzeug in großer Höhe, aber er befand sich nicht in der Kabine, sondern draußen, auf einer der Tragflächen hokkend. Wie schauderte es ihn, welche Angst stand der Ärmste aus! Es war, als wollte der Herr ihm klarmachen, daß es so den Menschen mit apostolischem Drang ergeht, die kein inneres Leben haben oder es vernachlässigen, dabei aber den Höhenflug ins Göttliche wagen: schwankend und verstört, voll Ungewißheit, gequält und ständig der Gefahr des Absturzes ausgesetzt. 18

Genau so, scheint mir, ist es tatsächlich: Die Gefahr, in die Irre zu geraten, ist groß für die, die sich der Tat an sich verschreiben – dem Aktivismus – und die dabei die Hilfen

[23] Ps 42, 2.

verschmähen, die ihre Frömmigkeit festigen müßten: den regelmäßigen Empfang der Sakramente, das betrachtende Gebet, die Gewissenserforschung, die geistliche Lesung, den vertrauten Umgang mit der Mutter Gottes und mit den heiligen Schutzengeln ... All das verhilft außerdem dazu, ja ist geradezu unersetzlich, um den Alltag eines Christen liebenswert zu machen: aus dem inneren Reichtum fließen dann Milde und Frieden Gottes wie Honig aus der Wabe.

19 Ob in der Intimität des Persönlichen oder im Handeln nach außen, ob im Umgang mit den anderen oder in der eigenen Arbeit: Jeder muß bestrebt sein, sich ständig in der Gegenwart Gottes zu erhalten und das Gespräch – den Dialog – mit Ihm zu pflegen; nach außen bleibt diese Zwiesprache unhörbar, weil sie sich nicht im gesprochenen Wort artikuliert, aber dennoch wird sie wahrnehmbar in der Art, wie wir unsere Aufgaben, mögen sie groß oder klein sein, erfüllen: ausdauernd, liebevoll, gewissenhaft. Mangelte es uns an solcher Zähigkeit, so wäre das ein Zeichen dafür, daß wir unsere Gotteskindschaft wenig konsequent lebten und die Chancen verspielten, die Gott uns in seiner Vorsehung bietet, um uns *zur vollen Mannesreife, zum Vollmaß des Alters Christi*[24] gelangen zu lassen.

Während des spanischen Bürgerkrieges habe ich viel reisen müssen, um zahlreiche junge Menschen an der Front priesterlich zu betreuen. Einmal hörte ich, in der Nähe von Teruel, Gesprächsfetzen aus einem Schützengraben, die sich mir tief eingeprägt haben. Ein junger Soldat sagte von einem anderen, der anscheinend etwas unentschlossen und

[24] Eph 4, 13.

kleinmütig war: *Der ist nicht aus einem Guß!* Traurig wäre es, könnte man auch von uns zu Recht sagen, wir wären halbherzig: Menschen also, die einerseits versichern, sie möchten echte Christen sein und sich wirklich heiligen, und die andererseits die Mittel dazu verschmähen, da sie sich bei der Erfüllung ihrer Aufgaben nicht immer wieder in kindlicher Liebe Gott zuwenden. Stünde es mit dir und mit mir so, dann wären auch wir keine Christen aus einem Guß.

Bemühen wir uns darum, in der Tiefe unseres Herzens 20
ein starkes, überwältigendes Verlangen nach Heiligkeit zu erwecken, auch wenn unsere Elendigkeit uns noch so klar vor Augen steht. Seid deswegen ohne Sorge; die persönlichen Fehler werden um so deutlicher, je mehr man auf dem Weg des inneren Lebens fortschreitet. Dies rührt daher, daß die Gnade Gottes wie ein Vergrößerungsglas wirkt und Winziges – ein Staubpartikel oder ein Sandkorn – riesengroß erscheinen läßt; denn die Seele erlangt ein hohes Feingefühl für das Göttliche, und das Gewissen, das nur die Reinheit Gottes stillen kann, stößt sich bereits am leisesten Schatten ... Sage jetzt dem Herrn aus deinem tiefen Herzensgrunde: Ja, Herr, ich will heilig werden, ich will Dein würdiger Jünger sein und Dir bedingungslos folgen. Und nimm dir zugleich vor, die herrlichen Ideale, die du in diesem Augenblick empfindest, jeden Tag zu erneuern.

Jesus, wenn wir, die wir in Deiner Liebe versammelt sind, doch beharrlich wären! Wenn es uns doch gelänge, die Sehnsucht, die Du in uns erweckst, in Taten zu verwandeln! Fragt euch sehr oft: Wozu bin ich auf Erden? Denn dann werdet ihr bestrebt sein, die Aufgaben eines jeden Tages liebevoll zu meistern und auf die kleinen Dinge zu achten. Wir werden auf das Beispiel der Heiligen blikken: Sie waren Menschen aus Fleisch und Blut wie wir, mit Schwächen und Armseligkeiten, aber aus Liebe zu Gott siegreich, indem sie sich selbst besiegten. Wir werden ihr Leben betrachten, und nach der Art der Bienen, die den Nektar aus vielen verschiedenen Blüten saugen, werden wir aus dem Kampf der Heiligen lernen. Aber auch von den Tugenden vieler Menschen in unserer Umgebung werden wir lernen: Beispiele der Arbeitsamkeit, der Opferbereitschaft, der Freude ... Wir werden nicht zuviel auf ihre Fehler achten, sondern nur dann, wenn es nötig ist und wir ihnen mit einer brüderlichen Zurechtweisung helfen können.

Im Boot Christi

21 Unser Herr Jesus Christus sprach oft und gern von Booten und Netzen, und auch ich tue das gern, damit wir gerade aus diesen Szenen des Evangeliums feste und klare Vorsätze entnehmen können. Lukas erzählt von einigen Fischern, die am Ufer des Sees Genezareth ihre Netze waschen und ausbessern. Jesus geht auf die Boote zu, die am Ufer liegen, und steigt in den Kahn des Simon. Wie selbstverständlich steigt der Herr in dein, in mein Boot ein! Und manche Leute stöhnen dann: *Er macht unser Leben so kompliziert* ... Euch und mir ist Er auf dem Weg begegnet, Er hat unser Leben *komplizierter* gemacht durch seine einnehmende Liebe.

Nachdem Jesus vom Boot des Petrus aus gepredigt hat, sagt Er zu den Fischern: *Duc in altum, et laxate retia vestra in capturam*[25], fahrt hinaus, werft die Netze zum Fang aus! Sie verlassen sich auf sein Wort, sie gehorchen und erleben einen wunderbaren Fischfang. Und der Herr sagt zu Petrus, der, wie Jakobus und Johannes, staunend dasteht: *„Fürchte dich nicht, von nun an sollst du Menschenfischer sein.“ Da zogen sie die Boote ans Land, ließen alles zurück und folgten Ihm nach*[26].

Dein Boot: deine Fähigkeiten, deine Pläne, deine Erfolge – all das zu nichts nutze, es sei denn, du stellst es Christus zur Verfügung, du läßt Ihn ungehindert einsteigen; du verzichtest darauf, aus deinem Nachen einen Götzen zu machen. Du allein, du mit deinem Boot und ohne den Meister, eilst dem sicheren Schiffbruch entgegen. Nur wenn du die Nähe des Herrn suchst und Ihm das Steuer überläßt, wirst du die Stürme und Klippen des Lebens heil bestehen. Gib alles in die Hände Gottes: Laß deine Gedanken, deine schönen Phantasieflüge, deine edlen menschlichen Bestrebungen, die reinen Sehnsüchte deiner Liebe durch das Herz Jesu hindurchgehen. Denn sonst wird all dies – früher oder später – mit deinem Egoismus zugrundegehen.

Läßt du aber Gott über dein Boot bestimmen, nimmst 22
du Ihn als den Schiffspatron an – welche Sicherheit gewinnst du dann!... auch wenn Er einmal abwesend zu sein oder zu schlafen scheint, oder wenn es so aussieht, als zöge mitten in der finsteren Nacht ein Unwetter auf, und Er sei fern. Markus berichtet, wie die Apostel sich einmal

[25] Lk 5, 4.
[26] Lk 5, 10–11.

in einer ähnlichen Lage befanden: *wie sie beim Rudern sich abmühten, weil sie Gegenwind hatten. Auf einmal – es war um die vierte Nachtwache – kam Jesus, auf dem See wandelnd, auf sie zu (...) Da redete Er sie an: „Habt Vertrauen! Ich bin es, fürchtet euch nicht." Er stieg zu ihnen ins Boot, und der Wind legte sich*[27].

Meine Kinder, was geschieht nicht alles auf der Welt...! Ich könnte euch so vieles erzählen: von Menschen, die leiden, die betrübt sind, die mißhandelt oder gemartert – ja, wirklich gemartert – werden. Ich könnte euch von der heroischen Stärke vieler Seelen erzählen. Vor unseren Augen und in unserem Verstand entsteht manchmal der Eindruck, als schliefe Jesus und hörte uns nicht; aber Lukas erzählt, wie der Herr an den Seinigen handelt: *Die Jünger stießen vom Lande ab. Während sie dahinfuhren, schlief Er ein. Da erhob sich ein Sturm auf dem See. Die Wogen brachen über sie herein, und sie schwebten in Gefahr. Da traten sie an Ihn heran, weckten Ihn und riefen: „Meister, Meister, wir gehen unter!" Er erhob sich und gebot dem Wind und dem tobenden Meer; sie legten sich, und es trat Stille ein. Dann sagte Er zu ihnen: „Wo ist euer Glaube?"*[28]

Wenn wir uns hingeben, dann gibt Er sich uns hin. Wir müssen unser ganzes Vertrauen auf Ihn setzen, uns rückhaltlos auf Ihn verlassen und in unserem Tun zeigen, daß Ihm das Boot gehört und daß wir uns Ihm zu eigen geben.

Ich schließe damit, daß wir der Fürsprache unserer

[27] Mk 6, 48; 50–51.
[28] Lk 8, 23–25.

Mutter Maria folgende Vorsätze anvertrauen: aus dem Glauben zu leben; beharrlich zu sein in der Hoffnung; uns ganz nah an Christus zu halten; Ihn wirklich und wahrhaftig und ganz zu lieben; und dieses Liebesabenteuer als in Gott verliebte Herzen mit Begeisterung und Wonne zu bestehen. Bitten wir unsere Mutter, daß sie uns helfe, Christus in unser armseliges Boot einsteigen zu lassen, damit Er, unser Eigentümer und Herr, von unserer Seele Besitz ergreife. Sie möge uns Mut machen, dem Herrn aufrichtig zu sagen, daß wir versuchen wollen, Tag und Nacht in seiner Gegenwart zu leben, weil Er uns zum Glauben gerufen hat: *Ecce ego quia vocasti me!*[29] Hier bin ich, weil Du mich gerufen hast. Und so werden wir endlich, vom Ruf des Guten Hirten angezogen und in der Gewißheit, allein bei Ihm das wahre Glück, das irdische wie das ewige, zu finden, in seine Hürde eingehen.

[29] 1 Sm 3, 9.

DAS GOTTESGESCHENK UNSERER FREIHEIT*

Schon oft habe ich euch jene bewegende Szene vor Augen gestellt, die das Evangelium schildert: Jesus ist im Boot des Petrus; von dort aus hat Er zum Volk gesprochen. Der Anblick der Ihm folgenden Menge erschüttert das Herz unseres Herrn in dem verzehrenden Drang, Seelen zu retten, und Er will, daß nunmehr auch seine Jünger dieses Verlangen mit Ihm teilen. Er heißt sie, auf den See hinauszufahren – *duc in altum!*[1] – und befiehlt dann dem Petrus, die Netze zum Fang auszuwerfen. 23

Ich möchte jetzt, ohne bei den so lehrreichen Einzelheiten dieses Geschehens zu verweilen, mit euch betrachten, wie Petrus auf das Wunder des Fischfangs reagiert: *Geh weg von mir, Herr, denn ich bin ein sündiger Mensch!*[2] Eine Wahrheit, die zweifellos auf einen jeden von uns zutrifft. Und doch, ich versichere euch, daß ich im Laufe meines Lebens so viele Wunder der Gnade, gewirkt durch

* Homilie, gehalten am 10. April 1956.
[1] Lk 5, 4.
[2] Lk 5, 8.

Menschenhand, gesehen habe, daß ich mich jeden Tag mehr gedrängt fühle auszurufen: Herr, geh nicht weg von mir, denn ohne Dich kann ich nichts Gutes tun.

Wie sehr begreife ich gerade deshalb jene Worte des heiligen Augustinus, die wie ein großes Loblied auf die Freiheit klingen: *Gott, der dich ohne dich geschaffen, rettet dich nicht ohne dich*[3]; denn wir alle – jeder einzelne, du und ich – haben die Möglichkeit, die schreckliche Möglichkeit, uns gegen Gott aufzulehnen, Ihn – vielleicht durch unser Verhalten – von uns abzuweisen oder zu rufen: *Wir wollen nicht, daß dieser über uns Herrscher sei*[4].

Sich für das Leben entscheiden

24 Voller Dankbarkeit haben wir erkannt, zu welcher Glückseligkeit wir berufen sind, und wir haben begriffen, daß alle Geschöpfe aus dem Nichts erschaffen wurden – von Gott und für Gott: wir Menschen als vernunftbegabte Wesen, auch wenn wir sehr häufig den Verstand verlieren; und ebenso die vernunftlosen Geschöpfe, sie alle, die auf der Erdoberfläche wohnen, oder in der Tiefe leben oder die Lüfte durchziehen, manche hochaufsteigend, der Sonne entgegen. Aber innerhalb dieser wunderbaren Vielfalt vermögen nur wir Menschen – ich spreche hier nicht von den Engeln – uns mit dem Schöpfer in Freiheit zu vereinigen. Wir können dem Herrn die Ehre, die Ihm als dem

[3] Augustinus, *Sermo*, 169, 13 (PL 38, 923).
[4] Lk 19, 14.

Schöpfer der Welt zukommt, erweisen, aber wir können sie Ihm auch verweigern.

Darin besteht die Ambivalenz der menschlichen Freiheit. Der Herr lädt uns ein, ja Er drängt uns – weil Er uns innig liebt –, das Gute zu wählen. *Siehe, ich lege dir heute Leben und Heil, Tod und Unheil vor! Wenn du hörst auf das Gesetz des Herrn, deines Gottes, das ich dir heute gebiete, nämlich den Herrn, deinen Gott, zu lieben, zu wandeln auf seinen Wegen, seine Gebote, Satzungen und Vorschriften zu halten, dann wirst du am Leben bleiben (...) So wähle denn das Leben, damit du lebst*[5].

Frage dich jetzt – auch ich prüfe mich –, ob du fest und unerschütterlich an deinem Ja zum Leben festhältst; ob du auf die liebenswerte Stimme Gottes hörst, die dich zur Heiligkeit ruft, und ihr in Freiheit folgst? Vor unseren Augen steht Jesus, wie Er in den Städten und Landstrichen Palästinas zu den Menschen spricht. *Wenn du vollkommen sein willst ...*[6], sagt Er zu dem reichen Jüngling. Dieser junge Mann nahm die Einladung nicht an, und wir lesen im Evangelium, daß er traurig davonging: *abiit tristis*[7]. Er verlor die Freude, weil er sich weigerte, seine Freiheit Gott hinzugeben.

Betrachten wir nun den erhabenen Augenblick, da der 25
Erzengel Gabriel Unserer Lieben Frau den göttlichen Ratschluß verkündet. Unsere Mutter hört und fragt dann, um ganz zu verstehen, was der Herr von ihr will. Gleich darauf dann die entschiedene Antwort: *fiat!*[8] – Mir geschehe nach

[5] Dt 30, 15–16; 19.
[6] Mt 19, 21.
[7] Mt 19, 22.
[8] Lk 1, 38.

deinem Wort! – als die Frucht der höchsten Freiheit: der Freiheit, sich für Gott zu entscheiden.

In allen Geheimnissen unseres katholischen Glaubens schwingt dieses Loblied auf die Freiheit mit. Im freien Überfließen der Liebe bringt die Allerheiligste Dreifaltigkeit die Welt und den Menschen aus dem Nichts hervor. Das Ewige Wort steigt vom Himmel herab und nimmt Fleisch an, geprägt mit dem wunderbaren Siegel der Freiheit, sich zu unterwerfen: *Siehe, ich komme, um Deinen Willen zu erfüllen, o Gott, wie in der Buchrolle geschrieben steht*[9]. Zu der von Gott bestimmten Stunde, in der die Menschheit von der Knechtschaft der Sünde erlöst werden soll, bejaht Jesus in Gethsemani – unter Leiden, das seinen Schweiß in Blut[10] verwandelt –, freiwillig sich hingebend, das Opfer, das der Vater will: *wie ein Lamm, das zur Schlachtbank geführt wird und das vor seinen Scherern verstummt*[11]. So hatte Er es den Seinen in einem jener Gespräche angekündigt, in denen Er sein Herz ausschüttete, damit alle, die Ihn lieben, erkennen, daß Er allein der Weg ist, der zum Vater führt: *Deshalb liebt mich der Vater, weil ich mein Leben hingebe, um es wieder zu nehmen. Ich habe Macht, es hinzugeben, und habe Macht, es wieder zu nehmen*[12].

[9] Hebr 10, 7.
[10] Vgl. Lk 22, 44.
[11] Is 53, 7.
[12] Jo 10, 17–18.

Der Sinn der Freiheit

Gewaltig und grenzenlos wie seine Liebe ist die Freiheit 26
Jesu Christi. Niemals werden wir sie ganz begreifen können. Aber die unermeßliche Kostbarkeit seines freiwilligen Sühneopfers müßte in uns den Gedanken wecken: Warum hast Du mir, Herr, dieses einzigartige Vorrecht eingeräumt, das mich fähig macht, Deinen Schritten zu folgen, aber auch, Dich zu beleidigen? So lernen wir den rechten Gebrauch der Freiheit schätzen, wenn sie in den Dienst des Guten gestellt wird; aber auch das Ausmaß der Verirrung können wir so ermessen, wenn Freiheit die Menschen den größten aller Liebeserweise vergessen und verschmähen läßt. Die persönliche Freiheit, für die ich mich immer eingesetzt habe und mit allen meinen Kräften weiterhin einsetzen werde, drängt mich zu der Frage, die ich mir in sicherer Überzeugung, aber auch im Bewußtsein meiner Schwäche stellen muß: Was erwartest Du von mir, Herr, damit ich es in Freiheit erfülle?

Christus selbst antwortet uns: *Veritas liberabit vos*[13]; die Wahrheit wird euch frei machen. Welche Wahrheit ist das, die einem ganzen Leben den Weg der Freiheit eröffnet und vollendet? Mit der Freude und der Gewißheit, die aus der Verbindung zwischen Gott und seinen Geschöpfen hervorgehen, will ich sie euch nennen: zu wissen, daß wir aus Gott stammen, daß wir von der Allerheiligsten Dreifaltigkeit geliebt werden, daß wir Kinder des erhabensten Vaters sind. Ich bitte unseren Herrn darum, wir möchten des-

[13] Jo 8, 32.

sen ganz und gar innewerden, es Tag für Tag auskosten: dann werden wir als freie Menschen handeln. Und vergeßt nicht: Wer sich nicht als Sohn Gottes weiß, kennt nicht die innerste Wahrheit seines Seins, und es fehlen ihm in seinem Handeln die Würde und die Überlegenheit jener, die den Herrn über alles lieben.

Macht es euch klar: Um den Himmel zu gewinnen, müssen wir uns in Freiheit ganz an Ihn verdingen – mit der ungeteilten und beharrlichen Entschiedenheit des Willens. Aber die Freiheit genügt sich nicht selbst. Sie braucht einen Kompaß, der ihr die Richtung weist. *Die Seele kann sich nicht bewegen ohne jemanden, der sie leitet. Und sie ist erlöst worden, damit sie Christus zum König hat, dessen Joch sanft und dessen Bürde leicht ist (Mt 11, 30), und nicht den Teufel, dessen Herrschaft bedrückt*[14].

Versagt euch den Trugbildern derer, die es bei dem traurigen Geschrei „Freiheit, Freiheit!" bewenden lassen. Oft verbirgt sich dahinter eine tragische Knechtschaft; denn sich für den Irrtum entscheiden befreit nicht; der einzige, der wirklich frei macht, ist Christus[15], denn nur Er ist der Weg, die Wahrheit und das Leben[16].

27 Fragen wir uns in der Gegenwart Gottes von neuem: Herr, wozu hast Du uns dieses Gut geschenkt? Warum hast Du uns mit dieser Fähigkeit begabt, Dich zu erwählen oder Dich abzuweisen? Du wünschst, daß wir sie richtig einsetzen. Herr, was willst Du, das ich tun soll?[17] Und die

[14] Origenes, *Commentarii in Epistolam ad Romanos,* 5, 6 (PG 14, 1034–1035).
[15] Vgl. Gal 4, 31.
[16] Vgl. Jo 14, 6.
[17] Vgl. Apg 9, 6.

eindeutige Antwort ist: *Du sollst den Herrn, deinen Gott, lieben mit deinem ganzen Herzen, mit deiner ganzen Seele und mit deinem ganzen Gemüt*[18].

Versteht ihr? Die Freiheit erhält ihren wirklichen Sinn erst dann, wenn sie im Dienst der erlösenden Wahrheit ausgeübt wird, wenn sie aufgeht im Verlangen nach der unendlichen Liebe Gottes, die die Fesseln jeder Knechtschaft von uns nimmt. Jeden Tag drängt es mich mehr, diesen unergründlichen Reichtum des Christen laut zu verkünden: *die herrliche Freiheit der Kinder Gottes!*[19] Darin besteht der *gute Wille*, der uns lehrt, das Gute zu tun, *nachdem wir es vom Bösen unterschieden haben*[20].

Betrachtet jetzt einmal folgenden Gedanken, der grundlegend ist, weil er unsere Gewissensverantwortung betrifft: Niemand kann für uns, an unserer Statt wählen; *denn das ist der höchste Grad der Würde des Menschen, daß er aus sich selbst und nicht durch andere sich dem Guten zuwendet*[21]. Viele von uns haben den katholischen Glauben von ihren Eltern ererbt, und durch Gottes Gnade begann gleich nach der Geburt mit der Taufe das übernatürliche Leben in ihnen. Aber der Entschluß, Gott über alles zu lieben, muß im Laufe unseres Lebens, ja im Laufe eines jeden Tages, immer wieder erneuert werden. *Christ, das heißt wahrer Christ, ist derjenige, der sich der Herrschaft des Wortes Gottes unterwirft*[22], der also, der diese

[18] Mt 22, 37.
[19] Röm 8, 21.
[20] Maximus Confessor, *Capita de caritate*, 2, 32 (PG 90, 995).
[21] Thomas von Aquin, *Super Epistolas S. Pauli lectura. Ad Romanos*, cap. 2, lect. 3, 217, Marietti, Turin 1953.
[22] Origenes, *Contra Celsum*, 8, 36 (PG 11, 1571).

seine Unterwerfung vorbehaltlos annimmt und bereit ist, den Versuchungen des Teufels in der Haltung Christi zu widerstehen: *Du sollst den Herrn, deinen Gott, anbeten und Ihm allein dienen*[23].

Freiheit und Hingabe

28 Gottes Liebe ist eine eifersüchtige Liebe. Sie gibt sich nicht mit Halbheiten zufrieden. Ungeduldig erwartet sie, daß wir uns ganz hingeben und keine dunklen Winkel in unserem Herzen zulassen, die für den Jubel und die Freude der Gnade und der übernatürlichen Gaben unerreichbar wären. Vielleicht denkt ihr: In eine solche, alles andere ausschließende Liebe einzuwilligen – heißt das nicht, die Freiheit zu verlieren?

Der Herr, der hier bei unserem Gebet zugegen ist, möge uns mit seinem Licht dazu verhelfen, daß wir den Kern unseres Themas noch deutlicher erfassen. Jeder von uns hat irgendwann einmal erfahren, daß der Dienst für unseren Herrn Jesus Christus Leid und Mühsal mit sich bringt. Dies kann nur der leugnen, der noch nicht auf Gott gestoßen ist. Doch die Seele, die wirklich liebt, weiß, daß das Leid, wenn es kommt, vorübergeht; denn bald entdeckt sie, daß dieses Leid eine leichte Bürde und ein sanftes Joch ist, da Christus es auf seine Schultern nimmt, so wie Er sich damals, als es um unser ewiges Heil ging, das Kreuz auflud[24]. Es gibt allerdings Menschen, die dies nicht fassen

[23] Mt 4, 10.
[24] Vgl. Mt 11, 30.

und sich gegen den Schöpfer auflehnen in einer ohnmächtigen, kurzsichtigen und freudlosen Rebellion. Blind wiederholen sie die vergebliche Klage des Psalms: *Sprengen wir seine Ketten und werfen wir seine Fesseln von uns!*[25] Sie weigern sich, heroisch schweigend und selbstverständlich, bescheiden und klaglos die harte Aufgabe eines jeden Tages zu erfüllen. Sie begreifen nicht, daß der göttliche Wille – mag er auch manchmal schmerzen – mit der Freiheit der göttlichen Ratschlüsse genau übereinstimmt.

Es sind Menschen, die ihre Freiheit als Barrikaden er- 29
richten: „Meine Freiheit, meine Freiheit!" Sie besitzen die Freiheit, aber sie machen keinen Gebrauch von ihr. Sie bestaunen sie mit ihrem beschränkten Verstand und handhaben sie wie ein Götzenbild. Das soll Freiheit sein? Was haben sie von diesem Reichtum ohne eine ernsthafte Bindung, die ihrem Leben seine Richtung gibt? Ein solches Verhalten widerspricht der eigentlichen Würde der menschlichen Person; denn es fehlt der gerade Weg, der ihrem Gang Grund und Richtung gibt. Diese Menschen – ihr seid ihnen schon ebenso begegnet wie ich – werden sich leicht von kindischer Eitelkeit, von egoistischer Einbildung oder von der Sinnlichkeit mitreißen lassen.

Ihre Freiheit erweist sich als unfruchtbar oder sie bringt, schon rein menschlich gesehen, nur kümmerliche Früchte hervor. Wer sich nicht – in aller Freiheit – für eine rechte Verhaltensnorm entscheidet, wird früher oder später von anderen manipuliert werden, wird träge dahinleben wie ein Schmarotzer, fremden Entschlüssen ausgeliefert.

[25] Ps 2, 3.

Jedem Windstoß preisgegeben, werden immer andere für ihn entscheiden. *Solche sind Wolken ohne Wasser, die sich vom Winde umhertreiben lassen; Bäume im Spätherbst, Frucht, zweimal verstorben, entwurzelt*[26], mögen sie sich auch hinter ständigem Gerede verschanzen, um mit wohlklingenden Worten ihren Mangel an Charakter, an Mut und Ehrgefühl zu verbergen.

„Ich unterwerfe mich niemandem", so wiederholen sie in einem fort. Wirklich niemandem? Von allen Seiten wird solch illusorische Freiheit, die sich das Risiko für eigenes verantwortliches Handeln ersparen möchte, gegängelt. Wo es keine Liebe zu Gott gibt, verliert die Ausübung der eigenverantwortlichen Freiheit ihr Fundament. Auch wenn es anders aussehen mag, wird da alles zum Zwang. Der Unentschlossene, der Zauderer ist wie formbares Material, über welches die jeweiligen Umstände bestimmen. Der Erstbeste knetet es nach Belieben. Allem voran aber bemächtigen sich seiner die Leidenschaften und die übelsten Neigungen der durch die Erbsünde verwundeten Natur.

30 Erinnert euch an das Gleichnis von den Talenten. Der Knecht, der nur eines empfangen hatte, hätte es wie seine Mitknechte richtig verwenden können, er hätte sich unter Einsatz seiner Fähigkeiten bemühen können, einen Gewinn zu erwirtschaften. Wozu aber entscheidet er sich? Er fürchtet, es zu verlieren. Das ist zwar verständlich. Doch was tut er dann? Er vergräbt es[27], und es bringt keine Frucht.

Vergessen wir nicht dieses Beispiel krankhafter Angst

[26] Jud 12.
[27] Vgl. Mt 25, 18.

davor, Arbeitskraft, Verstand und Willen, ja den *ganzen Menschen* einzubringen. Ich vergrabe das Talent, so bildet sich dieser arme Kerl ein, aber dafür bleibt meine Freiheit unangetastet. Nein. Die Freiheit hat sich hier für etwas sehr Konkretes entschieden: für die armseligste Dürre. Sie hat Partei ergriffen, denn es blieb ihr nichts anderes übrig als zu wählen – und sie hat schlecht gewählt.

Die Meinung, Hingabe und Freiheit seien unvereinbar, ist irrig. Denn die Hingabe ist ja gerade eine Folge der Freiheit. Wenn eine Mutter sich aus Liebe zu ihren Kindern aufopfert, hat sie gewählt; und an dieser Liebe wird man ihre Freiheit messen. Wenn diese Liebe groß ist, wird sich die Freiheit als fruchtbar erweisen: das Wohl der Kinder hat seine Wurzel gerade in dieser gesegneten Freiheit, die die Hingabe wählt, und erwächst aus dieser gesegneten Hingabe, die die Freiheit ist.

Aber – so könnte jemand einwenden – wenn wir das, 31
was wir von ganzem Herzen lieben, erreicht haben, werden wir dann noch weitersuchen? Ist dann nicht unsere Freiheit dahin? Nein, dann ist sie tätiger denn je, weil die Liebe sich nicht mit stumpfem Erledigen oder lustlosem Weitermachen zufrieden gibt. Lieben heißt, jeden Tag aufs neue mit Dienen, mit Werken der Liebe zu beginnen.

Ich wiederhole es, denn ich möchte es jedem von euch wie mit Feuer ins Herz schreiben: Freiheit und Hingabe sind kein Widerspruch. Sie tragen sich gegenseitig. Die Freiheit kann man nur aus Liebe hingeben; jeder andere Verzicht auf sie ist mir unbegreiflich. Es geht dabei nicht um irgendein Wortspiel. In der frei gewählten Hingabe erneuert die Freiheit immer wieder die Liebe; und sich erneuern heißt immer jung sein, mit einem weiten Herzen, zu großen Idealen und großen Opfern fähig. Wie sehr habe ich mich gefreut, als ich zum erstenmal hörte, daß die jungen Leute auf portugiesisch *os novos,* „die Neuen", genannt werden, denn das sind sie. Ich erzähle euch das, weil ich schon recht viele Lebensjahre hinter mir habe; aber wenn ich an den Stufen des Altares bete *zu Gott, der meine Jugend erfreut*[28], dann fühle ich mich trotzdem sehr jung und weiß, daß ich mich niemals alt fühlen werde. Denn wenn ich meinem Gott treu bleibe, wird die Liebe immer wieder mein Leben erneuern: Wie des Adlers Jugend wird sich auch die meine erneuern[29].

Aus Liebe zur Freiheit binden wir uns. Einzig und allein der Hochmut betrachtet solche Bande als bleierne Fessel. Die wahre Demut, die uns der lehrt, der sanftmütig ist und demütig von Herzen, sie zeigt uns, daß sein Joch sanft und seine Bürde leicht ist[30]. Das Joch ist die Freiheit, das Joch ist die Liebe, das Joch ist die Einheit, das Joch ist das Leben, das Er uns am Kreuz verdient hat.

Die Freiheit der Gewissen

32 Im Laufe meiner langen priesterlichen Arbeit, in der ich die Liebe zur persönlichen Freiheit nicht nur gepredigt, sondern geradezu hinausgeschrien habe, traf ich gelegentlich auf ein gewisses Mißtrauen, so als befürchte man, die

[28] Ps 42, 4.
[29] Vgl. Ps 102, 5.
[30] Vgl. Mt 11, 29–30.

Betonung der Freiheit könnte den Glauben gefährden. Nun, die Kleinmütigen mögen sich beruhigen: nur eine irrige Freiheitsauffassung verstößt gegen den Glauben: eine Freiheit, die ohne Ziel, ohne Norm, ohne Gesetz, ohne Verantwortung ist; mit einem Wort – eine zügellose Freiheit. Leider wird die von manchen verfochten; und das stellt in der Tat einen Angriff auf den Glauben dar.

Deshalb ist es unzutreffend, von *Gewissensfreiheit* zu sprechen, wenn damit moralisch die Ablehnung Gottes gerechtfertigt werden soll. Wir sprachen ja schon davon, daß wir uns den heilbringenden Absichten Gottes zu widersetzen vermögen; wir können es, aber wir dürfen es nicht tun. Nähme jemand bewußt diese Haltung ein, dann wäre das Sünde, Übertretung des ersten und grundlegenden Gebotes: *Du sollst Gott lieben mit deinem ganzen Herzen*[31].

Ich trete mit allem Nachdruck für die *Freiheit der Gewissen*[32] ein, zu der auch wesentlich gehört, daß niemand einen Menschen daran hindern darf, Gott zu verehren. Das legitime Verlangen nach der Wahrheit muß respektiert werden: Zwar hat der Mensch die unerläßliche Pflicht, den Herrn zu suchen, Ihn zu erkennen und Ihn anzubeten, aber niemand auf Erden darf einem anderen die Ausübung eines Glaubens aufzwingen, den dieser nicht hat; und ebensowenig darf sich jemand das Recht herausnehmen, den zu behelligen, der diesen Glauben von Gott empfangen hat.

Unsere Mutter, die Kirche, hat sich immer für die Frei- 33
heit ausgesprochen und sie hat alle Spielarten des Fatalis-

[31] Dt 6, 5.
[32] Leo XIII., Enz. *Libertas praestantissimum,* ASS 20 (1888), 606.

mus – die alten wie die neuen – verworfen. Sie hat erklärt, daß jeder Mensch Herr seines Schicksals ist – zum Guten wie zum Bösen: *Wer Gutes getan hat, wird eingehen zum ewigen Leben, wer aber Böses, ins ewige Feuer*[33]. Diese ungeheuerliche Entscheidungsmacht, die in deiner, in meiner, in unser aller Hand liegt und die ein Zeichen unserer Würde ist, beeindruckt uns immer wieder von neuem. *Die Sünde ist dermaßen ein willentliches Übel, daß sie in keiner Weise Sünde wäre, wenn sie nicht ihren Ausgangspunkt im Willen hätte. Diese Behauptung ist so einsichtig, daß sich darüber die wenigen Weisen und die vielen Unwissenden einig sind, die die Welt bevölkern*[34].

Von neuem erhebe ich das Herz zu meinem Herrn und Gott, um Ihm dafür zu danken. Nichts hätte Ihn daran gehindert, uns unfähig für die Sünde zu erschaffen, mit einer unwiderstehlichen Neigung zum Guten, aber *Er fand, daß seine Diener besser wären, wenn sie Ihm in Freiheit dienten*[35]. Wie groß ist die Liebe, wie groß die Barmherzigkeit unseres Vaters! Wenn ich auf solche Werke der Liebe Gottes gegenüber seinen Kindern blicke, auf Wohltaten, die geradezu von einem *göttlichen Verrücktsein* vor Liebe künden, dann möchte ich tausend Herzen und tausend Münder haben, um Gott den Vater, Gott den Sohn und Gott den Heiligen Geist ohne Ende zu preisen. Beherzigt es allezeit, daß Gott, der durch seine Vorsehung das All regiert, keine unfreien Knechte, sondern freie Söhne will. Auch wenn wir wegen des Falls unserer Stammeltern mit

[33] Glaubensbekenntnis *Quicumque.*
[34] Augustinus, *De vera religione,* 14, 27 (PL 34, 133).
[35] Augustinus, ebd.

der Neigung zur Sünde, *proni ad peccatum,* geboren werden, hat Er doch der Seele eines jeden von uns einen Funken seines göttlichen Geistes geschenkt, die Sehnsucht nach dem Guten, das Verlangen nach nie mehr endendem Frieden. Und Er führt uns zu der Erkenntnis, daß die Wahrheit, das Glück und die Freiheit nur dann unser sind, wenn wir den Samen des ewigen Lebens in uns keimen lassen.

Das Geschöpf kann Gott zurückweisen und das Saat- 34
korn der neuen und endgültigen Glückseligkeit verschmähen. Handelt es aber so, dann hört es auf, Kind zu sein, und wird zum Sklaven. *Jedes Ding ist das, was ihm seiner Natur nach gebührt. Wenn es daher nach etwas Unpassendem strebt, bewegt es sich nicht seiner eigenen Seinsweise gemäß, sondern unter fremdem Antrieb; und das ist knechtisch. Der Mensch ist seiner Natur nach ein Vernunftwesen. Wenn er sich vernunftgemäß verhält, bewegt er sich selbst als das, was er ist; und das entspricht der Freiheit. Wenn er sündigt, handelt er außerhalb der Vernunft, und dann läßt er sich vom Antrieb eines anderen leiten und unterwirft sich fremden Schranken. Deshalb ist der, der die Sünde annimmt, Knecht der Sünde (Jo 8,34)*[36].

Laßt mich noch einmal darauf zurückkommen: Jeder Mensch ist irgendeiner Art von Knechtschaft unterworfen; das ist eine offenkundige Erfahrung, die wir in oder um uns machen. Die einen beten das Geld an, die anderen die Macht; wieder andere verschreiben sich einem halbwegs beruhigenden Skeptizismus oder sie liegen vor dem golde-

[36] Thomas von Aquin, *Quaestiones disputatae, De malo,* q. 6. a. 1.

nen Kalb der Sinnlichkeit auf den Knien. Eine ganz entsprechende Erfahrung wird uns aber auch im Umgang mit den erhabeneren Dingen zuteil. Wir gehen in einer Arbeit auf, widmen uns einem mehr oder weniger wichtigen Vorhaben, wir engagieren uns für eine wissenschaftliche, künstlerische, literarische oder religiöse Aufgabe. So läßt auch jeder leidenschaftliche Einsatz eine „Knechtschaft" entstehen, aber eine, der man sich freudig um der angestrebten Ziele willen hingibt.

35 Wenn aber Knechtschaft gegen Knechtschaft steht – denn Dienen, ob wir es wollen oder nicht, gehört zur Eigenart des Menschen –, dann gibt es keine bessere Wahl, als sich aus Liebe in die göttliche Knechtschaft zu geben. In demselben Augenblick, da wir das tun, ändert sich unsere Stellung, und wir werden aus Sklaven zu Freunden und Kindern. Hier liegt der Unterschied: Wir widmen uns allen guten weltlichen Anliegen mit dem gleichen Einsatz und Eifer wie die anderen, aber die Seele ist dabei erfüllt von tiefem Frieden, von Freude und Gelassenheit – auch inmitten der Widerwärtigkeiten; denn nicht das Vergängliche, sondern das Ewig-Bleibende trägt uns: *Wir sind nicht Kinder der Magd, sondern der Freien*[37].

Woher kommt diese Freiheit? Von Christus, unserem Herrn. Es ist die Freiheit, mit der Er uns erlöst hat[38]. Deshalb lehrt Er: *Wenn euch der Sohn frei macht, werdet ihr wahrhaft frei sein*[39]. Wir Christen brauchen nicht nach Erklärungen für den wahren Sinn dieses Geschenkes zu su-

[37] Gal 4, 31.
[38] Vgl. Gal 4, 31.
[39] Jo 8, 36.

chen, denn die einzige Freiheit, die den Menschen erlöst, ist die von Christus uns erworbene.

Ich pflege gern vom Abenteuer unserer Freiheit zu sprechen, denn genau das ist euer und mein Leben. In Freiheit – als Kinder, ich wiederhole es, nicht als Sklaven – folgen wir dem Weg, den der Herr einem jeden von uns gezeigt hat. Wir gehen ihn froh und gelassen und genießen ihn als Geschenk Gottes.

In Freiheit, ohne Zwang, entscheide ich mich für Gott: weil ich es so will, und ich entscheide mich dafür, zu dienen und mein Dasein in Hingabe an die anderen zu verwandeln – aus Liebe zu meinem Herrn, zu Jesus Christus. Dann darf ich kraft dieser Freiheit behaupten, daß nichts auf dieser Erde mich trennen wird von der Liebe Christi[40].

Verantwortlich vor Gott

Gott schuf im Anfang den Menschen und überließ ihn 36
der eigenen Entscheidung (Sir 15, 14). Dies wäre nicht der Fall, wenn er nicht Freiheit der Wahl besäße[41]. Wir sind vor Gott für unser gesamtes Handeln verantwortlich, das wir frei verwirklichen. Hier gibt es keinen Raum für Anonymität. Der Mensch steht vor seinem Herrn und kann frei darüber entscheiden, ob er als sein Freund oder sein Feind leben will. So beginnt der Weg des inneren Kampfes, der uns unser ganzes Leben hindurch begleitet; denn niemand erreicht schon auf Erden die Fülle der Freiheit.

[40] Vgl. Röm 8, 39.
[41] Thomas von Aquin, ebd.

Unser christlicher Glaube bringt uns außerdem dazu, in allem eine Atmosphäre der Freiheit zu verbreiten, angefangen bei der Darlegung des Glaubens, die jeden mehr oder minder versteckten Zwang ausschalten muß. *Wenn wir zu Christus hingeschleppt werden, glauben wir, ohne es von innen heraus zu wollen; das wäre eine Frucht der Gewalt, nicht der Freiheit. Wohl kann jemand wider seinen Willen in die Kirche eintreten, sich dem Altar nähern; ja, die Sakramente empfangen – aber glauben kann nur, wer glauben will*[42]. Es ist offensichtlich, daß ein Mensch, der zum Gebrauch der Vernunft gelangt ist, nur in persönlicher Freiheit Glied der Kirche sein und den ständigen Aufforderungen des Herrn an uns entsprechen kann.

37 Als der Hausvater in jenem Gleichnis vom Gastmahl erfährt, daß einige, die zum Fest hätten kommen sollen, sich mit Ausreden entschuldigt haben, befiehlt er seinem Knecht: *Geh hinaus an die Wege und Zäune und nötige hereinzukommen* – compelle intrare –, *die du findest*[43]. Also doch Zwang? Wird hier nicht der legitimen Freiheit der Gewissen Gewalt angetan?

Wenn wir das Evangelium betrachten und uns in die Lehre Jesu vertiefen, wird uns aufgehen, daß diese Anordnung nicht mit Zwang verwechselt werden darf. Denn Christus deutet immer nur an: *Wenn du vollkommen sein willst…, wenn einer mir nachfolgen will…* Dieses *compelle intrare,* dränge hereinzukommen, meint nicht physischen oder moralischen Zwang, sondern den mitreißenden Schwung des christlichen Beispiels, das wirksam ist wie die

[42] Augustinus, *In Ioannis Evangelium tractatus,* 26, 2 (PL 35, 1607).
[43] Lk 14, 23.

Kraft Gottes: *Seht, wie der Vater an sich zieht: Er erfreut durch seine Lehre, Er auferlegt keine Notwendigkeit. So zieht Er an sich*[44].

In einem solchen Klima der Freiheit versteht man, daß schlechtes Handeln nicht befreit, sondern versklavt. *Wer gegen Gott sündigt, bewahrt die Freiheit, insofern sie Freisein von Zwang bedeutet, aber er hat sie verloren, insoweit sie Freiheit ist von Schuld*[45]. Er wird vielleicht sagen können, er sei seinen Neigungen gefolgt, doch von wahrer Freiheit kann nicht die Rede sein. Denn er ist zum Sklaven seiner Entscheidung geworden, der schlimmsten aller Entscheidungen: sich von Gott zu entfernen; doch das ist keine Freiheit.

Ich wiederhole es: Ich erkenne keine andere Knecht- 38
schaft an als die der Liebe zu Gott. Und zwar deshalb, weil die Religion, wie ich euch bei anderen Gelegenheiten schon gesagt habe, die größte Rebellion des Menschen ist, der nicht wie ein Tier leben will und der sich deshalb nicht zufrieden gibt, der keine Ruhe findet, bis er seinem Schöpfer begegnet und Ihn kennt. Ich möchte, daß ihr solche Rebellen seid, frei von Fesseln, denn ich möchte – mehr: Christus will es –, daß ihr Kinder Gottes seid. Sklaverei oder Gotteskindschaft – das ist die Alternative unseres Lebens. Entweder Kinder Gottes oder Sklaven des Stolzes, der Sinnlichkeit, des angsterfüllten Egoismus, in dem sich offenbar so viele Seelen verfangen haben.

Die Liebe Gottes weist den Weg der Wahrheit, der Gerechtigkeit, des Guten. Wenn wir uns dazu entschließen,

[44] Augustinus, *In Ioannis Evangelium tractatus,* 26, 7 (PL 35, 1610).
[45] Thomas von Aquin, ebd.

dem Herrn zu antworten: *Meine Freiheit für Dich!* dann sind wir von allen Ketten befreit, die uns an bedeutungslose Dinge gefesselt hielten, an lächerliche Sorgen, an niedrige Ambitionen. Und die Freiheit – ein unermeßlicher Schatz, eine kostbare Perle, die man nicht den Säuen vorwerfen soll[46] – dient allein dazu, das Gute zu tun[47].

Das ist die herrliche Freiheit der Kinder Gottes. Christen, die beim Anblick der Zügellosigkeit der Gottesverächter sich ängstlich oder neidvoll zurückziehen, haben einen erbärmlichen Begriff von unserem Glauben. Wenn wir wirklich das Gesetz Christi erfüllen – wenn wir uns darum bemühen, es zu erfüllen, denn nicht immer wird es uns gelingen –, werden wir in uns eine solche Sicherheit des Geistes entdecken, daß wir es nicht nötig haben, woanders nach dem Sinn der vollen Würde des Menschen zu suchen.

Unser Glaube ist weder Last noch Enge. Welch armselige Auffassung von der christlichen Wahrheit hätte der, der ihn so empfände! Wenn wir uns für Gott entscheiden, verlieren wir nichts und gewinnen alles. Wer um den Preis seiner Seele *sein Leben bewahrt, wird es verlieren; und wer sein Leben um meiner Liebe willen verliert, wird es finden*[48].

Wir haben das große Los gezogen, den ersten Preis gewonnen. Sollten wir diese Klarheit jemals verlieren, dann müßten wir uns im Innern unserer Seele prüfen. Vielleicht stoßen wir dann auf schwächlichen Glauben, auf zu wenig

[46] Vgl. Mt 7, 6.
[47] Vgl. Is 1, 17.
[48] Mt 10, 39.

persönlichen Umgang mit Gott, auf zu wenig Gebetsleben. Wir müssen den Herrn bitten – durch seine und unsere Mutter –, Er möge unsere Liebe vermehren, Er möge uns seine beseligende Gegenwart erfahren lassen; denn nur wenn man liebt, gelangt man zur vollen Freiheit – zu einer Freiheit, die niemals, in alle Ewigkeit nicht, den Gegenstand ihrer Liebe verlassen will.

DER WERT DER ZEIT*

In diesem gemeinsamen Gespräch mit Gott, unserem 39
Vater, ist das, was ich euch sage, gleichzeitig mein persönliches Gebet, das ich laut spreche; daran erinnere ich oft und gern. Denn auch ihr sollt bestrebt sein, aus dieser Zeit ein innerliches Gebet zu machen, selbst wenn einmal – wie zum Beispiel heute – besondere Umstände uns auf ein Thema festlegen, das auf den ersten Blick für einen Dialog der Liebe – denn das ist unser Gespräch mit dem Herrn – kaum geeignet erscheint. Ich sage *auf den ersten Blick:* denn eigentlich kann und soll alles, was in uns und um uns geschieht, Thema unseres Gebetes sein.

Heute also möchte ich über die Zeit sprechen, über die Zeit, die verrinnt. Lassen wir den Gemeinplatz beiseite, ein Jahr mehr sei ein Jahr weniger ... Fragen wir auch nicht danach, was die Leute über die Vergänglichkeit der Zeit denken, denn wahrscheinlich würdet ihr nur Antworten wie die folgenden Verse hören: *Jugend, du himmlischer*

* Homilie, gehalten am 9. Januar 1956.

Schatz, du gehst dahin und nie kehrst du zurück ... Nun, auszuschließen ist es nicht, daß ihr auch manch andere Überlegung mit mehr Gespür für das Übernatürliche hören würdet.

Ich habe auch nicht vor, mich in wehmütige Gedanken über die Kürze der Zeit zu verlieren. Uns Christen sollte die Flüchtigkeit des Irdischen zu einer besseren Ausnützung unserer Zeit anspornen, auf keinen Fall aber in Furcht vor unserem Herrn versetzen und schon gar nicht den Tod als ein schlimmes Ende auffassen lassen. Denn dank der Gnade und Barmherzigkeit Gottes dürfen wir sagen – und wie oft ist es schon mehr oder weniger poetisch gesagt worden –, daß jedes Jahr, das vergeht, uns dem Himmel, unserer endgültigen Heimat, einen Schritt näherbringt.

Wenn ich daran denke, begreife ich sehr gut die Mahnung des Apostels Paulus an die Korinther: *Tempus breve est!*[1] Wie kurz ist die Dauer unseres irdischen Weges! Im Herzen eines Christen, der es ganz ernst meint, hallen diese Worte wie ein Vorwurf wider, weil er oft so wenig großzügig ist, aber auch wie eine ständige Ermunterung, treu zu bleiben. Ja wirklich, die Zeit ist kurz, in der wir lieben, uns hingeben und sühnen können. Deshalb wäre es unrecht, sie zu vergeuden und einen solchen Schatz in unverantwortlicher Weise zum Fenster hinauszuwerfen.

40 Im fünfundzwanzigsten Kapitel des Matthäus-Evangeliums lesen wir: *Dann wird es mit dem Himmelreich sein wie mit zehn Jungfrauen, die ihre Lampen nahmen und dem Bräutigam entgegengingen; fünf von ihnen waren tö-*

[1] 1 Kor 7, 29.

richt und fünf waren klug[2]. Der Evangelist berichtet, daß die klugen die Zeit genützt haben. Sie haben vorsorglich das nötige Öl mitgenommen und in Bereitschaft harren sie auf den Ruf: Es ist Zeit! *Der Bräutigam kommt, geht ihm entgegen*[3]. Dann zünden sie ihre Lampen an und eilen ihm freudig entgegen.

Es wird der Tag kommen, der unser letzter ist. Wir fürchten uns nicht vor ihm, denn im festen Vertrauen auf die Gnade Gottes halten wir uns von nun an bereit, dem Herrn mit brennenden Lampen entgegenzugehen, mit Hingabebereitschaft, mit Starkmut, mit einer Liebe, die sich in den kleinen Dingen äußert. Es erwartet uns ja das große Fest im Himmel. *Wir, geliebte Brüder, sind die Gäste bei der Hochzeit des Wortes, wir, die wir in der Kirche den Glauben haben, uns mit der Heiligen Schrift nähren und über die Verbindung Gottes mit der Kirche frohlocken. Überlegt, ich bitte euch, ob ihr zu dieser Hochzeit im hochzeitlichen Kleid gekommen seid, erforscht allen Ernstes euer Sinnen und Trachten*[4]. Ich versichere euch – und mir sage ich dasselbe –, daß dieses Hochzeitskleid aus der Gottesliebe gewoben sein wird, die wir, bis in die unscheinbarsten Aufgaben hinein, gelebt haben werden. Denn Sache von Liebenden ist es, Augen zu haben für das Kleine, für scheinbar unbedeutende Gesten.

Nehmen wir den Faden des Gleichnisses nochmals auf. 41
Was tun die törichten Jungfrauen? Nachdem sie den Ruf vernommen haben, beginnen sie mit Vorbereitungen für

[2] Mt 25, 1–2.
[3] Mt 25, 6.
[4] Gregor der Große, *Homiliae in Evangelia,* 38, 11 (PL 76, 1289).

den Empfang des Bräutigams; sie gehen Öl kaufen. Aber ihr Entschluß kam reichlich spät: Während sie noch unterwegs waren, *kam der Bräutigam, und die bereit waren, zogen mit ihm zur Hochzeitsfeier ein, und die Tür wurde zugeschlossen. Endlich kamen auch die übrigen Jungfrauen und riefen: Herr, Herr, mach uns auf!*[5] Nicht, daß sie ganz untätig geblieben wären, etwas hatten sie wohl versucht ... Und doch die harte Antwort: *Ich kenne euch nicht*[6]. Sie konnten oder wollten sich nicht mit dem nötigen Eifer vorbereiten, sie unterließen es, vernünftig vorzusorgen und rechtzeitig Öl zu kaufen. Es fehlte ihnen an Großzügigkeit, um das wenige, das ihnen aufgetragen war, zu erfüllen. Sie hatten viel Zeit gehabt und sie nicht genutzt.

Prüfen wir mutig unser Leben. Warum finden wir manchmal nicht die paar Minuten, die noch fehlen, um unsere Arbeit, das Mittel unserer Heiligung, in Liebe zu vollenden? Warum vernachlässigen wir unsere Pflichten in der Familie? Warum haben wir es beim Beten oder beim heiligen Meßopfer so eilig? Warum lassen wir es an Gelassenheit und Ruhe fehlen, wenn es um die Pflichten unseres eigenen Standes geht, verweilen dann aber lange bei kapriziösen Einfällen? Ihr könntet einwenden: Das sind doch nur Kleinigkeiten. Ja, wirklich: aber diese Kleinigkeiten sind das Öl, unser Öl, das die Flamme nährt und das Licht brennen läßt.

[5] Mt 25, 10–11.
[6] Mt 25, 12.

Von der ersten Stunde an

Mit dem Himmelreich ist es wie mit einem Hausherrn, der am frühen Morgen ausging, um Arbeiter für seinen Weinberg anzuwerben[7]. Ihr kennt das Gleichnis: Jener Mann geht mehrmals zum Marktplatz, denn er sucht Arbeiter. Einige werden schon bei Sonnenaufgang gedungen, andere erst gegen Abend. 42

Alle erhalten einen Denar: *den Lohn, den ich dir versprochen hatte, das heißt, mein Bild und meine Ähnlichkeit. Im Denar ist das Bildnis des Königs eingeprägt*[8]. Das ist die Barmherzigkeit Gottes: Jeden ruft Er gemäß seinen persönlichen Umständen, denn Er will, *daß alle Menschen gerettet werden*[9]. Wir sind Christen von Geburt, im Glauben erzogen, vom Herrn klar ausgewählt. Wenn ihr also zum Mitgehen aufgefordert werdet, mag es auch in der letzten Stunde sein, dürft ihr dann noch auf dem Marktplatz bleiben und, wie einige jener Arbeiter, die nichts zu tun hatten, in der Sonne sitzen?

Niemals dürfen wir Zeit übrig haben, keine Sekunde: ich übertreibe nicht. Es gibt viel Arbeit: Die Welt ist groß, Millionen Menschen haben die Lehre Christi noch nicht klar vernommen. Einen jeden von euch frage ich: Findest du, daß du zuviel Zeit hast? Denke nach, denn es könnte sein, daß du von Lauheit befallen oder – was den Glauben betrifft – wie ein Gelähmter bist, unbeweglich, erstarrt, unfruchtbar und unfähig, all das Gute weiterzugeben, das

[7] Mt 20, 1.
[8] Hieronymus, *Commentariorium in Matthaeum libri,* 3, 20 (PL 26, 147).
[9] 1 Tim 2, 4.

du den Mitmenschen in deiner Umgebung, an deinem Arbeitsplatz, in deiner Familie weitergeben solltest.

43 Du fragst mich vielleicht: Und weshalb sollte ich mich anstrengen? Nicht ich, sondern der heilige Paulus antwortet dir: *Die Liebe Christi drängt uns*[10]. Ein Menschenleben reicht nicht, um den Radius deiner Liebe ganz auszuschreiten. Seit den ersten Anfängen des Opus Dei ist es mein großes Anliegen gewesen, großmütigen Menschen, die bereit waren, den Ruf Christi in Taten umzusetzen, zuzurufen: *Daran sollen alle erkennen, daß ihr meine Jünger seid, wenn ihr einander liebt*[11]. Gerade daran werden sie uns erkennen, denn die Liebe ist der Ausgangspunkt für jede Tätigkeit eines Christen.

Er, die Reinheit selbst, sagt nicht, daß man seine Jünger an der Reinheit ihres Lebens erkennen wird. Er, der Selbstgenügsame, der nicht einmal einen Stein hat, darauf Er sein Haupt legen könnte[12], und der tagelang in der Einsamkeit fastet[13], sagt seinen Aposteln nicht: Sie werden euch als meine Auserwählten erkennen, weil ihr keine Schlemmer und Trinker seid.

Das reine Leben Jesu Christi – so war es damals und so wird es immer sein – war wie eine Ohrfeige für die damalige Gesellschaft, verfault, wie so oft die unsrige. Seine Genügsamkeit war wie ein Peitschenschlag für die, die ständig tafelten und sich dann selbst zum Erbrechen brachten, um weiter tafeln zu können – gemäß den Worten des Paulus, daß ihr Gott der Bauch ist[14].

[10] 2 Kor 5, 14.
[11] Jo 13, 35.
[12] Vgl. Mt 8, 20.
[13] Vgl. Mt 4, 2.
[14] Vgl. Phil 3, 19.

Auch die Demut des Herrn schlug jene ins Gesicht, de- 44
ren Leben in nichts anderem als in einer ständigen Selbstbeschäftigung bestand. Hier in Rom habe ich schon oft davon gesprochen – vielleicht wart ihr einmal dabei –, daß unter den Triumphbogen, die heute nur noch Ruinen sind, siegreiche Kaiser und Generäle einherzogen: eitel, aufgeblasen, stolz, und gesenkten Hauptes nur, damit die erhabene Stirn sich nicht am hohen Bogen stoße. Christus jedoch, der Demütige, sagt nicht: Daran, daß ihr demütig und bescheiden seid, werden sie euch als meine Jünger erkennen.

Und auch dies sollen wir uns merken: Das Gebot des Meisters, das Beglaubigungsschreiben eines wahren Sohnes Gottes, besteht schon seit zwanzig Jahrhunderten und erscheint noch immer ganz neu. Leider bleibt es das für so viele, weil sie sich niemals oder doch nur sehr selten bemüht haben, es zu verwirklichen – sehr oft habe ich das in meiner priesterlichen Verkündigung erläutert. Es ist traurig, aber es ist so. Und doch, wie klar die Aussage des Messias, wie bestimmt: Sie werden euch daran erkennen, daß ihr einander liebt! Deshalb fühle ich mich gedrängt, immer wieder an diese Worte des Herrn zu erinnern. Der heilige Paulus fügt noch hinzu: *Einer trage des anderen Last, so werdet ihr das Gesetz Christi erfüllen*[15]. Vergeudete Stunden, womöglich mit der Ausrede, du hättest ja Zeit genug ... Und dabei sind so viele deiner Brüder und Freunde mit Arbeit überlastet. Hilf ihnen doch, feinfühlig, entgegenkommend, mit einem Lächeln; derart, daß sie es kaum

[15] Gal 6, 2.

merken und sich nicht einmal dankbar zeigen können, weil die noble Zurückhaltung deiner Nächstenliebe unauffällig war.

Die armen Wartenden mit ihren leeren Lampen meinten vielleicht, sie hätten keinen einzigen freien Augenblick gehabt. Für die Arbeiter am Marktplatz besteht der ganze Tag aus Freizeit: Sie fühlen nicht den Drang zum Dienen, obwohl der Herr seit der ersten Stunde ständig und dringend Menschen sucht. Wir wollen seiner Aufforderung folgen, wollen Ja zu ihr sagen. Aus Liebe tragen wir dann – was *mehr* als nur ertragen ist – *die Last und Hitze des Tages*[16].

Für Gott Frucht bringen

45 Betrachten wir jetzt das Gleichnis jenes Mannes, *der in die Fremde ziehen wollte. Er rief seine Knechte und übergab ihnen sein Vermögen*[17]. Jedem händigt er einen verschieden großen Betrag aus, damit er ihn während seiner Abwesenheit verwalte. Es dürfte nützlich sein, auf das Verhalten des Mannes zu achten, der ein Talent erhielt. Er dünkt sich schlau. In seiner Beschränktheit zermartert er sich das Hirn und entscheidet sich: *Er ging hin, grub die Erde auf und verbarg darin das Geld seines Herrn*[18].

Womit wird sich dieser Mensch beschäftigt haben, nachdem er das Werkzeug für seine Arbeit beiseite gelegt

[16] Mt 20, 12.
[17] Mt 25, 14.
[18] Mt 25, 18.

hat? Ohne Gespür für Verantwortung hat er sich für die bequeme Lösung entschieden: Er wird nur das zurückgeben, was ihm anvertraut wurde. Nunmehr wird er die Zeit totschlagen: Minuten, Stunden, Tage, Monate, Jahre, das ganze Leben! Die anderen regen sich, treiben Handel und sind ehrlich bestrebt, mehr zurückzugeben, als sie erhalten haben. Mit Recht suchen sie bei ihrer Arbeit Gewinn zu erzielen, denn der Herr hat sehr bestimmt gesagt: *negotiamini dum venio*[19], macht Geschäfte damit, bis ich wiederkomme. Aber er schert sich nicht darum, er vergeudet sein Leben.

Wie traurig eine Existenz, die keine anderen Sorgen 46
kennt als das Totschlagen der Zeit, das Verschleudern eines gottgeschenkten Schatzes! Keine Ausrede kann das rechtfertigen. *Niemand sage: Ich habe nur ein Talent erhalten und kann nichts leisten. Auch mit einem Talent kannst du Gutes tun*[20]. Wie traurig, wenn einer die vielen oder wenigen Fähigkeiten brachliegen läßt, die Gott ihm gegeben hat, damit er den Menschen und der Gesellschaft diene!

Ein Christ, der seine irdische Zeit totschlägt, läuft Gefahr, *seinen Himmel totzuschlagen*, dann nämlich, wenn er sich aus Egoismus zurückzieht, sich versteckt, gleichgültig bleibt. Wenn einer Gott liebt, wird er im Dienste Christi nicht nur das hingeben, was er hat und was er ist: er wird sich selbst ganz hingeben und damit den beschränkten Horizont eines Menschen überwinden, der in allem – sei es Gesundheit, Name, Karriere – nur sein Ich sieht.

Mein, mein, mein . . . Denken und Reden vieler Men- 47

[19] Lk 19, 13.
[20] Johannes Chrysostomus, *In Matthaeum homiliae,* 78, 3 (PG 58, 714).

schen kreisen nur darum. Wie unangenehm! Der heilige Hieronymus sagt dazu, *daß sich in diesen Menschen wirklich erfüllt, was geschrieben steht: „Weil sie Entschuldigungen für ihre Sünden suchen" (Ps 140, 4), fügen sie zur Sünde des Stolzes noch die der Faulheit und Nachlässigkeit hinzu*[21].

Es ist der Hochmut, der ständig dieses *mein, mein, mein* . . . aufsagt – ein Laster, das aus dem Menschen ein unfruchtbares Geschöpf macht, das seine Bereitschaft hemmt, für Gott zu arbeiten, und den leichtfertigen Umgang mit der Zeit fördert. Laß deine Wirkmöglichkeiten nicht verkümmern. Lege deinen Egoismus ab! Du sagst, daß dein Leben dir gehört? Dein Leben gehört Gott, und aus Liebe zu Gott soll es allen Menschen nutzen. Grabe dein Talent aus! Ziehe Gewinn daraus. Du wirst dann voller Freude erfahren, daß es in den Geschäften Gottes gar nicht auf einen Ertrag ankommt, der die Bewunderung der Menschen findet. Wesentlich ist allein, daß wir alles hingeben, was wir sind und haben, daß wir mit Sorgfalt handeln und den Willen nicht verlieren, gute Frucht zu bringen.

Vielleicht schenkt Gott uns noch ein Jahr, damit wir Ihm dienen können. Aber denke jetzt nicht an fünf, nicht an zwei Jahre, sondern an dieses eine, das begonnen hat. Entscheiden wir uns, es hinzugeben und nicht zu vergraben.

[21] Hieronymus, *Commentariorum in Matthaeum libri*, 4, 25 (PL 26, 195).

Im Weinberg

Ein Hausherr legte einen Weinberg an, umgab ihn mit einem Zaun, grub darin eine Kelter und baute einen Turm. Dann verpachtete er ihn an Winzer und ging außer Landes[22]. 48

Ich möchte, daß wir die Lehren dieses Gleichnisses aus der Perspektive unseres heutigen Themas betrachten. Die christliche Überlieferung sieht darin das Schicksal des von Gott auserwählten Volkes versinnbildet; sie hebt besonders hervor, wie wir Menschen die übergroße Liebe Gottes mit Untreue und Undank vergelten.

Ich beschränke mich heute auf den einen Satz: *er ging außer Landes,* und verbinde ihn mit dem Gedanken, daß wir Christen den Weinberg, in den der Herr uns gestellt hat, nicht verlassen dürfen. Die Aufgaben innerhalb des umzäunten Bereiches müssen unsere ganze Kraft in Anspruch nehmen: Wir werden in der Kelter arbeiten, wir werden uns nach des Tages Mühe im Turm ausruhen. Ließen wir uns von der Bequemlichkeit leiten, dann wäre es, wie wenn wir Christus entgegneten: Nun, meine Jahre gehören mir, nicht Dir; ich denke nicht daran, mich um Deinen Weinberg zu kümmern.

Der Herr hat uns das Leben, unsere Sinne, unsere Fä- 49
higkeiten und zahllose Gnaden geschenkt; deshalb dürfen wir nicht vergessen, daß jeder von uns ein Arbeiter unter vielen anderen ist, und daß der Besitzer uns auf seinem Landgut angestellt hat, damit wir an der Aufgabe mitwir-

[22] Mt 21, 33.

ken, andere Menschen mit Nahrung zu versorgen. Der umzäunte Bereich ist der Ort unseres Wirkens; dort müssen wir arbeiten, Tag für Tag, und so zum Werk der Erlösung beitragen[23].

Laß mich nochmals darauf zurückkommen: Deine Zeit gehöre dir? Deine Zeit gehört Gott! Es mag sein, daß gegenwärtig diese Art des Egoismus dir nicht zusetzt, dank der Barmherzigkeit Gottes; aber ich erinnere dich daran für den Fall, daß irgendwann einmal in deinem Herzen dein Glaube an Christus wankt. Dann bitte ich dich – besser: Gott bittet dich darum –, daß du deinen Vorsätzen treu bleibst, deinen Hochmut besiegst, deine Phantasie bändigst und dich nicht einfach aus dem Staube machst, irgendwohin, wie ein Deserteur.

Die Arbeiter auf dem Marktplatz, die den ganzen lieben langen Tag herumlungern; der Schlaumeier, der sein Talent versteckt und dann Stunde um Stunde totschlägt; der Ausreißer, der sich um die Arbeit im Weinberg nicht schert. Allen gemeinsam ist das mangelnde Empfinden für die große Aufgabe, die der Meister uns Christen anvertraut hat: daß wir uns als seine Werkzeuge wissen und – mit Ihm zu Miterlösern bestimmt – auch als solche handeln; und daß wir unser ganzes Leben dahingeben, in einem freudigen Opfer zum Wohl der Seelen.

[23] Vgl. Kol 1, 24.

Der unfruchtbare Feigenbaum

Nochmals greifen wir zum Matthäus-Evangelium und 50
lesen, wie Jesus, von Bethanien zurückkehrend, Hunger hatte[24]. Alles, was Christus tut, bewegt mich; besonders, wenn sichtbar wird, daß Er wahrer Mensch ist – ganz Mensch und zugleich ganz Gott – und uns lehren will, sogar die persönlichen Unzulänglichkeiten und natürlichen Schwächen zu nutzen, damit wir sie und alles in uns dem Vater darbringen, der das Brandopfer gern annimmt.

Der Herr hatte Hunger. Er, der Schöpfer des Weltalls, der Allherrscher! Ich danke Dir, mein Gott, daß der Evangelist, durch göttliche Eingebung geleitet, mit dieser Bemerkung ein solch feinfühliges Zeugnis abgelegt hat; es treibt mich dazu an, Dich noch mehr zu lieben und die Betrachtung Deiner heiligsten Menschheit noch inständiger zu ersehnen! *Perfectus Deus, perfectus homo*[25], ganz Gott und ganz Mensch: Mensch aus Fleisch und Blut, wie du, wie ich.

Jesus hatte am Vortag viel gearbeitet. Er macht sich auf 51
den Weg und verspürt Hunger, deshalb geht Er auf einen Feigenbaum zu, der von weitem prächtig belaubt erscheint. Markus erwähnt: *Es war nicht die Zeit der Feigen*[26]. Wohl weiß der Herr, daß Er in jener Jahreszeit keine Feigen finden wird, aber dennoch geht Er auf den Baum zu; Er blickt auf die nur vorgetäuschte Fruchtbarkeit des reich belaubten, aber ansonsten unergiebigen Baumes und

[24] Vgl. Mt 21, 18.
[25] Glaubensbekenntnis *Quicumque*.
[26] Mk 11, 13.

befiehlt: *Nie mehr soll jemand eine Frucht von dir essen*[27].

Wie hart! Nie mehr wirst du Frucht tragen! Wie müssen seine Jünger gestaunt haben, zumal sie darin den Spruch der Weisheit Gottes erkannten! Jesus verflucht diesen Baum, weil Er in ihm nur den Schein der Fruchtbarkeit findet – die Blätter allein. Und wir sollen erkennen, daß uns nichts entschuldigt, wenn wir unwirksam sind. Die einen sagen vielleicht: *Ich kenne mich da nicht aus* ... Keine Ausrede! Und die anderen: *meine Krankheit* ... *ich bin ja so unbegabt* ... *die Umstände sind so ungünstig* ... *dieses Milieu* ... Alles nicht stichhaltig. Wehe dem, der sich mit der Laubfülle eines falschen Apostolates schmückt oder mit der Üppigkeit eines nur scheinbar fruchtbaren Lebens prahlt und nicht ernsthaft versucht, Frucht zu bringen! Man könnte zunächst meinen, daß er die Zeit nutze: er rührt sich, er organisiert dies und das, er erfindet neuartige Lösungen für alles ... Und doch: er bringt nichts ... Keiner wird etwas von seinem Tun haben, weil ihm der Lebenssaft des Übernatürlichen fehlt.

Bitten wir den Herrn, Er möge uns zu Menschen machen, die bereit sind, heroisch zu arbeiten und so Frucht zu bringen. Auf Erden gibt es viele, die, wenn jemand auf sie zugeht, nichts weiter als prächtig glänzende Blätter bieten: Laub, nichts als Laub. Viele Menschen schauen auf uns in der Hoffnung, ihren Hunger zu stillen, der ein Hunger nach Gott ist. Und vergessen wir nicht, der Herr hat uns alle Mittel dazu gegeben: trotz unserer Unzulänglichkeit

[27] Mk 11, 14.

kennen wir seine Lehre gut genug und besitzen seine Gnade.

Von neuem erinnere ich euch daran: *tempus breve est*[28]; 52
wir haben nicht viel Zeit, denn das Leben auf Erden ist kurz. Da wir die Mittel besitzen, die Gott uns gibt, brauchen wir nichts anderes als den guten Willen, um die Gelegenheiten, die der Herr uns gewährt, zu nutzen. Als Er in diese Welt kam, begann für uns und für alle *die rechte Zeit, der Tag des Heiles*[29]. Nicht soll uns Gott, unser Vater, vorwerfen müssen, was Er durch Jeremias verkündet: *Selbst der Storch in der Luft kennt seine Zeiten, Taube und Schwalbe und Kranich halten die Zeit ihrer Wiederkehr ein. Doch mein Volk kennt nicht die Rechtsordnung des Herrn*[30].

Es gibt keine schlechten oder ungünstigen Tage: alle Tage sind gut, um Gott zu dienen. Schlecht werden die Tage nur dann, wenn der Mensch sie verdirbt: durch mangelnden Glauben, durch Trägheit, durch die Stumpfheit, die ihn von der Arbeit mit Gott für Gott abhält. *Preisen will ich den Herrn allzeit*[31]. Die Zeit ist ein Schatz, der schwindet. Sie rinnt durch unsere Finger wie das Wasser durch die Felsen. Das Gestern ist vorbei, das Heute gleitet jetzt vorüber, und, bald schon, wird das Morgen ein Gestern sein. Ein menschliches Leben ist nur von kurzer Dauer, und doch: Wieviel kann man in dieser kurzen Zeitspanne aus Liebe zu Gott tun!

[28] 1 Kor 7, 29.
[29] 2 Kor 6, 2.
[30] Jer 8, 7.
[31] Ps 33, 2.

Entschuldigungen werden uns nichts nutzen. Der Herr hat uns reichlich beschenkt: Er hat uns geduldig belehrt, uns durch Gleichnisse seine Gebote erklärt, uns unermüdlich ermahnt. Er kann uns fragen, wie Er Philippus fragte: *So lange schon bin ich bei euch, und du kennst mich noch nicht?*[32] Gekommen ist jetzt die Zeit, ernsthaft zu arbeiten, jeden Augenblick des Tages voll auszunutzen, *die Last und Hitze des Tages*[33] freudig und gern zu tragen.

Beim Vater sein

53 Eine Stelle aus dem zweiten Kapitel des Lukas-Evangeliums kann uns helfen, diese Gedanken abzuschließen. Christus ist noch ein Kind. Welcher Schmerz für seine Mutter und für den heiligen Josef, als sie auf dem Heimweg von Jerusalem merken, daß Jesus nicht unter den Verwandten und Freunden ist! Und welche Freude, als sie Ihn schon von weitem sehen, wie Er die Lehrer Israels unterweist! Aber beachtet die scheinbar harte Antwort des Sohnes auf die Frage der Mutter: *Warum habt ihr mich gesucht?*[34]

War es also nicht vernünftig, Ihn zu suchen? Wie klar ist die Antwort darauf, wenn eine Seele erfahren hat, was es heißt, Christus zu verlieren und Ihn wiederzufinden... *Warum habt ihr mich gesucht? Wußtet ihr nicht, daß ich in*

[32] Jo 14, 9.
[33] Mt 20, 12.
[34] Lk 2, 49.

dem, was meinem Vater gehört, sein muß?[35] Wußtet ihr denn nicht, daß ich meine ganze Zeit dem himmlischen Vater widmen muß?

Das soll die Frucht unseres heutigen Gebetes sein: die 54
Überzeugung, daß unser Weg auf Erden – immer und in jeder Situation – ein Weg für Gott, ein herrlicher Schatz, eine Leuchtspur des Himmels ist; daß wir in unseren Händen eine wunderbare Gabe halten, die wir in Verantwortung vor Gott und den Menschen verwalten müssen. An unserer Situation im Leben braucht sich nichts zu ändern, denn wir sind Menschen mitten in der Welt, die ihren Beruf, ihr Leben in Familie und Gesellschaft heiligen – alles Dinge, die scheinbar rein irdisch sind.

Als ich sechsundzwanzig Jahre alt war und die ganze Tiefe des Auftrags, Gott im Opus Dei zu dienen, erfaßt hatte, bat ich den Herrn aus ganzem Herzen um die Würde eines Achtzigjährigen. Mit der Naivität eines Kindes, eines Anfängers, erbat ich mir von meinem Gott einen Zuwachs an Jahren, damit ich besser verstünde, die Zeit richtig auszunutzen und jede Minute in seinem Dienst zu verwenden. Dem Herrn gefällt es, solche Reichtümer auszuteilen. Vielleicht werden wir – du und ich – einmal ausrufen können: *Mehr Einsicht habe ich gewonnen als Greise, weil ich Deinen Auftrag bewahrte*[36]. Jungsein muß nicht Gedankenlosigkeit bedeuten, denn auch Altsein bedeutet nicht unbedingt Klugheit und Weisheit.

Rufen wir zusammen die Mutter Jesu Christi an. Du, unsere Mutter, hast Jesus aufwachsen sehen, du hast gese-

[35] Lk 2, 49.
[36] Ps 118, 100.

hen, wie Er seine Zeit unter den Menschen genutzt hat. Lehre mich, meine Tage im Dienste der Kirche und der Seelen nützlich zu verwenden. Lehre mich auch, du, gütige Mutter, tief in meinem Herzen, wenn es einmal nötig wird, den liebevollen Vorwurf zu vernehmen: daß meine Zeit nicht mir gehört, daß sie dem Vater gehört, der im Himmel ist.

ARBEIT GOTTES*

Anfangen – das tun alle; vollenden – nur wenige. Zu 55
diesen wenigen wollen wir gehören, die wir bemüht sind, uns als Kinder Gottes zu verhalten. Vergeßt nicht, daß nur das Werk, das in Liebe abgeschlossen und gut zu Ende geführt wird, das Lob des Herrn in der Heiligen Schrift verdient: *Besser ist das Ende des Werkes als sein Beginn*[1].

Vielleicht habt ihr schon ein andermal gehört, was ich jetzt von neuem erzählen möchte, weil es mir sehr lehrreich erscheint. Bei einer Gelegenheit wollte ich den Schlußstein eines Gebäudes segnen und suchte im *Rituale Romanum* das entsprechende Gebet; denn der Schlußstein ist ja das entscheidende Stück, das die harte, beharrliche, jahrelange Arbeit vieler Menschen versinnbildlicht. Überrascht stellte ich fest, daß es einen solchen Segen nicht gab. Ich mußte mich mit einer *benedictio ad omnia*, mit einem allgemeinen Segen, zufrieden geben. Ich konnte mir, offengestanden, eine solche Lücke nicht vorstellen, aber auch aufmerksa-

* Homilie, gehalten am 6. Februar 1960.

[1] Pred 7, 8.

meres Durchgehen des Inhaltsverzeichnisses war umsonst. Ich fand nichts.

Vielen Christen ist die Überzeugung abhanden gekommen, daß die Einheit des Lebens, die der Herr von seinen Kindern erwartet, auch die ehrliche Sorgfalt für die rechte Verwirklichung der eigenen Aufgaben mit einschließt, die bis zur letzten Kleinigkeit geheiligt werden müssen.

Wir dürfen dem Herrn nichts anbieten, das nicht in dem Maße, wie unsere menschliche Unzulänglichkeit es erlaubt, vollkommen, fehlerlos und auch im Kleinen vollendet ist. Gott nimmt eine hingepfuschte Arbeit nicht an. In der Heiligen Schrift heißt es: *Etwas Fehlerhaftes dürft ihr nicht darbringen, denn es wäre seiner nicht würdig*[2]. Deshalb soll die Arbeit, die unseren Tag ausfüllt und unsere ganze Kraft in Anspruch nimmt, eine Opfergabe sein, die des Schöpfers würdig ist, ein vollendetes, tadelloses Werk: *operatio Dei,* Arbeit von Gott und für Gott.

56 Die Menschen, die das Leben Christi aus der Nähe beobachten konnten, haben von seinem Wirken oft mit Bewunderung gesprochen; ein Wort gibt es dabei, das in gewissem Sinne alle anderen miteinschließt. Ich meine den spontanen Ausruf, in dem Staunen und Begeisterung des Volkes angesichts der Wunder des Herrn mitschwingen: *bene omnia fecit*[3], alles hat Er wunderbar getan. Alles: die großen Wunder ebenso wie die kleinen Dinge des Alltags; ihnen, die ohne Glanz waren, gab Christus jene Vollkommenheit, die Ihm eignet, der *perfectus Deus, perfectus ho-*

[2] Lv 22, 20.
[3] Mk 7, 37.

mo[4], vollkommener Gott und vollkommener Mensch ist.

Im Leben unseres Herrn finde ich alles liebenswert. Aber ganz besonders fühle ich mich von den dreißig Jahren angezogen, in denen Er ein verborgenes Dasein in Bethlehem, in Ägypten und in Nazareth führte. Oberflächlicher Betrachtung mag diese Zeit, eine recht lange Zeit, von der da im Evangelium kaum die Rede ist, bedeutungslos und nichtssagend erscheinen. Aber ich habe dieses Schweigen über das Leben unseres Meisters immer für sehr beredt gehalten und darin eine herrliche Lektion für uns Christen gesehen. Es waren Jahre, angefüllt mit Arbeit und Gebet, in denen Jesus ein normales, alltägliches Leben – ein Leben, wenn wir so wollen, wie das unsere – geführt hat, ein zugleich menschliches und göttliches Leben. Auch dort, in jener einfachen, unscheinbaren Werkstatt, hat Jesus – wie später vor dem ganzen Volk – alles wunderbar getan.

Die Arbeit, Teilhabe an Gottes Macht

Vom Augenblick seiner Erschaffung an hat der Mensch 57
arbeiten sollen. Das habe ich mir nicht ausgedacht. Man braucht bloß die ersten Seiten der Heiligen Schrift aufzuschlagen. Dort lesen wir, daß – bevor die Sünde in die Welt eindrang und bevor Tod, Leid und Elend als Folgen der Sünde über die Menschheit kamen[5] – Gott Adam aus dem Lehm der Erde gebildet und für ihn und seine Nachkom-

[4] Glaubensbekenntnis *Quicumque.*
[5] Vgl. Röm 5, 12.

men eine herrliche Welt erschaffen hatte: *ut operaretur et custodiret illum*[6], damit er sie bearbeite und behüte.

Es muß uns deshalb klar sein, daß die Arbeit eine großartige Wirklichkeit und zugleich ein unausweichliches Gesetz ist, dem alle Menschen, mögen sich auch manche für nicht betroffen halten, auf die ein oder andere Weise unterworfen sind. Prägt es euch gut ein: Die Pflicht zu arbeiten ist weder eine Folge der Erbsünde noch eine Erfindung der Neuzeit. Die Arbeit ist vielmehr das notwendige Existenz-Mittel, das Gott uns auf Erden anvertraut; Er gibt uns die Tage und läßt uns an seiner Schöpfermacht teilhaben, damit wir uns unseren Lebensunterhalt verdienen und gleichzeitig *Frucht für das ewige Leben* sammeln[7]: *Der Mensch wird geboren zur Arbeit, die Vögel zum Fluge*[8].

Vielleicht möchte jemand einwenden, daß inzwischen viele Jahrhunderte vergangen sind und heute recht wenige Menschen so denken; ja, daß die meisten aus anderen Gründen arbeiten: die einen um des Geldes willen, die anderen, um die eigene Familie zu unterhalten, wieder andere, um ihren sozialen Status zu verbessern, um ihre Fähigkeiten zu entfalten, um ihre ungeordneten Leidenschaften zu befriedigen oder um zum sozialen Fortschritt beizutragen. Und schließlich: daß sie alle diese ihre Arbeit als eine Plage ansehen, vor der es kein Entrinnen gibt.

Gegenüber dieser platten, egoistischen und schäbigen Sicht der Arbeit müssen wir uns selbst und unseren Mitmenschen ins Gedächtnis rufen, daß wir Kinder Gottes

6 Gen 2, 15.
7 Jo 4, 36.
8 Jb 5, 7.

sind und daß unser Vater an uns dieselbe Aufforderung richtet, wie jener Gutsbesitzer im Gleichnis an seine beiden Söhne: *Mein Sohn, geh und arbeite heute im Weinberg*[9]. Ich versichere euch: Wenn wir uns tagtäglich darum bemühen, unsere persönlichen Pflichten als eine göttliche Bitte an uns zu verstehen, dann werden wir lernen, unsere Aufgaben mit der größtmöglichen Vollkommenheit im Menschlichen wie im Übernatürlichen zu Ende zu führen. Vielleicht lehnen wir uns einmal dagegen auf – auch der ältere Sohn sagte ja: *Ich will nicht*[10] –, aber gleich meldet sich dann die Reue, und wir packen bei der Erfüllung unserer Pflichten noch herzhafter an.

Wenn schon die Anwesenheit eines guten Mannes auf 58
jeden, der mit ihm zusammentrifft, einen immer besseren Einfluß ausübt (weil man auf ihn Rücksicht nehmen und sich vor ihm schämen muß), wie sollte es da nicht selbstverständlich sein, daß noch vielmehr derjenige, der durch sein Erkennen und durch seinen Lebenswandel und durch seine Danksagung immerfort und ohne Unterbrechung mit Gott zusammen ist, bei jeder Gelegenheit und in jeder Hinsicht, in Taten, Worten, Gesinnungen, besser wird, als er bisher war?[11] In Wahrheit ist es so: Wäre unser Gewissen ganz von der Tatsache durchdrungen, daß Gott uns sieht, und nähmen wir wirklich in uns auf, daß unser ganzes Tun – alles, einfach alles, denn nichts entgeht seinem Blick – in der Gegenwart Gottes geschieht, wie sorgfältig würden wir dann unsere Arbeit verrichten, wie anders würden wir rea-

[9] Mt 21, 28.
[10] Mt 21, 29.
[11] Clemens von Alexandrien, *Stromata*, 7, 7 (PG 9, 450–451).

gieren! So lautet das Geheimnis der Heiligkeit, das ich seit vielen Jahren predige: Uns alle hat Gott dazu berufen, Ihn nachzuahmen; euch und mich hat Er gerufen, damit wir mitten in der Welt leben und – als Menschen dieser Welt! – es fertigbringen, alle lauteren menschlichen Tätigkeiten auf Christus, unseren Herrn, hin auszurichten.

Von dieser Haltung her wird man folgendes besser verstehen: Liebte einer von euch die Arbeit – seine konkrete Arbeit – nicht, spürte er nicht das Verlangen, sich in den Aufgaben dieser Welt einzusetzen, um sie zu heiligen, kurz: fühlte er keine Berufung zum Beruf, dann könnte er niemals den übernatürlichen Kern der Lehre erfassen, die ich vortrage, denn sie setzt eines als unerläßlich voraus: man muß ein richtiger Arbeiter sein.

59 Ohne Überheblichkeit kann ich von mir sagen, daß ich sofort merke, ob jemand ein Gespräch über dieses Thema beherzigt oder nur über sich ergehen läßt. Erlaubt mir, daß ich vor euch mein Herz öffne, damit ihr mir helfen könnt, Gott zu danken. Als ich im Jahr 1928 sah, was der Herr von mir wollte, machte ich mich sofort an die Arbeit. Danke, mein Gott, für jene Jahre, so voller Leid und deshalb so voller Liebe! Die einen hielten mich für verrückt; andere, sich verständnisvoll gebend, nannten mich einen *Träumer,* der dem Unmöglichen nachjagte. Trotz alledem und trotz meiner eigenen Armseligkeit setzte ich unverzagt meine Arbeit fort; und da *jene Sache* nicht meine Sache war, bahnte sie sich einen Weg durch die Schwierigkeiten. Heute hat sie sich bis in den letzten Winkel der Welt ausgebreitet und wird als ganz natürlich empfunden, weil der Herr dafür gesorgt hat, daß man darin sein Werk erkennt.

Aber ich sagte eben, daß mir ein paar Worte genügen, um zu merken, ob jemand mich versteht oder nicht. Ich bin nicht wie die Glucke, der eine fremde Hand ein Entenei unterschiebt; Tage vergehen, die Küken schlüpfen aus, und erst dann, wenn die Henne ein ungelenkes Wollknäuel daherwatscheln sieht, merkt sie, daß so ein Wesen nicht zu ihren Jungen gehört und beim besten Willen niemals das Piepsen lernen wird. Niemals habe ich einen Menschen, der mir den Rücken kehrt, abschätzig behandelt, auch dann nicht, wenn er Hilfsbereitschaft mit Frechheit beantwortete; deshalb fiel mir einmal – es war um 1939 – in einem Haus, wo ich Einkehrtage für Studenten hielt, ein Schild auf, dessen Aufschrift lautete: *Jeder Wanderer folge seinem Weg*. Ein nützlicher Ratschlag!

Entschuldigt die Abschweifung. Kehren wir zu unse- 60
rem Thema zurück, von dem wir uns eigentlich nicht so sehr entfernt haben. Seid sicher, daß die Berufung zum Beruf ein wesentlicher, untrennbarer Bestandteil unseres Christseins ist. Der Herr will euch heilig: dort, wo ihr seid, und in dem Beruf, den ihr gewählt habt. Welche Motive auch immer euch zu dieser Wahl bewogen haben: wenn sie nicht im Widerspruch zum Gesetz Gottes stehen, scheinen sie mir alle gut und nobel; sie lassen sich leicht auf die Ebene des Übernatürlichen heben und sie münden in den Strom der Gottesliebe ein, der das Leben eines Kindes Gottes trägt.

Mir ist unbehaglich zumute, wenn jemand mit der Miene „eines armen Opfers" über seine Arbeit spricht, die ihn so und so viele Stunden in Beschlag nimmt, während er in Wirklichkeit nicht einmal die Hälfte der Arbeitsleistung vieler seiner Berufskollegen erbringt, die sich letztlich vielleicht nur von egoistischen oder zumindest rein menschlichen Gründen leiten lassen. Wir alle, die wir hier im persönlichen Gespräch mit dem Herrn versammelt sind, haben einen bestimmten Beruf als Ärzte, Rechtsanwälte, Wirtschaftler ... Denkt etwas nach über jene Kollegen, die wegen ihres beruflichen Ansehens, ihrer Verläßlichkeit, wegen ihres selbstlosen Dienstes herausragen: Widmen sie nicht viele Stunden des Tages – und sogar der Nacht – ihrer Arbeit? Haben wir von ihnen nichts zu lernen?

Ich prüfe mich auch, während ich zu euch spreche, und ich muß euch gestehen, daß ich ein wenig beschämt bin und Gott sofort um Verzeihung bitten möchte, wenn ich daran denke, wie dürftig meine Antwort ausfällt und wie wenig ich der Aufgabe gerecht geworden bin, die Gott uns in der Welt anvertraut hat. Mit den Worten eines Kirchenvaters: *Christus hat uns auf dieser Erde dazu bestellt, daß wir Sterne seien, daß wir als Lehrer der anderen auftreten, daß wir eine Art Sauerteig werden, daß wir wie Engel unter den Menschen wandeln, wie Männer unter kleinen Kindern, wie geistige Geschöpfe unter sinnlichen, damit diese einen Gewinn haben; dazu, daß wir Samenkörner sind, daß wir reiche Frucht tragen. Es bedürfte keiner Worte, wenn unser Leben solches Licht verbreiten würde; es bedürfte keiner Lehrer, wenn wir mit Taten predigen würden; es gäbe keine Heiden, wenn wir alle richtige Christen wären*[12].

[12] Johannes Chrysostomus, *In Epistolam I ad Timotheum homiliae*, 10, 3 (PG 62, 551).

Ein vorbildliches Berufsleben

Es wäre ein Irrtum zu meinen, das Apostolat beschränke sich auf ein Zeugnisgeben durch einige fromme Übungen. Du und ich – wir sind Christen, aber gleichzeitig und untrennbar damit verbunden auch Staatsbürger und arbeitende Menschen mit ganz bestimmten Pflichten; wenn wir uns wirklich heiligen wollen, müssen wir sie vorbildlich erfüllen. Christus selbst drängt uns: *Ihr seid das Licht der Welt. Eine Stadt, die auf einem Berge liegt, kann nicht verborgen bleiben. Man zündet auch kein Licht an, um es unter den Scheffel zu stellen, sondern auf den Leuchter: dann leuchtet es allen im Haus. So leuchte euer Licht vor den Menschen, damit sie eure guten Werke sehen und euren Vater im Himmel preisen*[13]. 61

Die berufliche Arbeit – gleichgültig, um welche es sich handelt – wird zu einer Leuchte, die euren Berufskollegen und Freunden Licht spendet. Deshalb sage ich oft denen, die sich dem Opus Dei anschließen – und das gilt ebenso für euch alle, die ihr jetzt hier seid –: Was habe ich davon, wenn ich höre, der Soundso sei ein guter Sohn von mir und ein guter Christ, aber ein schlechter Schuster? Bemüht er sich nicht um Sachkenntnisse und um Sorgfalt in seinem Beruf, dann wird er diesen Beruf nicht heiligen und Gott nicht anbieten können. Und gerade die Heiligung der gewöhnlichen Arbeit ist für uns, die wir mitten in der Welt entschlossen den Umgang mit Gott suchen, die Achse echter Spiritualität.

[13] Mt 5, 14–16.

62 Wehrt euch gegen diese übertriebene Selbstverzärtelung: verlangt mehr von euch! Manchmal denken wir zuviel an die Gesundheit; an die Entspannung, die sicherlich nötig ist, denn wir wollen ja mit frischer Kraft an unsere Arbeit zurückkehren, aber – so schrieb ich schon vor vielen Jahren –: *Muße heißt nicht etwa Nichtstun: Sie ist vielmehr ein Sich-Entspannen bei weniger anstrengender Tätigkeit.*

Gelegentlich begründen wir unsere übertriebene Bequemlichkeit mit falschen Ausreden und vergessen die liebenswerte Verantwortung, die auf uns lastet; wir geben uns mit dem zufrieden, was gerade so ausreicht, um über die Runden zu kommen, und wir verschleiern unsere Faulheit hinter Scheingründen, während doch Satan und seine Verbündeten sich niemals eine Pause gönnen. Höre genau hin und beachte die Ermahnung des heiligen Paulus an die Christen, die Sklaven waren: Sie sollen ihren Herren gehorchen, *nicht als Augendiener, um Menschen zu gefallen, sondern als Sklaven Christi, die den Willen Gottes von Herzen erfüllen. Dienet willig; denn es gilt dem Herrn und nicht Menschen!*[14] Ein wahrhaft guter Ratschlag, uns gegeben, damit du und ich ihn befolgen.

Wir wollen Christus, unseren Herrn, um Licht bitten. Er möge uns helfen, daß wir in jedem Augenblick den göttlichen Sinn erfassen, der unseren Beruf zum Fundament und Angelpunkt des Rufes zur Heiligkeit werden läßt. Aus dem Evangelium wißt ihr, daß Jesus als *faber, filius Mariae*[15], als der Handwerker, der Sohn Mariens, bekannt

[14] Eph 6, 6–7.
[15] Mk 6, 3.

war. Ebenso sollen wir mit heiligem Stolz durch unser Tun zeigen, daß wir Menschen sind, die arbeiten, die wirklich arbeiten!

Wir, die wir uns immerfort gleichsam als Botschafter Gottes fühlen müssen, wir brauchen Klarheit darüber, wann und wo die Untreue beginnt: etwa wenn wir unsere Aufgabe unvollendet lassen, wenn wir unsere beruflichen Pflichten nicht, opferbereit, wirklich so ernst nehmen wie die anderen, wenn wir dazu Anlaß geben, daß man uns als träge, unzuverlässig, oberflächlich, unordentlich, faul, unnütz bezeichnet ... Wer all diese scheinbar unwichtigen Pflichten vernachlässigt, wird sich kaum den anderen, mühsameren Aufgaben des inneren Lebens mit Erfolg stellen können: *Wer im Kleinen treu ist, der ist auch im Großen treu; wer im Kleinen untreu ist, der ist auch im Großen untreu*[16].

Ich spreche nicht von utopischen Zielen. Ich rede von 63
etwas höchst Realem, das sehr konkret und sehr wichtig ist und die Kraft besitzt, ein heidnisches, den göttlichen Forderungen verschlossenes Milieu umzuwandeln, wie es damals geschah, als das Zeitalter unseres Heiles begann. Beherzigt die Worte eines unbekannten Schriftstellers aus jener Zeit, der die Größe unserer Berufung zusammenfassen wollte: *Was die Seele im Leib ist, das sind die Christen in der Welt. Wie die Seele durch alle Glieder des Leibes hin, so sind die Christen über die Städte der Welt verbreitet. Die Seele wohnt zwar im Leibe, stammt aber nicht aus dem Leibe; so leben die Christen in der Welt, sind aber nicht von*

[16] Lk 16, 10.

der Welt. Die unsichtbare Seele ist im sichtbaren Leib (...) Unsterblich wohnt sie im sterblichen Gezelt; so wohnen auch die Christen im Vergänglichen, erwarten aber die Unvergänglichkeit im Himmel. Wenn Speise und Trank dem Leib mangeln, nimmt die Seele an Vollkommenheit zu; so wächst auch die Zahl der Christen dadurch, daß sie den Tod erleiden, von Tag zu Tag mehr. Das ist die Lage, in die Gott sie versetzt hat, und sie haben nicht das Recht, sich ihr zu entziehen[17].

Es wäre also ein Irrweg zu meinen, wir müßten den diesseitigen Anliegen und Problemen aus dem Weg gehen; nein, auch dort wartet der Herr auf euch. Zweifelt nicht daran, daß wir Menschen durch die Umstände des Alltags, die von der unendlichen Weisheit der göttlichen Vorsehung bestimmt oder zugelassen werden, Gott näher kommen sollen. Wir können aber dieses Ziel nicht erreichen, wenn uns der Wunsch fehlt, die Arbeit gut zu Ende zu führen, oder wenn wir in dem aus menschlichen und übernatürlichen Motiven gespeisten Eifer des Anfangs nachlassen, wenn wir nicht mehr bestrebt sind, wie der Beste zu arbeiten; und ich denke, daß du – wenn du nur willst – sogar besser als der Beste arbeiten kannst; denn wir nehmen uns vor, alle guten und ehrbaren menschlichen Mittel zu gebrauchen und auch alle geistlichen Hilfen anzuwenden, um unserem Herrn eine vollendete Arbeit darzubringen – vollendet wie ein filigranes Kunstwerk.

[17] *Epistola ad Diognetum*, 6 (PG 2, 1175).

Die Arbeit in Gebet verwandeln

Oft sage ich, daß solche Zeiten des Gesprächs mit Jesus, der – im Tabernakel gegenwärtig – uns sieht und uns hört, nicht zu unpersönlichem Beten werden dürfen; und ich gebe dann zu bedenken, daß unser Betrachten zu einer Zwiesprache mit dem Herrn führen soll, die nicht notwendig artikulierte Worte, immer aber ein Heraustreten aus der Anonymität erfordert: Wir treten vor sein Angesicht, so wie wir wirklich sind, und bleiben weder in der Menge des Gotteshauses versteckt noch hinter einem mechanischen, höchstens der abgegriffenen Gewöhnung entspringenden Wortschwall unauffindbar. 64

Und jetzt möchte ich noch folgendes hinzufügen: Auch deine Arbeit soll persönliches Gebet sein, ein lebendiges Gespräch mit unserem Vater im Himmel. Wenn du die Heiligung in deiner beruflichen Tätigkeit und durch sie suchst, dann mußt du aus ihr das Anonyme verbannen, damit sie persönliches Gebet wird. Auch deine beruflichen Aufgaben müssen von der trüben Eintönigkeit des rein Gewohnheitsmäßigen, des Unpersönlichen frei sein, denn sonst wäre der göttliche Impuls in deinem täglichen Tun wie abgestorben.

Mir fallen dabei die Reisen ein, die ich während des spanischen Bürgerkrieges an die Front unternommen habe. Obwohl es mir an Geld fehlte, fuhr ich überallhin, wo jemand meines priesterlichen Beistands bedurfte. In der damaligen Ausnahmesituation, die für viele Grund genug war, Schlaffheit und Nachlässigkeit zu rechtfertigen, beschränkte ich mich nicht darauf, ausschließlich asketische

Ratschläge zu geben. Mich bewegte damals dieselbe Sorge, die ich heute empfinde und die ich mit der Hilfe des Herrn in jedem von euch wecken möchte. Ich suchte das Wohl der Seelen, aber auch ihre Freude auf Erden; ich ermunterte sie, die Zeit mit nützlicher Beschäftigung auszufüllen und den Dienst an der Front nicht zu einer Art weißem Fleck in ihrem Leben werden zu lassen; ich bat sie, sich nicht gehen zu lassen und alles nur Mögliche zu tun, um aus Schützengraben und Wachtposten nicht so etwas wie einen Bahnhofswartesaal von damals zu machen, wo die Leute die Zeit totschlugen in Erwartung der Züge, die nicht kommen und nicht kommen wollten ...

Besonders legte ich ihnen nahe, eine nützliche, mit ihrem Soldatendienst vereinbare Beschäftigung zu suchen, wie zum Beispiel Studieren oder Sprachen-Lernen. Und niemals, so riet ich ihnen, sollten sie aufhören, als Männer Gottes danach zu trachten, aus all ihrem Tun *operatio Dei,* Arbeit Gottes, zu machen. Es imponierte mir, wie gut diese jungen Leute unter ausgesprochen schwierigen Umständen reagierten. Man spürte die Festigkeit ihres Charakters.

65 Aus jener Zeit ist mir auch mein Aufenthalt in Burgos in Erinnerung geblieben. Viele verbrachten hier ein paar Tage Fronturlaub bei mir, andere waren ohnedies in Kasernen der näheren Umgebung stationiert. Mit einigen meiner Söhne teilte ich ein gemeinsames Zimmer in einem verwahrlosten Hotel. Uns fehlte das Allernotwendigste, aber wir richteten es so ein, daß alle, die kamen – und es waren Hunderte – sich wirklich ausruhen und neue Kräfte sammeln konnten.

Es war mir zur Gewohnheit geworden, unsere Gespräche mit einem Spaziergang am Ufer des Arlanzón entlang zu verbinden; sie vertrauten mir ihre Sorgen an, und ich suchte das passende Wort, das sie stärken oder ihnen neue Horizonte des inneren Lebens erschließen könnte. Mit Gottes Hilfe war ich immer bemüht, sie zu ermuntern, sie anzuspornen, ihr christliches Leben neu zu entflammen. Manchmal kamen wir auf unseren Spaziergängen bis zum Kloster Las Huelgas oder bis zur Kathedrale.

Mit Vorliebe bestieg ich mit ihnen einen der Türme und zeigte ihnen dann aus der Nähe das gotische Maßwerk, diese wahre Filigranarbeit aus Stein: das Ergebnis geduldiger, mühsamer Arbeit. Im Gespräch lenkte ich ihre Aufmerksamkeit darauf, daß jene Wunderwerke von unten gar nicht zu sehen waren. Was ich ihnen so oft erklärt hatte, hier wurde es greifbar: Das ist, sagte ich, Arbeit Gottes, Werk Gottes – die eigene Arbeit so vollendet tun, daß sie schön wird wie dieses feine Spitzengewebe aus Stein. Das Beispiel war so anschaulich, daß diese jungen Menschen begriffen: das alles war Gebet, ein wunderbares Zwiegespräch mit dem Herrn. Die Steinmetzen, die hier ihr ganzes Können entfaltet hatten, wußten sehr gut, daß das unten auf der Straße niemand merken würde. Ihre Kunst galt Gott allein. Verstehst du jetzt, wie du durch deinen Beruf Gott näherkommen kannst? Tu, was jene Steinmetzen taten, und auch deine Arbeit wird *operatio Dei* sein: ein menschliches Werk, das den Stempel Gottes trägt.

Da wir überzeugt sind, daß Gott überall und allenthalben zugegen ist, preisen wir Ihn, während wir unser Feld bebauen, und singen Loblieder, während wir zur See fah- 66 *ren, und führen auch sonst unser ganzes Leben in Gedanken an Gott*[18]. So bleiben wir jeden Augenblick mit Ihm verbunden. Selbst wenn ihr isoliert und, wie jene jungen Männer in den Schützengräben, weit entfernt von eurem gewohnten Lebensraum seid, werdet ihr eng vereint mit dem Herrn leben, weil ihr die persönliche, beharrliche, beherzte Arbeit – begonnen und vollendet in der Gegenwart Gottes des Vaters, Gottes des Sohnes und Gottes des Heiligen Geistes – in Gebet zu verwandeln versteht.

Aber vergeßt nicht, daß ihr euch auch in der Gegenwart von Menschen befindet. Sie erwarten von euch – von dir – ein christliches Zeugnis. Deshalb müssen wir im Beruf und überhaupt in allen menschlichen Tätigkeiten so handeln, daß niemand, der uns kennt und schätzt, sich unserer Arbeit wegen schämen muß, und daß wir vor niemandem zu erröten brauchen. Wenn ihr nach dem Geist lebt, den ich euch zu lehren versuche, dann werdet ihr weder die, die euch vertrauen, noch euch selbst bloßstellen. Es wird euch dann nicht so ergehen wie im Gleichnis dem Mann, der einen Turm bauen wollte: *Nachdem er nämlich den Grund gelegt hatte, konnte er den Bau nicht vollenden, und alle, die ihn sahen, spotteten über ihn und sagten: Dieser Mann fing einen Bau an, konnte ihn aber nicht zu Ende führen*[19].

Seid dessen sicher, daß, wenn ihr euch das Gespür für das Übernatürliche bewahrt, ihr euer Werk krönen, ihr eure Kathedrale bis zum letzten Stein vollenden werdet.

[18] Clemens von Alexandrien, *Stromata*, 7, 7 (PG 9, 451).
[19] Lk 14, 29–30.

Possumus![20] Wir können es! Mit der Hilfe des Herrn 67
können wir auch diese Schlacht gewinnen. Glaubt mir, es ist gar nicht so schwierig, die Arbeit in einen Dialog des Gebetes zu verwandeln. Indem wir sie dem Herrn aufopfern und uns ans Werk machen, hört Gott uns schon, hilft Er uns schon. Inmitten unserer täglichen Arbeit nehmen wir so die Lebensweise beschaulicher Seelen an. Die Gewißheit, daß Gottes Blick auf uns ruht, erfüllt uns mehr und mehr; vielleicht erbittet der Herr jetzt eine Überwindung von uns, ein kleines Opfer, vielleicht das Lächeln für einen Menschen, der ungelegen kommt, oder daß wir eine weniger angenehme, aber dringendere Aufgabe in Angriff nehmen, oder daß wir auf Ordnung achten und beharrlich eine kleine Pflicht erfüllen, die man leicht vernachlässigen könnte, oder daß wir die Arbeit von heute nicht auf morgen verschieben ... Alles das, um Gott, unseren Vater, zu erfreuen! Vielleicht legst du auf deinen Arbeitstisch oder an einen unauffälligen Platz ein Kruzifix, das dich mahnt, den Geist der Kontemplation lebendig zu erhalten; denn der Gekreuzigte ist für dich schon gleichsam zum Buch geworden, aus dem du mit Herz und Verstand lernst, was Dienen heißt.

So sehen sie aus, die Wege der Kontemplation mitten in deiner gewöhnlichen Arbeit, ohne Verstiegenheiten und ohne daß du die Welt verlassen müßtest. Wenn du den Willen hast, sie zu gehen, dann fühlst du dich sogleich als Freund des Meisters und mit der göttlichen Sendung beauftragt, allen Menschen die Wege Gottes auf Erden zu er-

[20] Mt 20, 22.

schließen. Ja, in der Tat, mit deiner Arbeit trägst du dazu bei, daß sich das Reich Christi über die ganze Welt ausbreitet. Immer wieder wirst du die Arbeitsstunden aufopfern: für ferne Länder, in denen der Glaube wächst, für die Völker des Ostens, denen die Glaubens- und Bekenntnisfreiheit brutal vorenthalten wird, für die Länder alter christlicher Tradition, in denen das Licht des Evangeliums zu verlöschen scheint und die Seelen ins Dunkel der Unwissenheit versinken ... Wie wertvoll wird auf diese Weise eine solche Stunde Arbeit! Wie wertvoll dieses Ausharren: noch eine Weile, noch ein paar Minuten, bis die Arbeit vollendet ist. Aus der Beschauung ist dann Apostolat geworden, ganz natürlich und einfach dem Drang eines Herzens gehorchend, das nunmehr gemeinsam schlägt mit dem liebenswürdigsten und barmherzigen Herzen Jesu.

Alles aus Liebe tun

68 Vielleicht fragst du mich jetzt: Wie soll ich es aber anstellen, immer aus jenem Geist zu handeln, der mich zur Vervollkommnung in der beruflichen Arbeit führt? Die Antwort darauf gebe nicht ich dir, sie kommt vom heiligen Paulus: *Handelt mannhaft, werdet stark! Alles bei euch geschehe in Liebe*[21]. Tut alles aus Liebe und in Freiheit, gebt niemals der Angst oder der Routine Raum, dient unserem Vater Gott.

Ich zitiere gern folgende Verse – sicher keine hohe Poe-

[21] 1 Kor 16, 13–14.

sie, aber, wie ich aus eigener Erfahrung weiß, doch sehr treffend: *Liebe füllt mein ganzes Leben, / daß ich mich darin versteh' / hat das Leid es mir gegeben, / denn hoch kann sich Lieb' erheben, / wenn sie kommt aus großem Weh.* Laß es mich noch einmal sagen: Gehe deine beruflichen Pflichten mit Liebe an, tu alles aus Liebe. Und wenn du trotz bitterem Unverständnis anderer, trotz Ungerechtigkeit, Undank oder sogar Mißerfolgen diese Liebe in dir bewahrst, wirst du über die Früchte deiner Arbeit staunen: es werden reife Früchte sein und Samenkörner für die Ewigkeit!

Manchmal treffen wir auf gute Menschen – eher sollte 69
man sie wohl *gutmütig* nennen –, die mit Worten zwar behaupten, das herrliche Ideal unseres Glaubens verbreiten zu wollen, aber in Wirklichkeit, recht einfältig, einer oberflächlichen, nachlässigen Berufsauffassung huldigen. Solchen *Lippen*christen sollen wir mit unserer Liebe helfen und, wenn nötig, mit einem deutlichen Wort, das nach dem Vorbild der Heiligen Schrift eine brüderliche Zurechtweisung sein wird: *Wenn jemand von einem Fehltritt überrascht wurde, so sucht als Geistesmenschen einem solchen wieder zum Rechten zu helfen. Tut es im Geiste der Milde! Und achte dabei auf dich selbst, sonst könntest du auch versucht werden! Einer trage des anderen Last: so werdet ihr das Gesetz Christi erfüllen*[22]. Und wenn diese *Berufs*katholiken etwa noch aufgrund ihres Alters, ihrer Erfahrung oder der Verantwortung, die sie tragen, besonders im Rampenlicht stehen, dann ist das Gespräch mit ihnen um

[22] Gal 6, 1–2.

so nötiger. Wie ein guter Vater oder ein guter Lehrer werden wir, ohne sie zu demütigen, ihnen helfen, damit sie zur Einsicht gelangen und ihren Beruf ernster nehmen.

Es ist immer wieder bewegend, in Ruhe das Beispiel des heiligen Paulus zu betrachten: *Ihr wißt ja, wie ihr uns nachahmen sollt. Wir haben kein ungeordnetes Leben unter euch geführt, haben uns auch von niemandem unser Brot schenken lassen, sondern Tag und Nacht haben wir unter Mühen gearbeitet, um keinem von euch lästig zu fallen (. . .) Als wir bei euch waren, haben wir euch die Regel gegeben: Wer nicht arbeiten will, soll auch nicht essen*[23].

70 Aus Liebe zu Gott, aus Liebe zu den Seelen und um unserer Berufung als Christen zu entsprechen, müssen wir Beispiel geben. Es gilt Ärgernisse zu meiden und auch nicht den leisesten Verdacht aufkommen zu lassen, die Kinder Gottes seien nachlässig oder unfähig, denn gerade das wäre ein Stein des Anstoßes . . . An eurer Lebensführung muß man die Maßstäbe und das Verhalten eines verantwortlichen Menschen ablesen können. Der Bauer, der seinen Acker bestellt und dabei immer wieder sein Herz zu Gott erhebt, der Schreinermeister, der Schmied, der Büroangestellte, der Intellektuelle – jeder Christ muß seinen Berufskollegen ein Vorbild sein; aber nicht etwa aus Stolz, wissen wir doch ganz genau, daß der Sieg nur mit Christus möglich ist: ohne Ihn, allein, vermögen wir nicht einmal einen Strohhalm vom Boden aufzuheben[24]. Deshalb halte sich jeder verpflichtet, mit der Aufgabe, die er hat, und an dem Platz, den er in der Gesellschaft einnimmt, das Werk Got-

[23] 2 Thess 3, 7–10.
[24] Vgl. Jo 15, 5.

tes zu tun, das überall den Samen des Friedens und der Freude Christi ausstreut: *Der vollkommene Christ strahlt immer Gelassenheit und Freude aus. Gelassenheit, weil er sich in der Gegenwart Gottes weiß; Freude, weil er sich von Gottes Wohltaten umgeben sieht. Ein solcher Christ ist wahrhaft eine königliche Erscheinung, ein heiliger Priester Gottes*[25].

Um dahin zu gelangen, müssen wir uns von der Liebe 71
leiten lassen und dürfen niemals so tun, als laste auf uns eine Strafe oder ein Fluch: *Was immer ihr tut in Wort oder Werk, tut es im Namen unseres Herrn Jesus Christus und danket Gott dem Vater durch Ihn*[26]. So führen wir unsere Arbeit bestmöglich aus und nutzen die Zeit; wir begreifen uns als Werkzeuge, die Gott lieben, und als Träger der Verantwortung und des Vertrauens, die Gott uns trotz unserer Unzulänglichkeit schenkt. Du tust dann jede Handlung als ein Christ, der sich ausschließlich in Gott stark weiß und der sich einzig und allein von der Liebe leiten läßt.

Wir dürfen indes nicht die Augen vor der Wirklichkeit verschließen. Geben wir uns nicht der naiven, oberflachlichen Sicht hin, als sei der vor uns liegende Weg leicht, so daß ein paar aufrichtige Vorsätze und der brennende Wunsch, Gott zu dienen, allein schon ausreichten. Es ist klar, daß im Laufe der Jahre – vielleicht früher, als wir uns vorstellen können – besonders schwierige Situationen auftreten werden, die von uns viel Opfergeist und viel Selbstverleugnung verlangen werden. Dann heißt es, stark in der Tugend der Hoffnung zu sein und mutig auf das Wort des

[25] Clemens von Alexandrien, *Stromata,* 7, 7 (PG 9, 451).
[26] Kol 3, 17.

Apostels zu bauen: *Ich bin wahrhaft überzeugt, daß die Leiden dieser Zeit nicht zu vergleichen sind mit der künftigen Herrlichkeit, die an uns offenbar werden soll*[27]. Denke einmal in aller Ruhe darüber nach: Wie wird es sein, wenn sich die unendliche Liebe Gottes über uns arme Geschöpfe ergießt! Dann ist die Zeit gekommen, mitten in deinem Alltag dich im Glauben zu bewähren, die Hoffnung neu zu stärken und die Liebe wieder zu beleben; mit anderen Worten, die drei göttlichen Tugenden in uns so zu entfachen, daß wir sofort – ohne falsche Beschönigungen, Vorwände oder Ausflüchte – alle Fehlhaltungen in unserem Berufsleben wie in unserem inneren Leben abbauen.

72 Hören wir nochmals die Mahnung des heiligen Paulus: *So steht denn fest, meine lieben Brüder! Laßt euch nicht wankend machen und seid allezeit voll Eifer im Werk des Herrn! Ihr wißt ja, daß eure Mühe im Herrn nicht vergeblich ist*[28]. Begreift ihr nun, wie viele Tugenden, alle ineinandergewoben, wirksam werden, wenn wir mit dem Willen arbeiten, die Arbeit zu heiligen: Starkmut läßt uns bei unserer Aufgabe ausharren und bewirkt, daß wir vor den selbstverständlich nicht ausbleibenden Schwierigkeiten nicht kapitulieren; Zucht und Maß machen uns fähig, uns vorbehaltlos einzusetzen und Bequemlichkeit und Egoismus zu überwinden; Gerechtigkeit läßt uns auf die Pflichten gegen Gott, gegen die Gesellschaft, gegen die eigene Familie und gegen die Berufskollegen achten; die Tugend der Klugheit ist es, die uns in jedem konkreten Fall die richtige Entscheidung treffen und sie zügig verwirklichen

[27] Röm 8, 18.
[28] 1 Kor 15, 58.

läßt . . . Und all das – nochmals sei es gesagt – aus Liebe und mit dem lebendigen Gespür dafür, daß wir für die Früchte und für die apostolischen Auswirkungen unserer Arbeit verantwortlich sind.

In Werken besteht die Liebe und nicht in schönen Reden, sagt ein spanisches Sprichwort. Und ich denke, es ist deutlich genug.

Herr, gewähre uns Deine Gnade. Öffne uns die Tür zur Werkstatt von Nazareth, damit wir Dich dort zu betrachten lernen, und neben Dir Maria, Deine heilige Mutter, und Josef, den heiligen Patriarchen, den ich so sehr liebe und verehre, damit wir von euch Dreien das Leben einer heiligen Arbeit lernen. Bewege so unsere armen Herzen, damit wir in der Arbeit des Alltags Dich suchen und Dir begegnen, in dieser Arbeit, die wir nach Deinem Willen in Werk Gottes, in ein Werk der Liebe verwandeln.

NATÜRLICHE TUGENDEN*

Lukas erzählt es uns im siebten Kapitel seines Evange- 73
liums: *Ein Pharisäer bat Ihn, bei ihm zu essen. Er ging in das Haus des Pharisäers und setzte sich zu Tisch*[1]. Da kommt eine Frau, in der ganzen Stadt als Sünderin bekannt, und nähert sich Jesus. Sie will Ihm, der nach dem damaligen Brauch liegend ißt, die Füße waschen: eine ergreifende Geste, denn ihre Tränen sind das Wasser und ihre Haare das Tuch. Sie salbt die Füße des Meisters mit Balsam aus einem kostbaren Alabastergefäß und küßt sie.

Der Pharisäer denkt Böses. Es will nicht in seinen Kopf, daß Jesu Herz so voller Barmherzigkeit sein kann: *Wenn Er wirklich ein Prophet wäre, müßte Er wissen, was für eine Frau das ist, sie ist ja eine Sünderin*[2]. Jesus kennt seine Gedanken, Er erklärt ihm: *Siehst du diese Frau? Ich kam in dein Haus, und du gabst mir kein Wasser für die Füße; sie aber hat meine Füße mit ihren Tränen benetzt*

* Homilie, gehalten am 6. September 1941.

1 Lk 7, 36.

2 Lk 7, 39.

und mit ihren Haaren getrocknet. Du gabst mir keinen Kuß; sie aber hat seit meinem Eintritt unaufhörlich meine Füße geküßt. Du salbtest mein Haupt nicht mit Öl; sie aber hat meine Füße mit Salböl gesalbt. Deshalb sage ich dir: Ihre vielen Sünden sind vergeben, denn sie hat viel Liebe gezeigt[3].

Wir können jetzt nicht bei der Betrachtung des göttlichen Reichtums im barmherzigen Herzen Jesu verweilen, denn wir wollen auf etwas anderes hinaus: Jesus vermißt die Zeichen der Höflichkeit und des Feingefühls, die Ihm der Pharisäer vorenthielt. Christus ist *perfectus Deus, perfectus homo*[4], ganz Gott, die zweite Person der Allerheiligsten Dreifaltigkeit, und ganz Mensch. Er wirkt das Heil, nicht die Zerstörung unserer Natur. Und wir lernen von Ihm, daß es unchristlich ist, den Mitmenschen, ein Geschöpf Gottes, nach seinem Bild und Gleichnis gemacht[5], geringzuschätzen.

Natürliche Tugenden

74 Eine laizistische Denkungsart und manche Auffassungen, die wir *pietistisch* nennen könnten, haben beide eine Sicht vom Christen, nach der dieser nicht voll und ganz Mensch ist. Der Laizist sieht die menschlichen Werte durch die Forderungen des Evangeliums erstickt, der Pietist wähnt die Reinheit des Glaubens durch die gefallene

[3] Lk 7, 44–47.
[4] Glaubensbekenntnis *Quicumque*.
[5] Vgl. Gen 1, 26.

Natur gefährdet. Sie kommen zum gleichen Ergebnis: beide verkennen die volle Realität der Menschwerdung Christi und übersehen, daß *das Wort Fleisch geworden ist* – Mensch geworden – *und unter uns gewohnt hat*[6].

Meine Erfahrung als Mensch, als Christ und als Priester lehrt mich etwas ganz anderes: Mag ein Herz auch noch so tief in die Sünde verstrickt sein, immer glimmt in ihm, wie unter der Asche, ein Funke der Güte. Und immer, wenn ich an ein solches Herz geklopft habe, unter vier Augen und mit dem Wort Christi, hat es geantwortet.

Es gibt in dieser Welt viele Menschen, die keinen Umgang mit Gott pflegen – vielleicht, weil sie niemals Gelegenheit hatten, das Wort Gottes zu hören, oder es vergessen haben –, die aber, menschlich gesehen, aufrichtig, loyal, mitfühlend, anständig sind. Ich bin davon überzeugt, daß ein Mensch mit solchen Voraussetzungen nahe daran ist, sich Gott zu öffnen, denn die natürlichen Tugenden bilden das Fundament der übernatürlichen.

Es ist wahr, daß diese persönlichen Voraussetzungen 75
allein nicht genügen, denn niemand wird ohne die Gnade Christi gerettet. Aber dem Menschen, der diese Ansätze bewahrt und pflegt, wird Gott den Weg ebnen; dieser Mensch wird heilig werden können, weil er es verstanden hat, als guter Mensch zu leben.

Wahrscheinlich habt ihr manchmal auch den gewissermaßen umgekehrten Fall beobachtet: Menschen, die sich Christen nennen – sie sind getauft, sie gehen zu den Sakramenten – erweisen sich als unehrlich, lügnerisch, unzuver-

[6] Jo 1, 14.

lässig, hochmütig. Ehe sie sich versehen, fallen sie, wie Sternschnuppen, kurz aufleuchtend und dann in die Tiefe stürzend.

Wenn wir unsere Verantwortung als Kinder Gottes ernst nehmen, begreifen wir, daß Gott uns echt menschlich haben will. Unser Kopf soll den Himmel berühren, aber beide Füße müssen fest auf der Erde stehen. Der Preis eines Lebens als Christ besteht nicht in der Verleugnung unseres Menschseins, nicht in einer Vernachlässigung von Tugenden, die andere Menschen, ohne Christus zu kennen, besitzen. Nein, der Preis eines jeden Christen ist das erlösende Blut Jesu Christi; und ich wiederhole es, unser Herr will uns sehr menschlich und sehr vergöttlicht, jeden Tag von neuem bemüht, Ihn nachzuahmen, der *perfectus Deus, perfectus homo,* ganz Gott, ganz Mensch ist.

76 Ich könnte nicht sagen, welche unter den natürlichen Tugenden die wichtigste ist, denn das hängt davon ab, unter welchem Gesichtspunkt wir sie betrachten; außerdem ist diese Frage überflüssig, weil es sich nicht darum handelt, nur eine Tugend oder allenfalls einige Tugenden zu üben: notwendig ist vielmehr, daß wir darum kämpfen, sie alle zu erwerben und zu üben. Jede einzelne Tugend hängt mit allen anderen zusammen; so macht uns etwa das Streben nach Aufrichtigkeit auch gerecht, froh, klug und gelassen.

Manche Erörterungen, die von einer Unterscheidung zwischen den persönlichen und den sozialen Tugenden ausgehen, überzeugen mich ebenfalls nicht ganz. Keine Tugend begünstigt Egoismus, jede gereicht notwendigerweise zum Wohl des einzelnen wie der Mitmenschen. Da wir alle Menschen und Kinder Gottes sind, dürfen wir unser Leben nicht bloß als das fleißige Arbeiten an einem brillanten *Curriculum,* einer glänzenden Karriere betrachten. Wir müssen uns alle solidarisch fühlen – ja, wir sind alle auf der Ebene der Gnade durch das übernatürliche Band der Gemeinschaft der Heiligen miteinander verbunden.

Gleichzeitig ist zu bedenken, daß Entscheidung und Verantwortung in den Bereich der persönlichen Freiheit des einzelnen gehören; und deshalb sind die Tugenden auch etwas radikal Personales: sie sind Tugenden *der Person.* Und doch kämpft keiner diesen Kampf der Liebe für sich allein, ist keiner ein vom Gedicht losgelöster Vers, wie ich zu sagen pflege; wir helfen oder wir schaden einander, denn wir sind alle Glieder einer Kette. Bittet jetzt mit mir Gott, unseren Herrn, Er möge diese Kette fest in seinem Herzen verankern, bis der Tag kommt, da wir Ihn für immer von Angesicht zu Angesicht schauen werden.

Starkmut, Gelassenheit, Geduld, Großherzigkeit

Wir wollen jetzt einige natürliche Tugenden näher be- 77
trachten. Sucht den persönlichen Dialog mit dem Herrn, während ich spreche; bittet Ihn um gute, nützliche Anregungen für alle, damit wir heute in das Geheimnis seiner Menschwerdung tiefer eindringen und es uns so gelinge, Ihn, der gekommen ist, uns zu erlösen, in unserem Fleisch vor allen Menschen lebendig zu bezeugen.

Der Weg eines Christen, ja, eines jeden Menschen ist nicht leicht. Es gibt Zeiten, da scheint alles nach unseren

Vorstellungen abzulaufen, aber diese Zeiten sind recht kurz. Leben heißt sich mit Schwierigkeiten auseinandersetzen, im Herzen Freude und Kummer erfahren; und durch all das wächst der Mensch an Starkmut, Geduld, Großherzigkeit und Gelassenheit.

Stark ist, wer beharrlich nach seinem Gewissen handelt; wer den Wert einer Handlung nicht nach dem eigenen Vorteil, sondern nach dem Dienst für andere bemißt. Der Starke wird manchmal leiden, aber durchhalten, er wird vielleicht weinen, aber sich von seinen Tränen nicht umstimmen lassen, er mag heftigen Widerspruch erfahren, aber er beugt sich nicht. Erinnert euch an das Beispiel aus dem Buch der Makkabäer, an den greisen Eleasar, der es vorzieht zu sterben, statt das Gesetz Gottes zu verletzen: *Ich will jetzt mannhaft mein Leben einsetzen und mich des Alters würdig zeigen. Der Jugend aber hinterlasse ich ein edles Beispiel, wie man mutig und heldenhaft für die ehrwürdigen und heiligen Gesetze eines schönen Todes stirbt*[7].

78 Wer Starkmut besitzt, hat es nicht eilig, die Früchte seiner Tugend einzuheimsen; er ist geduldig. Denn Starkmut befähigt uns, die Tugend der Geduld in ihren menschlichen und göttlichen Zügen richtig zu bewerten. *Durch eure standhafte Ausdauer werdet ihr eure Seele retten (Lk 21, 19). Der Besitz der Seele wird in die Tugend der Geduld gelegt, weil sie die Wurzel und Hüterin aller Tugenden ist. Durch die Geduld besitzen wir unsere Seele, weil wir, wenn wir lernen, uns selbst zu beherrschen, anfangen, das*

[7] 2 Mak 6, 27–28.

zu besitzen, was wir sind[8]. Schließlich läßt uns die Geduld mit unseren Mitmenschen verständnisvoll sein, denn wir begreifen, daß die Seelen – wie der gute Wein – mit der Zeit besser werden.

Starkmütig, geduldig: und deshalb auch gelassen. Aber 79
nicht in der Art eines Menschen, der sich seine Ruhe durch Teilnahmslosigkeit gegenüber den Mitmenschen oder durch Gleichgültigkeit gegenüber dem großen, jeden einzelnen angehenden Auftrag, das Gute weltweit auszusäen, erkauft hat; sondern gelassen deshalb, weil wir immer Vergebung erfahren und alles zum Besseren wenden können – außer dem Tod, doch für die Kinder Gottes ist der Tod ja Leben. Gelassen schließlich, wenn auch nur deshalb, um vernünftig handeln zu können; denn wer die Fassung bewahrt, ist besser imstande nachzudenken, das Für und Wider abzuwägen, die voraussichtlichen Folgen seines Vorhabens richtig abzuschätzen und dann besonnen und entschieden zu handeln.

Wir sind dabei, einige natürliche Tugenden flüchtig zu 80
betrachten; selbstverständlich werden euch, in eurem Gebet zum Herrn, viele andere einfallen. Aber eine besonders anziehende möchte ich noch kurz bedenken: die Großherzigkeit.

Großherzigkeit, das bedeutet: großes Herz, weite Seele, für viele offen. Die Großherzigkeit bewirkt, daß wir aus uns heraustreten und uns zum Wohl aller für das Große und Wertvolle bereitstellen. Wer diese Tugend besitzt, kennt die Enge der Kleinkariertheit, des egoistischen Kal-

[8] Gregor der Große, *Homiliae in Evangelia,* 35, 4 (PL 76, 1261).

küls und der auf Vorteil versessenen Intrigen nicht, denn er stellt vorbehaltlos seine Kraft in den Dienst einer Sache, die sich lohnt. Er ist fähig, sich selbst hinzugeben. Nur *geben* genügt ihm nicht, *er gibt sich selbst.* Und so kommt er schließlich dem höchsten Zeichen von Großherzigkeit auf die Spur: sich Gott hinzugeben.

Arbeitsamkeit, Sorgfalt

81 Die Tugenden der Arbeitsamkeit und der Sorgfalt verbinden sich zu einer einzigen inneren Haltung: zum Bemühen, die von Gott empfangenen Talente fruchtbar werden zu lassen. Sie sind Tugenden, die uns anleiten, Begonnenes zu vollenden. Die Arbeit ist kein Fluch, keine Strafe für die Sünde – seit 1928 predige ich das. Im Buch Genesis lesen wir, daß die Arbeit schon vor der Rebellion des Menschen gegen Gott da war[9]: von Anbeginn an war die Arbeit als ein Mitwirken am gewaltigen Werk der Schöpfung in den göttlichen Plan einbezogen.

Der Arbeitsame nutzt die Zeit, denn sie ist mehr als Geld, sie ist Verherrlichung Gottes! Er tut, was er soll, und ist gegenwärtig in dem, was er tut, aber nicht in einer Haltung gelangweilten Zeitvertreibs, sondern mit aufmerksamer, kluger Überlegung. Deshalb ist er sorgfältig. Das lateinische Wort für sorgfältig, *diligens,* kommt von *diligere,* das „lieben“, „schätzen“, „prüfend auswählen“ heißt. Sorgfältig ist nicht, wer hastig agiert, sondern wer mit Liebe und Umsicht arbeitet.

[9] Vgl. Gen 2, 15.

Unser Herr, der vollkommener Mensch war, hat ein Handwerk ausüben wollen; mit feinfühliger Widmung verbrachte er die meisten Jahre seines irdischen Lebens als Handwerker unter den Mitbewohnern seines Dorfes. Durch sein Tun, das menschlich und göttlich zugleich gewesen ist, belehrt Er uns darüber, daß die alltägliche Arbeit keine unwichtige Randerscheinung ist, sondern der Angelpunkt unserer Heiligung und eine ständige Gelegenheit, Gott zu begegnen und Ihn mit unserem Geist und unseren Händen zu loben und zu verherrlichen.

Wahrhaftigkeit und Gerechtigkeit

Die natürlichen Tugenden verlangen von uns ständige 82
Anstrengung, denn es ist nicht leicht, angesichts lang anhaltender Situationen, die die eigene Sicherheit zu gefährden scheinen, sich selbst treu zu bleiben. Ihr seht das bei einer so kristallklaren Eigenschaft wie der Wahrhaftigkeit: Ob es stimmt, daß sie nichts mehr gilt? Daß sie den Halbwahrheiten und Winkelzügen endgültig das Feld räumen mußte? Man fürchtet die Wahrheit und flüchtet sich deshalb, als erbärmliche Ausrede, in die Behauptung, keiner sage sie, niemand lebe nach ihr, jeder heuchele und lüge.

Zum Glück ist es nicht so. Es gibt viele Menschen – Christen wie Nichtchristen –, die, statt *ihren Mantel nach dem Wind zu hängen,* bereit sind, um der Wahrheit willen sogar ihre eigene Ehre und ihren guten Ruf aufs Spiel zu setzen. Weil diese Menschen die Aufrichtigkeit lieben, sind sie auch fähig, einen Irrtum zu berichtigen, wenn sie ihn merken. Dazu sind die unfähig, die auf die Lüge bauen und „Wahrheit“ nur als den Deckmantel ihrer Unredlichkeit begreifen können.

83 Wenn wir wahrhaftig sind, werden wir auch gerecht sein. Gerne würde ich über die Gerechtigkeit ausführlicher sprechen, aber ich muß mich jetzt darauf beschränken, nur einige wenige Züge hervorzuheben, ohne das Ziel unserer Überlegungen aus dem Auge zu verlieren: nämlich auf dem festen Fundament der natürlichen Tugenden ein wirkliches, echtes Leben aus dem Glauben aufzubauen. Gerechtigkeit heißt, jedem das Seine zu geben, aber mir scheint, daß dies nicht genügt. Soviel einer auch verdienen mag, immer muß man ihm noch mehr geben, denn jede Seele ist ein Meisterwerk Gottes.

Der schönste Ausdruck der Liebe besteht darin, sich in der Gerechtigkeit großzügig zu übertreffen – oft unauffällig, aber im Himmel wie auf Erden fruchtbar. Denn wenn auch *die Mitte* oder *das rechte Maß* Merkmale sittlicher Tugend sind, dürfen wir diese Begriffe doch nicht so mißverstehen, als ob damit die gewöhnliche Mittelmäßigkeit, das Sichzufriedengeben mit der Hälfte des Erreichbaren gemeint wäre. Die Mitte zwischen dem Zuviel und dem Zuwenig ist vielmehr ein Gipfel, den die Klugheit uns als das Optimum erkennen läßt. Ebensowenig gibt es ja Mittelmäßigkeit bei den göttlichen Tugenden: man kann nicht zuviel glauben, zuviel hoffen, zuviel lieben. Es ist gerade die grenzenlose Liebe zu Gott, die sich über unsere Mitmenschen in einem Strom der Großzügigkeit, des Verständnisses und der Nächstenliebe ergießen soll.

Die Früchte des Maßhaltens

Maßhalten heißt Herr über sich selbst sein. Nicht alles, 84
was wir leibhaft oder seelisch empfinden, darf uns in einem ungezügelten Strom fortreißen; ich muß wissen, daß ich nicht alles darf, was ich kann. Wohl ist es bequemer, sich von den sogenannten natürlichen Trieben fortschwemmen zu lassen, aber am Ende des Weges steht nur das traurige Alleinsein mit dem eigenen Elend.

Wieviele wollen ihrem Bauch, ihren Augen, ihren Händen nichts versagen und weigern sich, auch nur hinzuhören, wenn man zu ihnen von Reinheit spricht. Die Zeugungskraft – eine Gabe Gottes zur Teilnahme an seiner Schöpfermacht und in sich erhaben – mißbrauchen sie als ein bloßes Werkzeug im Dienste ihrer Ichsucht.

Doch ich rede nicht gern über die Unreinheit. Ich will vielmehr die Früchte der Mäßigung betrachten und den Menschen als wahren Menschen sehen, das heißt: unbeeindruckt von wertlosem Geglitzer und nicht verhext von ihm wie eine Elster. Ein solcher Mensch kann auf das verzichten, was seiner Seele schadet, und er weiß, daß er damit nur scheinbar ein Opfer bringt: denn ein Leben in Opfergeist befreit ihn von vielen Fesseln und läßt ihn im Innersten seines Herzens die ganze Liebe Gottes auskosten.

Dann gewinnt das Leben die Farben wieder, die die Unmäßigkeit verdunkelt hatte: sich um andere kümmern, Eigenes teilen, Aufgeschlossenheit für das Große werden wieder möglich. Durch solches Maßhalten wird die Seele nüchtern, bescheiden und verständnisvoll; leicht und wie selbstverständlich neigt sie zu einer Zurückhaltung, die anziehend ist, weil sie die Herrschaft des Verstandes spüren läßt. Maßhalten bedeutet nicht Einengung, sondern Weite. Die Einengung liegt vielmehr in der Maßlosigkeit, denn da wirft sich das Herz selbst weg, jämmerlich verführt vom erstbesten blechernen Lärm.

Weisheit des Herzens

85 *Wer weisen Herzens ist, den nennt man klug*[10], lesen wir im Buch der Sprüche. Es hieße die Klugheit mißverstehen, würden wir sie mit Kleinmut und Verzagtheit gleichsetzen. Klugheit zeigt sich als die stetige Neigung zum richtigen Handeln, so daß das Ziel des Handelns klar erkannt und die dazu geeigneten Mittel sorgfältig gewählt werden.

Aber die Klugheit ist kein höchster Wert in sich. Immer müssen wir uns fragen: Klugheit, wozu? Denn es gibt eine verkehrte Klugheit – besser nennen wir sie Schläue –, die im Dienst des Egoismus steht. Auch sie sucht nach den geeignetsten Mitteln, aber zu abgefeimten Zwecken. Entwickelter Scharfsinn verstärkt dann nur noch die Neigung zur Bosheit und verdient den Vorwurf, den der heilige Augustinus in einer Predigt so äußert: *Beanspruchst du, daß das Herz Gottes, das immer gerecht ist, sich beuge, um sich der Verderbtheit deines Herzens zu fügen?*[11] Das ist die falsche Klugheit dessen, der seine Rechtfertigung als eigene Leistung vollbringen möchte. Ihm sagt der Apostel Paulus:

[10] Spr 16, 21.
[11] Augustinus, *Enarrationes in Psalmos,* 63, 18 (PL 36, 771).

Seid nicht klug vor euch selbst[12]. Und: *Steht doch geschrieben: Vernichten will ich der Weisen Weisheit und den Verstand Verständiger verwerfen*[13].

Der heilige Thomas von Aquin unterscheidet im guten 86
Wirken des Verstandes, das wir Klugheit nennen, drei Momente: sich beraten lassen, recht urteilen und entscheiden[14]. Der erste Akt der Klugheit besteht in der Erkenntnis der eigenen Grenzen, in der Tugend der Demut also. Wir sehen ein, daß wir uns in dieser oder jener Frage nicht ganz auskennen oder daß wir manche Umstände, die für die Urteilsfindung wichtig sind, nur ungenügend abschätzen können. Deshalb gehen wir zu einem Ratgeber, und zwar nicht zu einem beliebigen, sondern zu dem, der mit uns die Fähigkeit und den aufrichtigen Wunsch teilt, Gott zu lieben und Ihm treu zu folgen. Es genügt nicht einfach, daß wir uns einen Rat holen, sondern wir müssen auch darauf achten, daß der gesuchte Ratgeber uneigennützig handelt und Geradheit besitzt.

Dann kommt der Augenblick des Urteilens, denn die Klugheit verlangt oft rasches, rechtzeitiges Entscheiden. Zuweilen mag es klug sein, mit der Entscheidung bis zu einer vollständigen Urteilsbildung zu warten, doch in anderen Fällen – besonders dann, wenn es um das Wohl anderer Menschen geht – wäre es sehr unklug, nicht sofort mit der Verwirklichung des als richtig Erkannten zu beginnen.

Eine solche Klugheit ist Weisheit des Herzens. Sie kann 87
niemals in die „Klugheit des Fleisches“ umschlagen, von

[12] Röm 12, 16.
[13] 1 Kor 1, 19.
[14] Vgl. Thomas von Aquin, *Summa Theologiae,* II–II, q. 47, a. 8.

der der Apostel Paulus spricht[15] und die in denen zu finden ist, die zwar Verstand haben, aber nicht den Willen, ihn einzusetzen, um Gott zu entdecken und zu lieben. Die wahre Klugheit bleibt stets hellhörig offen für die Eingebungen Gottes, und in diesem wachen Hinhören auf Ihn empfängt die Seele Verheißungen und Werke des Heiles: *Ich preise dich, Vater, Herr des Himmels und der Erde, daß du dies vor Weisen und Klugen verborgen, Kleinen aber geoffenbart hast*[16].

Die Weisheit des Herzens gibt vielen anderen Tugenden Ziel und Richtung. So wird der Mensch durch die Klugheit mutig, aber nicht waghalsig; so bemüht er sich, ganz nach dem Willen Gottes zu leben, und verschmäht die trüben Ausreden der Bequemlichkeit. Die Mäßigung des Klugen ist weder Empfindungsarmut noch kauziges Benehmen, die Gerechtigkeit des Klugen ist nicht Härte, seine Geduld nicht Unterwürfigkeit.

88 Nicht der ist klug, der niemals irrt, sondern der, der es fertigbringt, seine Fehler zu berichtigen, und dabei auch die Möglichkeit in Kauf nimmt, zehnmal neu zu irren, anstatt sich in bequemes Nichtstun zu flüchten. Der Kluge handelt weder überstürzt noch waghalsig, wohl aber wird er das Risiko des Handelns auf sich nehmen und auf keine Chance, Gutes zu tun, aus Angst vor einem Fehltritt verzichten. Unter unseren Bekannten treffen wir manchmal Menschen, die abwägend, objektiv und uneigennützig entscheiden; fast instinktiv verlassen wir uns auf sie, weil sie

[15] Vgl. Röm 8, 6.
[16] Mt 11, 25.

sich in ihrer stillen, bescheidenen Art immer gut und rechtschaffen verhalten.

Die liebenswerte Tugend der Klugheit ist für den Christen unerläßlich; jedoch ist ihr höchstes Ziel nicht der Frieden in der Gesellschaft oder das unproblematische Auskommen der Menschen untereinander. Ihr wesentliches Ziel liegt vielmehr in der Erfüllung des göttlichen Willens: Gott will uns einfach, aber nicht kindisch, wahrheitsliebend, aber nicht ahnungslos und oberflächlich. *Des Klugen Herz erwirbt Erkenntnis*[17], die Erkenntnis der Liebe Gottes, das entscheidende, heilsmächtige Wissen, das allen Menschen Frieden und Verständnis bringt und den einzelnen auf das ewige Leben hin ausrichtet.

Ein gewöhnlicher Weg

Wir haben von einigen natürlichen Tugenden gesprochen. Nun fragt sich vielleicht der eine oder andere von euch: Bedeutet ein solches Leben, den Tugenden gemäß, nicht, daß man sich vom gewohnten Milieu absondert, sich der Welt des Alltags entfremdet? Nein! Nirgends steht geschrieben, daß der Christ sich der Welt entfremden müsse. Jesus Christus, unser Herr, hat in Worten und Taten gerade eine Tugend gelobt, die mir besonders am Herzen liegt: die Natürlichkeit, die Einfachheit. 89

Vergegenwärtigt euch, wie unser Herr in das irdische Leben eintritt: so wie alle anderen Menschen auch. Als ei-

[17] Spr 18, 15.

ner unter vielen verbringt er Kindheit und Jugend in einem Dorf Palästinas. Immer wieder vernehmen wir in der Zeit seines öffentlichen Wirkens gleichsam ein Echo des verflossenen Alltags in Nazareth: Er spricht über die Arbeit, Er will, daß seine Jünger sich ausruhen[18]; Er kommt allen entgegen und verweigert keinem ein Gespräch; Er schärft seinen Jüngern ausdrücklich ein, daß sie den Kindern nicht verwehren, zu Ihm zu kommen[19]. Vielleicht denkt Er an seine eigene Kindheit, wenn Er, in einem Vergleich, von den Kindern erzählt, die auf dem Marktplatz spielen[20].

Ist nicht all dies normal, natürlich, einfach? Ist es etwa nicht möglich, im Alltag so zu leben? Manchmal jedoch gewöhnen sich die Menschen so sehr an das Einfache, Alltägliche, daß sie dann unbewußt das Auffällige, Künstliche bevorzugen. Jeder hat schon irgendwann einmal erlebt, daß die Schönheit einer frischgeschnittenen, duftenden Rose mit den Worten gepriesen wird: wie aus Stoff!

90 Natürlichkeit und Einfachheit sind zwei wunderbare Tugenden, die den Menschen für die Botschaft Christi empfänglich machen. Und umgekehrt, alles Gewundene und Komplizierte, dies Kreisen und Immer-wieder-Kreisen um das eigene Ich wird zu einer Mauer, die die Stimme des Herrn nicht hindurchläßt. Erinnert euch daran, daß Christus den Pharisäern dies zum Vorwurf macht: Sie bewegen sich in einer verschlungenen Welt, in der der Zehnte von Minze, Anis und Kümmel, aber nicht die wichtigsten Forderungen des Gesetzes, Gerechtigkeit und Treue, zäh-

[18] Vgl. Mk 6, 31.
[19] Vgl. Lk 18, 16.
[20] Vgl. Lk 7, 32.

len; sorgfältig sieben sie alles, was sie trinken, damit nur keine Mücke durchrutscht, und verschlucken ein Kamel[21].

Nein. Weder das Leben eines guten Menschen, der schuldlos Christus nicht kennt, noch das Leben eines Christen muß etwas Sonderbares, Fremdartiges an sich haben. Die natürlichen Tugenden, die wir heute betrachten, zeigen es uns: wahrhaft menschlich ist, wer sich bemüht, wahrhaftig, loyal, aufrichtig, starkmütig, zuchtvoll, großzügig, gelassen, gerecht, arbeitsam, geduldig zu sein. Sich darum zu bemühen, mag schwierig sein, aber es ist nicht sonderbar. Nur die wundern sich darüber, deren Blick von dumpfer Feigheit und Weichheit getrübt ist.

Natürliche und übernatürliche Tugenden

Wenn ein Mensch sich bemüht, die natürlichen Tugen- 91
den zu pflegen, so ist sein Herz Christus schon sehr nahe. Und der Christ weiß außerdem, daß die drei göttlichen Tugenden, Glaube, Hoffnung und Liebe, sowie all die anderen Tugenden, die die Gnade Gottes mit sich bringt, ihn dazu drängen, daß er im Kampf um die guten Eigenschaften, die er, wie so viele andere Menschen besitzt, nicht nachläßt.

Halten wir also fest: Die natürlichen Tugenden sind das Fundament der übernatürlichen; und die übernatürlichen Tugenden geben stets von neuem den Anstoß zu einem

[21] Vgl. Mt 23, 23–24.

rechtschaffenen Leben. Ein bloßes Verlangen nach den natürlichen Tugenden genügt aber nicht, man muß sie regelrecht erlernen. *Discite benefacere*[22], lernt Gutes tun. Es ist nötig, das Tun der Tugend beharrlich zu üben: die Taten der Aufrichtigkeit, der Wahrhaftigkeit, der Unparteilichkeit, der Gelassenheit, der Geduld – denn die Liebe besteht in Taten, und Gott kann man nicht mit Worten allein, sondern man muß Ihn *in der Tat und in der Wahrheit*[23] lieben.

92 Indem der Christ um diese Tugenden kämpft, macht er seine Seele für den wirksamen Empfang der Gnade des Heiligen Geistes bereit, und das Wirken des göttlichen Beistands festigt dann wiederum die guten natürlichen Eigenschaften. Die dritte Person der Allerheiligsten Dreifaltigkeit – *süßer Gast der Seele*[24] – schenkt ihm ihre Gaben: Weisheit, Verstand, Rat, Stärke, Wissenschaft, Frömmigkeit, Gottesfurcht[25].

Dann spürt man das Frohsein und den Frieden[26], den frohen Frieden, den Jubel, der im Herzen mit der natürlichen Tugend der Freude verschmilzt. Mag es uns auch einmal so scheinen, als stürze alles ein . . . nichts stürzt ein, denn *Du, Herr, bist meine Stärke*[27]. Wenn Gott in unserer Seele wohnt, ist alles andere – mag es auch noch so wichtig erscheinen – nebensächlich und vorübergehend: wir aber, in Gott, sind das Bleibende.

[22] Is 1, 17.
[23] 1 Jo 3, 18.
[24] Sequenz *Veni, Sancte Spiritus.*
[25] Vgl. Is 11, 2.
[26] Vgl. Gal 5, 22.
[27] Ps 42, 2.

Es ist die Gabe der Frömmigkeit, durch die uns der Heilige Geist die Gewißheit schenkt, Kinder Gottes zu sein. Und warum sollten wir, als Kinder Gottes, traurig sein? Traurigkeit, das ist die Schlacke des Egoismus; wenn wir für den Herrn leben wollen, wird uns die Freude niemals fehlen, auch nicht beim Anblick unserer Fehler und unserer Erbärmlichkeiten. Die Freude prägt dann das Gebetsleben, und das Gebet wird zum Lobgesang: denn wir sind Liebende, und Liebende singen.

Wenn wir so leben, vollbringen wir in der Welt ein 93
Werk des Friedens und machen den anderen Menschen den Weg zu Gott liebenswert, denn *den fröhlichen Geber liebt Gott*[28]. Der Christ, einer unter den vielen Menschen in der Welt, gibt so die Freude weiter, die seiner mit Hilfe der Gnade errungenen Bereitschaft entstammt, den Willen des Vaters zu erfüllen. Er sieht sich nicht als Opfer, nicht gehemmt, nicht bevormundet, sondern als Mensch und als Kind Gottes trägt er den Kopf hoch.

Unser Glaube gibt den Tugenden, die wir natürlich nennen und die jeder Mensch pflegen soll, ihre volle Geltung. Niemand kann den Christen an Menschlichkeit übertreffen. Deshalb ist ein Jünger Christi fähig – nicht aus sich selbst, sondern durch die Gnade des Herrn –, den Mitmenschen eine Erkenntnis zu vermitteln, die viele ahnen, aber nicht begreifen: daß das wahre Glück, der wirkliche Dienst am Nächsten, durch das Herz unseres Erlösers geht: *perfectus Deus, perfectus homo.*

Wenden wir uns an Maria, unsere Mutter, das erha-

[28] 2 Kor 9, 7.

benste Geschöpf, das aus den Händen Gottes hervorgegangen ist. Bitten wir sie, daß sie uns zu guten Menschen mache und daß die natürlichen Tugenden, in das Leben aus der Gnade eingelassen, all denen zur Hilfe gereichen, die sich mit uns um Frieden und um das Wohl der Menschen kümmern.

DEMUT*

Wir wollen die Texte der heiligen Messe von diesem 94
Dienstag in der ersten Passionswoche kurz betrachten, damit wir es verstehen, die *gute Vergöttlichung* von der *schlechten Vergöttlichung* zu unterscheiden. Wir werden über die Demut sprechen, denn sie ist die Tugend, die uns gleichzeitig zur Erkenntnis der eigenen Armseligkeit wie der eigenen Größe verhilft.

Unsere Armseligkeit ist offenkundig genug. Ich denke jetzt nicht an unsere natürlichen Grenzen und an die großartigen Träume, die der Mensch nie wird verwirklichen können, nicht zuletzt deshalb, weil eines Menschen Zeit so kurz bemessen ist. Ich denke an unser verkehrtes Tun, an die Stürze und Irrtümer, die wir vermeiden könnten und doch nicht vermeiden. Immer wieder spüren wir unsere eigene Unzulänglichkeit, aber es gibt Zeiten, in denen diese vielfältigen Erfahrungen wie gebündelt vor unserem Blick erscheinen, und dann erkennen wir ganz deutlich, wie bedürftig wir sind. Was sollen wir tun?

* Homilie, gehalten am 6. April 1965.

Expecta Dominum[1], sagt uns die Kirche, hoffe auf den Herrn, lebe aus der Hoffnung, liebend und glaubend. *Viriliter age*[2], sei stark. Was macht es aus, daß wir Geschöpfe aus Lehm sind, wenn wir unsere Hoffnung auf Gott gesetzt haben? Auch wenn die Seele einmal einen Sturz tut, einen Rückfall erfährt – unausweichlich ist dies aber nicht –, können wir wie im Alltagsleben reagieren, wenn es um die körperliche Gesundheit geht: wir wenden ein Heilmittel an und beginnen von neuem.

95 Habt ihr nie gesehen, wie sorgfältig man in einer Familie mit einem wertvollen, zerbrechlichen Stück, einer Porzellanvase zum Beispiel, umgeht, damit sie ja nicht zerbricht? Eines Tages stößt sie das Kind beim Spielen um, und das kostbare Andenken geht in Scherben. Es gibt Ärger, aber der Schaden wird geheilt: die Scherben werden gesammelt und sorgfältig zusammengesetzt, das kostbare Stück ist wieder ganz, so schön wie früher.

Wenn es sich aber um ein Tongeschirr, um billige Töpferware handelt, dann genügt es, die Teile mit ein paar eisernen Klammern zusammenzuhalten, und das an sich billige Geschirr bekommt, so zusammengeflickt, einen neuen Reiz.

Übertragen wir dieses Beispiel auf unser geistliches Leben. Angesichts unserer Sünden und Erbärmlichkeiten, angesichts unserer Fehltritte – auch wenn sie, dank der Gnade Gottes, nicht sehr schwerwiegend sind –, wenden wir uns im Gebet an unseren Vater und sagen: Herr, sieh meine Armut, meine Schwäche! Nur Tongeschirr, Herr,

[1] Ps 26, 14 (*Introitus* der heiligen Messe).
[2] Ebd.

nur Scherben! Aber klammere mich wieder zusammen, und dann werde ich in meiner Reue und mit Deiner Vergebung stärker und liebenswerter als vor meinem Sturz sein. Beten wir so, wenn unser armer Ton zerbricht, und wir werden Trost finden.

Unsere Zerbrechlichkeit soll uns nicht wundern; die Erfahrung, daß wir durch weniger als nichts schon ins Wanken geraten, soll uns nicht überraschen. Vertraut auf den Herrn, denn bei Ihm ist immer Hilfe: *Der Herr ist mein Licht und mein Heil, wen sollte ich fürchten?*[3] Niemanden! Vor nichts und vor niemandem werden wir uns fürchten, wenn wir mit unserem Vater im Himmel auf diese Weise Umgang suchen.

Damit wir auf Gott hören können

Ein Blick in die Heilige Schrift zeigt uns, daß die uner- 96
läßliche Voraussetzung für die Bereitschaft, auf Gott zu hören, die Demut ist. *Es wohnt die Weisheit bei den Demütigen*[4], heißt es im Buch der Sprüche. Demut bedeutet, daß wir uns so sehen, wie wir sind, ungeschminkt, wahrhaftig. Indem wir unsere Armseligkeit begreifen, öffnen wir uns der Größe Gottes, und das ist es, was unsere eigentliche Größe ausmacht.

Wie gut hat Unsere Liebe Frau, die heilige Mutter Jesu, das erhabenste Geschöpf unter allen, die je waren und je sein werden, dies verstanden! Maria lobpreist die Macht

[3] Ps 26, 1 (*Introitus* der heiligen Messe).
[4] Spr 11, 2.

des Herrn, der *die Mächtigen vom Thron stürzt und die Niedrigen erhöht*[5]. Sie besingt, daß in ihr dieser göttliche Ratschluß aufs neue sichtbar geworden ist: *Denn Er hat auf die Niedrigkeit seiner Magd geschaut. Von nun an werden mich selig preisen alle Geschlechter*[6].

Das reine Herz Mariens wird durch die göttliche Herablassung gleichsam von Heiligkeit umgeformt: *Der Heilige Geist wird über dich kommen, und die Kraft des Höchsten wird dich überschatten; darum wird auch das Heilige, das aus dir geboren wird, Sohn Gottes genannt werden*[7]. Mariens Demut ist Frucht der unergründlichen, unermeßlichen Gnade, die durch die Menschwerdung der zweiten Person der Allerheiligsten Dreifaltigkeit im Schoße der unbefleckt empfangenen, immerwährend jungfräulichen Mutter Gestalt annimmt.

97 Dieses Geheimnis läßt den heiligen Paulus ein freudiges Loblied anstimmen, das wir heute Wort für Wort bedenken können: *Habt die gleiche Gesinnung in euch, die in Christus Jesus war. Er, der in Gottesgestalt war, erachtete sein gottgleiches Sein nicht für ein Gut, das Er mit Gewalt festhalten sollte*, denn es war Ihm ja wesenhaft. *Vielmehr entäußerte Er sich, nahm Knechtsgestalt an und wurde den Menschen gleich. Er erschien im Äußeren als Mensch, erniedrigte sich und war gehorsam bis zum Tode, ja bis zum Tod am Kreuz*[8].

Der Herr stellt uns oft in seiner Verkündigung das Beispiel der eigenen Demut vor Augen: *Lernet von mir, denn*

[5] Lk 1, 52.
[6] Lk 1, 48.
[7] Lk 1, 35.
[8] Phil 2, 5–8.

ich bin sanftmütig und demütig von Herzen[9]. Dir und mir muß also aufgehen, daß das der einzige Weg ist, denn nur die aufrichtige Einsicht in die eigene Nichtigkeit vermag die göttliche Gnade auf uns herabzuziehen. *Für uns kam Jesus, um Hunger zu leiden und um zu sättigen; Er kam, um Durst zu fühlen und um zu trinken zu geben; Er kam, um sich mit unserer Sterblichkeit zu bekleiden und um mit Unsterblichkeit zu kleiden; Er kam arm, um reich zu machen*[10].

Den Hochmütigen widersteht Gott, aber den Demütigen gibt Er Gnade[11], lehrt uns der heilige Petrus. In jeder Epoche der Geschichte, in jeder Situation eines Menschen ist der Weg der Demut der allein mögliche Weg, um ein Leben aus Gott zu leben. Etwa weil Gott Freude an unserer Erniedrigung fände? Nein, denn was gäbe sie Ihm, dem Schöpfer der Welten, der alles im Dasein erhält und alles lenkt? Gott wünscht unsere Demut als die Befreiung von den Fesseln des eigenen Ich einzig und allein deshalb, damit Er uns ganz erfüllen kann; Er will, daß wir keine Hindernisse aufrichten, sondern in unseren armen Herzen – sagen wir es mit einem Bild – seiner Gnade mehr Raum lassen. Denn der Gott, der uns demütig möchte, ist derselbe Gott, *der unseren armseligen Leib verwandeln wird in die Gestalt seines verherrlichten Leibes, in der Kraft, mit der Er sich alles unterwerfen kann*[12]. Der Herr bemächtigt sich unser, Er vergöttlicht uns mit einer *guten Vergöttlichung*. 98

[9] Mt 11, 29.
[10] Augustinus, *Enarrationes in Psalmos*, 49, 19 (PL 36, 577).
[11] 1 Petr 5, 5.
[12] Phil 3, 21.

Der Feind: Hochmut

99 Was aber verhindert die Demut, die *gute Vergöttlichung?* Der Hochmut. Er ist die Hauptsünde, die zur *schlechten Vergöttlichung* verführt. Denn er verleitet – mag es auch nur im Kleinen sein – dazu, der Einflüsterung, die dem Teufel bei unseren Stammeltern gelang, nachzugeben: *Die Augen werden euch aufgehen, und ihr werdet wie Gott sein, indem ihr Gutes und Böses erkennt*[13]. In der Heiligen Schrift heißt es auch, daß *des Menschen Hochmut beginnt, wenn er vom Herrn abfällt*[14]. Wenn dieses Laster erst einmal Wurzeln geschlagen hat, breitet es sich in alle Lebensbereiche aus und verwandelt sich schließlich in das, was der heilige Johannes *superbia vitae*[15], Hoffart des Lebens, nennt.

Hochmut, Stolz? Worauf denn? Die Heilige Schrift brandmarkt diese Haltung, indem sie sie als lächerlich und tragisch zugleich entlarvt: Worauf bist du stolz, der du Staub und Asche bist? Schon zu Lebzeiten spuckst du deine Eingeweide aus. Eine Krankheit kommt, der Arzt lacht, und der König von heute ist morgen tot[16].

100 Hat der Stolz sich einmal der Seele bemächtigt, so pflegen all die anderen Laster in seinem Gefolge einzuziehen: Geiz, Unmäßigkeit aller Art, Neid, Ungerechtigkeit. Der Stolze, Hochmütige, versucht – sinnlos – Gott, der mit allen barmherzig ist, von seinem Thron zu verdrängen, um

[13] Gen 3, 5.
[14] Sir 10, 12.
[15] 1 Jo 2, 16.
[16] Vgl. Sir 10, 9–11.

sich selbst, grausam bis ins Mark, auf ihm niederlassen zu können.

Wir müssen den Herrn bitten, daß Er uns nicht in diese Versuchung fallen läßt. Der Hochmut ist die schlimmste Sünde, und die lächerlichste dazu. Wer sich von seinem raffiniertenBlendwerk verhexen läßt, gerät mehr und mehr in eine Scheinwelt, wird innerlich leer und aufgeblasen wie der Frosch in der Fabel, der immer mehr Luft in sich hineinpumpt, bis er schließlich platzt. Auch in rein menschlicher Hinsicht ist der Hochmut abstoßend, denn wer sich über alles und über jeden erhaben dünkt, schaut ständig auf sich selbst und mißachtet die anderen, die ihrerseits seine Wichtigtuerei nur verspotten.

Vielleicht stellen wir uns, wenn wir von Hochmut re- 101
den hören, darunter ein tyrannisches, herrisches Gehabe vor: den Siegestrunkenen, der wie ein römischer Kaiser unter Jubelrufen den Triumphbogen durchschreitet, besorgt, daß seine erhabene Stirn ja nicht an den weißen Marmor stoße.

Aber seien wir realistisch. Nur wahnwitzigen Narren eignet solche Art von Hochmut. Unser Kampf muß sich gegen andere, geläufigere und subtilere Arten richten: gegen die Neigung, die eigenen Vorzüge über jene der anderen zu stellen; gegen die Eitelkeit in Gedanken, Gesprächen, Gebaren; gegen eine fast krankhafte Empfindlichkeit, die auf harmlose Worte oder Handlungen beleidigt reagiert.

All dies kann sehr wohl Versuchung sein, immer wieder. Mancher meint, er sei, wie die Sonne, der Mittelpunkt aller anderen, alles solle um diesen Mittelpunkt kreisen;

und nicht selten kommt es in pathologischer Verstiegenheit sogar zum Simulieren von Schmerz, Trauer oder Krankheit, damit man umsorgt und verwöhnt wird.

Die meisten Konflikte, die viele Menschen innerlich plagen, sind Erfindung der Phantasie: der habe gesagt, jener habe gedacht, man habe gemeint... Die arme Seele, verfangen in ihrer Aufgeblasenheit, leidet unter Phantomen. Ständige Bitterkeit begleitet sie auf ihrem Irrweg, ihre Unzufriedenheit soll sogar die anderen anstecken: denn sie weiß nicht, demütig zu sein, sie hat nicht gelernt, sich zu vergessen und sich aus Liebe zu Gott großzügig dem Dienst an den anderen hinzugeben.

Ein Eselchen war sein Thron

102 Greifen wir wieder zum Evangelium und schauen wir auf unser Vorbild, auf Jesus Christus.

Jakobus und Johannes haben durch ihre Mutter den Herrn um einen Platz zu seiner Rechten und zu seiner Linken gebeten. Die anderen Jünger ärgern sich über sie. Und der Herr – was antwortet Er? *Wer unter euch groß sein will, der soll euer Diener sein; und wer unter euch der erste sein will, der sei aller Knecht. Der Menschensohn ist auch nicht gekommen, sich bedienen zu lassen, sondern zu dienen und sein Leben hinzugeben als Lösepreis für viele*[17].

Bei einer anderen Gelegenheit sind sie unterwegs nach Kapharnaum, der Herr geht ihnen voran, wie so oft. *Zu-*

[17] Mk 10, 43–45.

hause angelangt, fragte Er sie: ,,Wovon habt ihr unterwegs gesprochen?" Sie schwiegen; denn sie hatten unterwegs – wieder einmal! – *darüber gestritten, wer unter ihnen der Größte sei. Da setzte Er sich nieder, rief die Zwölf zu sich und sprach zu ihnen: ,,Wer der Erste sein will, der sei der Letzte und aller Knecht." Dann nahm Er ein Kind, stellte es mitten unter sie, schloß es in seine Arme und sprach zu ihnen: ,,Wer ein solches Kind in meinem Namen aufnimmt, der nimmt mich auf; wer aber mich aufnimmt, der nimmt nicht mich auf, sondern den, der mich gesandt hat"*[18].

Ist sie nicht liebenswert, diese Handlungsweise Jesu? Er unterweist die Jünger, und damit sie die Lehre erfassen, stellt Er sie vor ein lebendiges Beispiel. Er ruft eins von den Kindern, die sicherlich in jenem Hause selbst wohnten, und umarmt es, schweigend, mit einer eindrucksvollen Geste, die alles besagt: ja, Er liebt die, die wie die Kinder werden. Und dann erklärt Er, wohin solche Einfachheit und geistige Demut führen: daß man Ihn und den Vater im Himmel umarmen kann.

Noch vor Beginn seines Leidensweges will Jesus seine 103
königliche Würde anschaulich machen: Er zieht in Jerusalem ein, umjubelt, auf einem Esel sitzend, stand doch geschrieben, daß der Messias ein König in Demut sein werde: *Sagt der Tochter Sion: Siehe, dein König kommt zu dir, sanftmütig auf einer Eselin reitend und auf einem Füllen, dem Jungen des Lasttieres*[19].

Beim Letzten Abendmahl schließlich, während die

[18] Mk 9, 32–36.
[19] Mt 21, 5; Zach 9, 9.

Jünger erneut darüber streiten, wer wohl aus ihrem Kreis der Größte sei, schickt sich der Herr an, Abschied zu nehmen. Jesus *erhob sich vom Mahle, legte sein Obergewand ab, nahm ein Linnentuch und umgürtete sich damit. Dann goß Er Wasser in ein Becken und begann, den Jüngern die Füße zu waschen und sie mit dem Linnentuch abzutrocknen, mit dem Er umgürtet war*[20].

Wieder einmal hat Er durch das Beispiel, durch die Tat gepredigt. Jesus kniet sich vor seine Jünger hin, aus deren Unterhaltung Hochmut und Eitelkeit sprechen, und verrichtet freudig den Dienst eines Knechtes. Dann, wieder beim Mahl, sagt Er ihnen: *Versteht ihr, was ich an euch getan habe? Ihr nennt mich Meister und Herr, und ihr habt recht; denn ich bin es. Wenn nun ich, der Herr und Meister, euch die Füße gewaschen habe, dann müßt auch ihr einander die Füße waschen*[21]. Mich bewegt die feinfühlige Art unseres Herrn. Er sagt ja nicht: Wenn ich schon dies tue, wieviel mehr solltet ihr es tun. Nein, Er stellt sich auf die gleiche Ebene wie sie, Er zwingt sie nicht, sondern Er tadelt liebevoll ihren Mangel an Großmut.

Auch uns, wie den ersten Zwölf, will der Herr dies zu verstehen geben: *Exemplum dedi vobis*[22], ich habe euch ein Beispiel gegeben, ein Beispiel der Demut. Ja, Er führt es uns ständig vor Augen: Ich bin zum Knecht geworden, damit ihr versteht, von Herzen sanftmütig und demütig allen Menschen zu dienen.

[20] Jo 13, 4–5.
[21] Jo 13, 12–14.
[22] Jo 13, 15.

Früchte der Demut

Je größer du bist, um so mehr demütige dich, und du wirst beim Herrn Gnade finden[23]. Wenn wir demütig sind, wird Gott uns nie verlassen. Er wirft den Übermut der Stolzen nieder, den Demütigen aber schenkt Er das Heil. Er befreit den Unschuldigen und errettet ihn um der Reinheit seiner Hände willen[24]. Die unendliche Barmherzigkeit des Herrn eilt dem zu Hilfe, der Ihn in der Haltung tiefer Demut anruft. Gott wirkt dann als der, der Er ist: der Allmächtige. Mag die Seele von Gefahren bedrängt und von den Feinden ihres Heils umzingelt sein, sie wird nicht zugrunde gehen. Dies ist nicht allein die überlieferte Erfahrung aus früheren Zeiten, auch heute geschieht es. 104

Die Lesung der heutigen Tagesmesse zeigt uns Daniel, von hungrigen Löwen umgeben. Ich bin kein Pessimist, mir behagt die Rede von der *guten alten Zeit* nicht, denn jede Zeit hat ihr Gutes und Schlechtes, aber ich mußte daran denken, daß es auch in unserer Zeit viele umherschweifende Löwen gibt und daß wir in diesem Milieu leben müssen. Es sind Löwen, die suchen, wen sie verschlingen können: *tamquam leo rugiens circuit quaerens quem devoret*[25]. 105

Wie können wir den Raubtieren entkommen? Bei uns wird es wohl nicht so wie bei Daniel sein. Ich bin nicht wundersüchtig, aber ich finde die verschwenderische Größe Gottes wunderbar: es wäre ein leichtes gewesen,

[23] Sir 3, 20.
[24] Vgl. Jb 22, 29–30.
[25] 1 Petr 5, 8.

den Hunger des Propheten zu stillen oder ihm eine Speise vorzusetzen, aber so verfuhr Gott nicht. Er ließ vielmehr einen anderen Propheten, Habakuk, auf wunderbare Weise aus Judäa dorthin versetzt, Daniel die Speise bringen. Gott wollte ein großes Wunder wirken, weil Daniel nicht aus irgendeinem nichtigen Grund in die Löwengrube geraten war, sondern durch die Ungerechtigkeit teuflischer Spießgesellen, die in ihm den Gottesdiener und Götzenzerstörer treffen wollten.

Auch wir haben Götzen zu zerstören, aber nicht mit auffallenden Wundertaten, sondern durch einen gewöhnlichen, christlich gelebten Alltag, mit einer Saat des Friedens und der Freude: die Götzen des Unverstandes, der Ungerechtigkeit, der Unwissenheit und der Scheinautonomie des Menschen, der voller Anmaßung Gott verachtet.

Habt keine Angst, fürchtet kein Unheil, auch wenn die Umstände, unter denen ihr arbeiten müßt, widerwärtig sind, schlimmer vielleicht als bei Daniel in der Grube der hungrigen Raubtiere. Der Arm Gottes ist auch jetzt so mächtig wie einst und würde, wenn nötig, Wunder vollbringen. Bleibt treu! Habt eine liebende, bewußte, freudige Treue zur Lehre Christi und seid davon überzeugt, daß unsere Zeiten nicht schlimmer als die früheren sind und daß der Herr stets derselbe bleibt.

Ich habe einen alten Priester gekannt, der lächelnd von sich sagte: *Ich bin immer ruhig, ganz ruhig.* So soll es auch mit uns sein: inmitten der Welt, von hungrigen Löwen umgeben, und doch voll Frieden und ruhig, in Liebe, in Glaube, in Hoffnung, und ohne je zu vergessen, daß der Herr vielfache Wunder wirken wird, wenn es nottut.

Dies möchte ich euch einschärfen: Wenn ihr aufrichtig 106
seid, wenn ihr euch zeigt, wie ihr seid, wenn ihr euch *vergöttlicht* – aber in Demut, nicht in Hochmut –, dann werden wir alle, ihr und ich, in jeder Umwelt bestehen. Wir werden nur von Siegen sprechen und uns selbst siegreich nennen können – es sind die Siege der Liebe Gottes, die tief in die Seele Glück, Gelassenheit und Verständnis einsenken.

Die Demut wird uns zu großen Aufgaben befähigen, wenn wir nur das Bewußtsein der eigenen Kleinheit nicht in uns unterdrücken und wenn wir die eigene Erbärmlichkeit immer stärker empfinden. *So erkenne denn, daß du ein mit vielerlei Dienst tief verschuldeter Knecht bist. Tu dir nichts darauf zugute, daß du Kind Gottes heißest – die Gnade soll anerkannt, doch die Natur nicht verkannt werden –, und brüste dich nicht, wenn du den Dienst, den du leisten mußtest, gut vollführtest. Auch die Sonne ist willfährig, der Mond gehorcht, die Engel dienen. Das von Gott auserwählte Gefäß der Heiden bekennt: Ich bin nicht würdig, Apostel zu heißen, weil ich die Kirche Gottes verfolgt habe (1 Kor 15, 9) (. . .) So wollen denn auch wir unserseits nicht nach Lob haschen*[26]: denn unsere Verdienste sind immer gering.

[26] Ambrosius, *Expositio Evangelii secundum Lucam,* 8, 32 (PL 15, 1774).

Demut und Freude

107 *Von allem Bösen und Frevelhaften im Menschen befreie mich*[27]. Wieder weist uns dieser Text der heiligen Messe auf die *gute Vergöttlichung* hin; er führt uns vor Augen, daß Schlechtigkeit und böse Neigungen uns prägen, aber dann läßt er uns bitten: *Emitte lucem tuam*[28], sende Dein Licht und Deine Wahrheit, die mich geleitet und auf Deinen heiligen Berg geführt haben. Ich will euch offen sagen, daß ich sehr bewegt war, als ich diese Worte aus dem Graduale der heutigen heiligen Messe betete.

Was sollen wir tun, um diese *gute Vergöttlichung* zu erlangen? Im Evangelium lesen wir, daß Jesus *nicht mehr in Judäa umherziehen wollte, weil die Juden Ihm nach dem Leben trachteten*[29]. Er, der durch einen einfachen Willensakt seine Widersacher hätte wegfegen können, reagiert mit menschlichen Mitteln. Er, der als Gott mit einem Wort die Verhältnisse hätte ändern können, will uns eine einprägsame Belehrung geben: Er geht nicht nach Judäa. *Seine Verwandten sagten zu Ihm: „Geh weg von hier und zieh nach Judäa, damit auch deine Jünger die Werke sehen, die du vollbringst“*[30]. Sie wollten, daß Er Aufsehen errege. Seht ihr, wie dies eine Lektion über die *gute* und die *schlechte Vergöttlichung* ist?

Gute Vergöttlichung: Wer Deinen Namen kennt – so heißt es im Offertorium – *vertraut auf Dich; denn Du ver-*

[27] Vgl. Ps 42, 1 (*Graduale* der heiligen Messe).
[28] Ps 42, 3 (*Graduale* der heiligen Messe).
[29] Jo 7, 1.
[30] Jo 7, 3.

läßt jene nicht, Herr, die Dich suchen[31]. Wir, geklammerte Tonscherben, die wir sind, jubeln, weil Gott *den Klageruf der Armen nicht abweist*[32] und den Ruf der Demütigen erhört.

Gebt nichts darauf, wenn ihr zu hören bekommt, daß 108
Menschen, die die Tugend der Demut leben wollen, gehemmt oder immer traurig seien. Sich als zerbrochenen und wieder zusammengeklammerten Ton zu wissen ist ja gerade die ständige Quelle der Freude, denn es bedeutet, sein Kleinsein vor Gott anzuerkennen: als Kind, als Sohn. Kann man sich eine tiefere Freude als die eines Menschen vorstellen, der sich arm und schwach, aber auch Kind Gottes weiß? Warum werden wir Menschen traurig? Weil unser irdisches Leben nicht den persönlichen Erwartungen entspricht oder weil Hindernisse auftauchen, die die Befriedigung unserer Wünsche unmöglich machen oder erschweren.

Wenn aber die Seele die übernatürliche Wirklichkeit der Gotteskindschaft in sich aufnimmt, dann fällt das alles fort. *Wenn Gott für uns ist, wer ist dann gegen uns?*[33] Immer wieder muß ich sagen: Überlassen wir die Traurigkeit denen, die nichts von ihrer Gotteskindschaft wissen wollen.

Schließen wir mit den zwei Bitten, die wir in der Liturgie von heute finden und die wir aus Herz und Mund, Pfeilen gleich, zum Himmel senden wollen: *Gib, Allmächtiger Gott, daß wir durch den ständigen Vollzug der göttlichen*

[31] Ps 9, 11.
[32] Ps 9, 13.
[33] Röm 8, 31.

Geheimnisse würdig werden, den himmlischen Gaben näherzukommen[34]. Und: *Gib uns, Herr, wir bitten Dich, daß wir Dir beharrlich nach Deinem Willen dienen*[35]. Dienen, meine Kinder, dienen: Darum muß es uns zu tun sein! Diener aller sein, *damit in unseren Tagen das gläubige Volk an Verdienst und Zahl wachse*[36].

109 Blickt auf Maria. Kein anderes Geschöpf hat sich mit solcher Demut wie sie den Plänen Gottes hingegeben. Da sie die *ancilla Domini*[37], die Magd des Herrn ist, rufen wir sie als *causa nostrae laetitiae,* als die Ursache unserer Freude an. Eva, in ihrer verblendeten Anmaßung, Gott gleich sein zu wollen, sündigt, verbirgt sich vor dem Herrn, schämt sich, ist traurig. Maria, die sich als Magd des Herrn bekennt, wird zur Mutter des göttlichen Wortes und ist voller Freude. Möge Unsere Liebe Frau uns mit dieser herrlichen Freude anstecken, damit wir ihr darin gleichen und so Christus ähnlicher werden.

[34] *Postcommunio* der heiligen Messe.
[35] Gebet *Super populum.*
[36] Ebd.
[37] Lk 1, 38.

M+S

LOSLÖSUNG*

Wir stehen am Anfang der Karwoche. Der Augenblick 110
ist nahe, da sich auf Golgotha die Erlösung der ganzen Menschheit vollendet; eine sehr passende Zeit, so scheint mir, damit du und ich bedenken, auf welchem Weg Jesus, unser Herr, uns das Heil erlangt hat. Wir wollen seine Liebe zu uns betrachten, eine wahrhaft unsagbare Liebe zu uns armen Geschöpfen, die wir aus dem Lehm der Erde gemacht sind.

Memento, homo, quia pulvis es, et in pulverem reverteris[1], gedenke, Mensch, Staub bist du und zum Staub kehrst du zurück. Mit diesen Worten ermahnte uns die Kirche, unsere Mutter, zu Beginn der Fastenzeit, damit wir niemals vergessen, wie armselig wir sind: unser Leib – jetzt voll Leben und Kraft – wird sich eines Tages auflösen, wie eine feine Staubwolke, die wir auf unserem Weg zurücklassen: *wie ein Nebel, von den Strahlen der Sonne verscheucht*[2].

* Homilie, gehalten am 4. April 1955 (Montag in der Karwoche).

1 Ritus zur Spendung des Aschenkreuzes (Vgl. Gen 3, 19).

2 Weish 2, 3.

Das Beispiel Christi

Nach diesem realistischen Hinweis auf unsere Nichtigkeit möchte ich euch eine andere, herrliche Realität vor Augen stellen: die göttliche Freigebigkeit, die uns trägt und vergöttlicht. Hört die Worte des Apostels: *Ihr kennt ja die Liebestat unseres Herrn Jesus Christus: Er, der Reiche, ist um euretwillen arm geworden, damit ihr durch seine Armut reich werdet*[3]. Wenn ihr innerlich gesammelt auf das Beispiel unseres Meisters blickt, werdet ihr sofort eine Fülle von Anregungen darin finden, die uns ein Leben lang zur Betrachtung und zu konkreten, aufrichtigen Vorsätzen, zu tieferer Großzügigkeit, anleiten können. Denn wir wollen das Ziel, das für uns alle gilt, nicht aus dem Auge verlieren: Jeder muß mit Christus gleichförmig werden, mit diesem Christus, der – ihr habt es soeben gehört – für dich und für mich arm geworden ist und gelitten hat, um uns ein Beispiel zu hinterlassen, damit wir seinen Schritten folgen[4].

111 Hast du dich niemals, in gleichsam ehrfürchtiger Neugier, gefragt, wie Jesus seiner überfließenden Liebe Ausdruck gab? Wiederum antwortet uns der heilige Paulus: *Er, der in Gottesgestalt war (...) entäußerte sich, nahm Knechtsgestalt an und wurde den Menschen gleich. Er erschien im Äußeren als Mensch*[5]. Meine Kinder, wir können nur in staunender Dankbarkeit vor diesem Geheimnis stehen, das uns lehrt: Die ganze Macht, die ganze Majestät,

[3] 2 Kor 8, 9.
[4] Vgl. 1 Pet 2, 21.
[5] Phil 2, 6–7.

die unendliche Schönheit und Harmonie Gottes, die unermeßliche Tiefe seines Reichtums, ja Gott selbst bleibt in der Menschheit Jesu Christi verborgen, um uns zu dienen. Der Allmächtige erscheint unter uns, Er verdunkelt eine Zeitlang seine Herrlichkeit, um die erlösende Begegnung mit seinen Geschöpfen zu erleichtern.

Niemand hat Gott je gesehen, schreibt Johannes in seinem Evangelium. *Der Eingeborene, der Gott ist, der da ruht am Herzen des Vaters, Er hat Kunde gebracht*[6], indem Er sich den fassungslosen Blicken der Menschen stellte. Zuerst in Bethlehem als ein Neugeborenes und später als ein Kind unter vielen anderen; dann im Tempel als ein verständiger, aufgeweckter Jugendlicher; und schließlich als der liebenswerte, gewinnende Lehrer, der die Herzen der begeisterten Volksmassen bewegt.

Wenige Züge dieser menschgewordenen Liebe Gottes 112
genügen schon, und die Großzügigkeit Christi trifft uns in die Seele, sie entzündet uns und drängt uns sanft zu Reue und Zerknirschung, weil unser eigenes Verhalten oft so egoistisch, so kleinlich ist. Der Herr scheut sich nicht, sich zu erniedrigen, um uns aus dem Elend zur Würde der Gotteskindschaft zu erheben und uns zu seinen Brüdern zu machen. Du und ich dagegen genießen oft mit törichtem Stolz die empfangenen Gaben und Fähigkeiten und benutzen sie als ein Podest, auf dem wir über den anderen stehen, so als ob unsere doch nur relativ zu nehmenden Leistungen ausschließlich unser Verdienst wären: *Was hast du, das du*

[6] Jo 1, 18.

nicht empfangen hättest? Hast du es aber empfangen, was rühmst du dich, als hättest du es nicht empfangen?[7]

Möge jeder auf sich selbst beziehen, was ich jetzt zu euch allen sage: Angesichts der Hingabe und der Selbsterniedrigung Gottes erscheinen die Ehrsucht und der Dünkel des Hochmütigen als schreckliche Sünde, weil sie ihn in extremen Gegensatz stellen zu dem Vorbild, das Jesus uns gegeben hat. Macht euch klar, was das heißt: Er ist Gott und erniedrigt sich. Und der Mensch, von seinem eigenen Ich besessen, will sich unbedingt erheben und erkennt nicht, daß er doch nur Lehm, nur billige Töpferware ist.

113 Ich weiß nicht, ob ihr in eurer Kindheit einmal die Geschichte von dem Bauern gehört habt, dem man einen Goldfasan geschenkt hatte. Zuerst war er freudig überrascht von dem Geschenk, dann aber mußte er eine geeignete Unterbringung dafür finden. Nachdem er, unschlüssig, lange hin und her überlegt hatte, entschied er sich, den Goldfasan in den Hühnerstall zu setzen. Die Hühner waren von der Schönheit des Neuankömmlings verzaubert, sie umringten und bestaunten ihn und hielten ihn für einen Halbgott. Mitten in dem Trubel kam die Zeit der Fütterung. Der Bauer begann, hier und dort eine Handvoll Körner auszustreuen, und der Fasan, nach so langem Warten hungrig, stürzte sich darauf, um sich den Magen voll zu schlagen. Es war recht ernüchternd zu sehen, wie dieser Ausbund an Schönheit auch ein Ausbund an ganz ordinärer Freßlust war. Desillusioniert fingen die Hühner an, auf den Fasan loszuhacken, bis sie ihn total gerupft hatten.

[7] 1 Kor 4, 7.

Ebenso jämmerlich ist der Sturz eines Menschen, der sich selbst verherrlicht; um so kläglicher, je vermessener er sich auf seine Kraft gestützt und auf sein Können verlassen hat.

Zieht daraus die praktischen Folgerungen für euren Alltag. Begreift, daß euch Talente – übernatürliche und natürliche Gaben – anvertraut wurden, damit ihr sie in der rechten Weise nutzt. Befreit euch von dem lächerlichen Trugbild, als hättet ihr irgendetwas allein eurer Anstrengung zu verdanken. Und bei all euren Rechnungen bedenkt, daß es eine Zahl gibt – Gott –, die keiner auslassen darf.

Aus dieser Sicht muß in euch die Überzeugung erwach- 114
sen, daß der aufrichtige Wunsch, dem Herrn von nahem zu folgen und Gott und allen Menschen wirklich zu dienen, die ungeschmälerte Loslösung vom eigenen Ich erfordert: von den Gaben des Intellekts, von der Gesundheit, der Ehre, von noblen Ambitionen, von Erfolgen und Triumphen.

Ja, auch jene guten Anliegen schließe ich hier ein – denn so weit muß deine Entschlossenheit reichen –, die aus dem Wunsch hervorgehen, nur die Ehre Gottes zu suchen und Ihn in allem zu preisen. Bei solchen Anliegen soll unser Wille klar und bestimmt reagieren: Herr, ich möchte dies oder jenes, aber nur, wenn es Dir gefällt, wozu sonst nützte es mir? Wir versetzen so dem Egoismus und der Eitelkeit, die sich in unser aller Herz einschleichen, den Todesstoß und gewinnen auf diesem Weg den wahren Frieden der Seele; denn in dem Maße, da sie sich loslöst, birgt sie sich immer inniger und stärker in Gottes Armen.

Um Christus ähnlich zu werden, muß das Herz ganz frei von Anhänglichkeiten sein. *Wer mir nachfolgen will, verleugne sich selbst, nehme sein Kreuz auf sich und so folge er mir. Denn wer sein Leben retten will, wird es verlieren; wer aber sein Leben um meinetwillen verliert, wird es finden. Denn was nützt es dem Menschen, wenn er die ganze Welt gewinnt, aber dabei seine Seele verliert?*[8] Dazu sagt der heilige Gregor: *Es genügt nicht, von den Dingen losgelöst zu leben, wenn wir uns außerdem nicht von uns selbst loslösten. Aber (...) wohin werden wir uns dann außerhalb von uns wenden? Und wer wird verzichten, wenn dies bedeutet, zu entsagen?*

Wisset aber: Eine ist unsere Lage als wegen der Sünde Gefallene, und eine andere als von Gott Gebildete. Nach einer bestimmten Verfassung sind wir erschaffen worden, in einer anderen Verfassung befinden wir uns, durch uns selbst verursacht. Entsagen wir also dem, was wir durch unsere Sünden geworden sind, und verbleiben wir so, wie wir durch die Gnade verfaßt sind. Jener, der als Hochmütiger geboren, zu einem Demütigen wird, indem er sich zu Christus bekehrt, hat sich bereits selbst überwunden; jener, der ein Wollüstiger war und sich zu einem Leben der Enthaltsamkeit bekehrt, hat dem entsagt, was er früher war; jener, der geizig war und nicht mehr begehrt, sondern beginnt, mit seinem Eigenen freigebig zu sein, statt daß er sich fremdes Eigentum aneignet, hat sich gewiß selbst überwunden[9].

[8] Mt 16, 24–26.
[9] Gregor der Große, *Homiliae in Evangelia,* 32, 2 (PL 76, 1233).

Christliches Herrschen

Der Herr sucht Herzen, die großzügig und wirklich losgelöst sind. Dem werden wir entsprechen können, wenn wir die Taue oder die feinen Fäden, die uns an unser Ich fesseln, mit Entschiedenheit durchschneiden. Ich verschweige euch nicht, daß dieser Entschluß ständigen Kampf verlangt; immer wieder muß man die Pläne des eigenen Dafürhaltens und Wollens zurückstellen und um eine Art des Verzichtens ringen, die – kurz gesagt – mühseliger ist als der Verzicht auf die verlockendsten materiellen Güter. 115

Jene Losgelöstheit, die Christus gepredigt hat und die Er von allen Christen erwartet, findet notwendigerweise auch ihren sichtbaren Ausdruck. Jesus Christus *coepit facere et docere*[10], Er begann zu tun und zu lehren, Er verkündete seine Lehre zuerst durch Taten, dann mit dem Wort. Wie oft habt ihr den Herrn als Neugeborenen im Stall betrachtet, habt auf Ihn geblickt, wie Er da in äußerster Armut auf dem Stroh schläft und in einer Krippe seine ersten irdischen Träume hat. Ihr habt auch die Zeit danach vor Augen, da Jesus auf seinen apostolischen Wanderungen so viele Belehrungen zuteil werden läßt, wie zum Beispiel jene eindeutige Warnung für einen Mann, der Ihm als Jünger folgen wollte: *Die Füchse haben Höhlen, die Vögel des Himmels Nester. Der Menschensohn aber hat keine Stätte, wohin Er sein Haupt legen könnte*[11]. Und nicht zu-

[10] Apg 1, 1.
[11] Lk 9, 58.

letzt wird euch die Erzählung des Evangelisten wieder einfallen, da er von den Aposteln berichtet, die an einem Sabbat unterwegs waren, Hunger hatten und anfingen, von den Ähren eines Kornfeldes zu pflücken[12].

116 Man kann sagen: Unser Herr lebt immer ganz dem jeweiligen Tage und erfüllt hier und heute den Auftrag des Vaters. Er verhält sich gemäß seinen eigenen göttlichen Worten, die uns eine so besonders plastisch-bildhafte Lehre geben: *Seid nicht ängstlich besorgt für das Leben, was ihr essen, noch für den Leib, was ihr anziehen sollt. Denn das Leben ist mehr als die Nahrung, und der Leib mehr als die Kleidung. Betrachtet die Raben! Sie säen nicht, sie ernten nicht, sie haben nicht Vorratskammer noch Scheune: Doch Gott ernährt sie. Wieviel mehr wert seid ihr als die Vögel! (...) Betrachtet die Lilien! Wie sie wachsen! Sie spinnen nicht und weben nicht. Ich sage euch aber: Selbst Salomon in all seiner Pracht war nicht so gekleidet wie eine einzige von ihnen. Wenn nun Gott das Gras, das heute auf dem Felde steht und morgen in den Ofen geworfen wird, so kleidet, wieviel mehr euch, ihr Kleingläubigen!*[13]

Wieviele Sorgen, wieviel Kummer blieben uns erspart, wenn wir – stark im Glauben! – mehr Vertrauen auf die göttliche Vorsehung und eine tiefere Gewißheit des göttlichen Beistandes hätten, der uns niemals fehlen wird. Uns bedrängten dann viele Sorgen nicht mehr, die nach einem Wort des Herrn *den Menschen der Welt*[14] eigen sind, de-

[12] Vgl. Mk 2, 23.
[13] Lk 12, 22–24; 27–28.
[14] Lk 12, 30.

nen also, die keinen Sinn für das Übernatürliche haben. Mit dem Vertrauen eines Freundes, eines Priesters, eines Vaters möchte ich euch für jede Lebenssituation ins Gedächtnis rufen, daß wir durch die Barmherzigkeit Gottes Kinder dieses unseres Vaters sind, der allmächtig ist und im Himmel ebenso wie in der Tiefe unseres Herzens wohnt; gleichsam mit Feuer möchte ich euch einprägen, daß wir auf unserem irdischen Weg – innerlich losgelöst von so vielen, angeblich unentbehrlichen Dingen – nur Gründe zum Optimismus haben; denn *euer Vater weiß ja, daß ihr dies nötig habt*[15], und Er wird für alles sorgen. Glaubt mir: Nur so leben wir wirklich als Herren der Schöpfung[16] und verfallen nicht jener unheimlichen Sklaverei wie die vielen, die vergessen, daß sie Kinder Gottes sind und für ein Morgen oder für ein Später eifrig planen, das sie vielleicht nicht mehr erleben werden.

Erlaubt mir wieder einmal, daß ich euch in ein kleines 117
Stück meiner persönlichen Erfahrung einweihe. Ich öffne meine Seele vor euch in der Gegenwart Gottes und überzeugt davon, daß ich kein Vorbild bin, sondern ein armseliger Mensch, ein untaugliches und taubes Werkzeug, dessen sich der Herr bediente, um ganz deutlich zu machen, daß Er sogar mit einem Tischbein wunderbar zu schreiben vermag. Indem ich euch also von mir erzähle, denke ich nicht im entferntesten daran, meinem Tun das geringste Verdienst meinerseits beizumessen; noch viel weniger will ich euch dazu nötigen, die Wege zu gehen, die der Herr mich hat gehen lassen; denn es kann sein, daß Er von euch

[15] Ebd.
[16] Vgl. Gen 1, 26–31.

nicht das erbittet, was mir so sehr geholfen hat, frei in dem Werk Gottes, welchem ich mein ganzes Leben gewidmet habe, zu arbeiten.

Weil ich es mit meinen eigenen Händen betastet, mit meinen eigenen Augen gesehen habe, versichere ich euch folgendes: Wenn ihr euch der göttlichen Vorsehung anvertraut, euch auf ihren allmächtigen Arm stützt, dann werden euch niemals die Mittel fehlen, um Gott, der heiligen Kirche und den Seelen dienen zu können; dienen zu können, ohne daß ihr dabei eure Pflichten vernachlässigen müßtet. Und ihr werdet jene Freude und jenen Frieden genießen, die *mundus dare non potest*[17], die die Welt nicht geben kann und die auch der Besitz aller irdischen Güter nicht zu geben vermöchte.

Seit den Anfängen des Opus Dei im Jahre 1928 – ich besaß keinerlei materielle Hilfsmittel – habe ich niemals persönlich über einen einzigen Pfennig verfügt; ich habe mich auch nicht in wirtschaftliche Fragen eingemischt, die an sich selbstverständlich auftreten, sobald Menschen aus Fleisch und Blut – keine Engel also – ein Werk in Angriff nehmen und für eine wirksame Arbeit materieller Hilfsmittel bedürfen.

Das Opus Dei hat immer die großzügige Hilfe vieler Menschen nötig gehabt, um seine apostolischen Werke zu unterhalten; und ich denke, daß es immer so bleiben wird, bis zum Ende der Zeiten. Denn einerseits werfen diese Tätigkeiten niemals Gewinn ab, und andererseits wächst, wenngleich die Anzahl der Mitarbeiter und die Arbeitslei-

[17] Vgl. Jo 14, 27.

stung meiner Kinder zunehmen, auch das Apostolat in die Breite, und es mehren sich die Bitten um unsere apostolischen Tätigkeiten. Deshalb haben meine Kinder manchmal lachen müssen, wenn ich sie, nachdem ich sie mit Nachdruck zur Treue gegen die Gnade Gottes angespornt hatte, im gleichen Atemzuge aufforderte, kühn und unnachgiebig Gott um mehr Gnade ... und um Geld zu bitten, um die klingende Münze, die so dringend nötig war.

In den ersten Jahren fehlte uns das Allernotwendigste. Vom Feuer Gottes angezogen, sammelten sich um mich Handwerker, Angestellte, Studenten ... Sie wußten nichts von unserer Armut und von unseren Nöten, denn im Opus Dei haben wir dank der Gnade Gottes immer versucht, so zu arbeiten, daß Opfer und Gebet ebenso zahlreich sind wie unsichtbar. Wenn ich jetzt auf jene Zeit zurückblicke, muß ich Gott aus ganzem Herzen danken: welche Sicherheit fühlten wir in uns! Wir wußten, daß wir nur das Reich Gottes und seine Gerechtigkeit zu suchen hatten und daß alles andere uns als Zugabe geschenkt werden würde[18]. Ich kann euch versichern, daß keine einzige apostolische Initiative wegen mangelnder materieller Mittel unterblieben ist: im geeigneten Augenblick besorgte uns auf die eine oder andere Weise die gewöhnliche Vorsehung Gottes, unseres Vaters, das Nötige; uns sollte klar werden, daß Er versteht *zu zahlen.*

Darum mein Rat: Wollt ihr stets Herr über euch selbst 118
bleiben, dann strebt nach einer vollkommenen Loslösung, ohne Angst, ohne Bedenken, ohne Argwohn. Ihr werdet

[18] Vgl. Lk 12, 31.

beim Erfüllen eurer persönlichen und familiären Pflichten alle unbedenklichen irdischen Mittel mit lauterer Absicht einsetzen und dabei daran denken, daß ihr Gott, der Kirche, eurer Familie, eurer eigenen beruflichen Arbeit, eurem Land und der ganzen Menschheit dient. Haltet euch immer wieder vor Augen, daß es ja nicht darum geht, ob einer dies hat oder jenes nicht hat, sondern darum, daß wir uns gemäß der Wahrheit unseres christlichen Glaubens verhalten, der uns lehrt, daß die geschaffenen Dinge nur Mittel sind. Wehrt euch also gegen die trügerische Illusion, in ihnen etwas Endgültiges zu sehen: *Sammelt euch nicht Schätze auf Erden, wo Motte und Rost sie vernichten und wo Diebe einbrechen und stehlen. Sammelt euch aber Schätze im Himmel, wo weder Motte noch Rost sie vernichten, wo keine Diebe einbrechen und stehlen. Denn wo dein Schatz ist, da ist auch dein Herz*[19].

Wenn ein Mensch sein Glück ausschließlich in den Dingen dieser Welt sucht, vergewaltigt er den vernunftgemäßen Umgang mit ihnen und zerstört die von der Weisheit des Schöpfers gewollte Ordnung. Ich bin hier Zeuge von wahren Tragödien geworden. Das Herz, traurig und unbefriedigt, wandelt dann die Wege eines nie endenden Verdrusses und wird schon auf Erden zum Sklaven, zum Opfer gerade jener Güter, die man mit unzähligen Mühen und Entbehrungen hat ansammeln können. Vor allem aber bitte ich euch: vergeßt niemals, daß Gott in keinem Menschenherzen wohnen kann, das im Schlamm einer ungeordneten, niedrigen, sinnlosen Liebe steckt. *Niemand*

[19] Mt 6, 19–21.

kann zwei Herren dienen. Entweder wird er den einen hassen und den anderen lieben, oder er wird dem einen anhangen und den anderen verachten. Ihr könnt nicht Gott dienen und dem Mammon[20]*. Dafür müssen wir uns einer anderen Liebe zuwenden, die uns selig macht (...), nämlich unser Verlangen auf die Schätze dort oben richten*[21].

Mit diesen Worten möchte ich bei dir nicht bewirken, 119
daß du nunmehr darauf verzichtest, deine Pflichten zu erfüllen und deine Rechte zu vertreten. Im Gegenteil: Für uns bedeutete ein Zurückweichen an dieser Front meistens nur, daß wir dem Kampf um die Heiligkeit, zu dem Gott uns gerufen hat, feig aus dem Wege gehen. Deshalb bist du im Gewissen verpflichtet, besonders bei deiner Arbeit alles daranzusetzen, daß dir und den Deinen nichts von dem fehlt, was für ein Leben in christlicher Würde angemessen ist. Werde nicht traurig und bäume dich nicht auf, wenn du einmal am eigenen Leibe die Last der Not spüren mußt; aber – ich wiederhole es – setze alle rechtschaffenen Mittel ein, um eine solche Notlage zu überwinden, denn alles andere hieße Gott versuchen. Und während du kämpfst, vergiß nicht: *omnia in bonum!* – denen, die Gott lieben, gereicht alles zum Guten[22], auch die Not, auch die Armut. Von nun an gewöhne dich daran, die kleinen Beeinträchtigungen mit Freude hinzunehmen: Unannehmlichkeiten, Kälte, Hitze, den Verzicht auf etwas, das dir notwendig erscheint, die Unmöglichkeit, dich wie und wann es dir lieb

[20] Mt 6, 24.
[21] Johannes Chrysostomus, *In Matthaeum homiliae*, 63, 3 (PG 58, 607).
[22] Vgl. Röm 8, 28.

wäre zu erholen, den Hunger, die Einsamkeit, den Undank, das Unverständnis, die Ehrabschneidung...

Vater, nimm sie nicht aus der Welt

120 Wir sind Menschen in der Welt, gewöhnliche Christen im Blutkreislauf der Gesellschaft. Der Herr will uns gerade inmitten unserer beruflichen Arbeit heilig und apostolisch wirksam haben. Er will, daß wir uns selbst in der Arbeit heiligen, daß wir unsere Arbeit heiligen und daß wir anderen helfen, sich durch die Arbeit zu heiligen. Seid davon überzeugt, daß Gott auf euch in dieser eurer Umwelt wartet, wie ein liebender Vater, wie ein liebender Freund. Und macht euch außerdem die Bedeutung eurer mit Verantwortung verrichteten beruflichen Arbeit klar: Sie ist nicht nur das Mittel zu eurem Lebensunterhalt, sondern auch ein unmittelbarer Dienst am Fortschritt der Gesellschaft, ein Mittragen an der Last anderer und eine Gelegenheit, lokale und weltweite Initiativen zu unterstützen, die sich dem Wohl einzelner Menschen oder ganzer in Not lebenden Völker gewidmet haben.

121 Unsere Normalität – unser Wie-die-anderen-Sein – und unser Sinn für das Übernatürliche sind, zusammengenommen, die Nachahmung des Beispiels Jesu Christi, der wahrer Gott und wahrer Mensch ist. Seht, wie natürlich alles in seinem Leben ist. Er lebt dreißig Jahre lang im verborgenen, unauffällig, Er ist ein Handwerker unter vielen anderen, man kennt Ihn in seinem Dorf als den Sohn des Zimmermanns. Auch im Verlauf seines öffentlichen Le-

bens finden wir nichts Schockierendes oder Sonderbares an Ihm. Wie seine Mitmenschen hat Er Freunde. Auch in seinem Auftreten ist Er wie die anderen, so daß Judas ein besonderes Zeichen vereinbaren muß, damit man Ihn erkennen kann: *Den ich küssen werde, der ist es*[23]. Wir finden an Ihm keinen absonderlichen Zug. Diese Haltung unseres Meisters, der nur als einer unter den vielen erscheinen will, bewegt mich.

Johannes der Täufer folgte einer besonderen Berufung, er trug ein Gewand aus Kamelhaaren und nährte sich von Heuschrecken und wildem Honig. Unser Herr trug ein nahtloses Gewand, aß und trank wie alle, erfreute sich am Glück anderer, teilte ihren Schmerz, lehnte die von Freunden angebotene Erholung nicht ab und – alle wußten es – hatte jahrelang seinen Lebensunterhalt in der Werkstatt Josefs, des Handwerkers, mit eigenen Händen verdient. So wie Jesu Verhalten in der Welt, muß auch das unsere sein: sauber in der Kleidung, rein am Leibe und vor allem rein in der Seele.

Es ist außerdem bemerkenswert, wie der Herr, der die vollkommenste Loslösung von den irdischen Gütern lehrt, gleichzeitig sehr darauf bedacht ist, daß diese Güter nicht vergeudet werden. Nach dem Wunder der Brotvermehrung, das mehr als fünftausend Menschen sättigte, *sagte Er zu seinen Jüngern: „Sammelt die übriggebliebenen Stücklein, damit nichts verderbe." Sie sammelten nun und füllten zwölf Körbe*[24]. Wenn ihr dieses Geschehen aufmerksam überdenkt, werdet ihr verstehen, daß ihr niemals

[23] Mt 26, 48.
[24] Jo 6, 12–13.

knauserige Menschen, sondern gute Verwalter der euch von Gott anvertrauten Fähigkeiten und materiellen Mittel sein sollt.

122 Die Loslösung, die ich euch mit dem Blick auf unser Vorbild Jesus Christus verkünde, ist Herrschaft. Sie hat nichts mit der schreienden, aufdringlichen Ärmlichkeit zu tun, die nur eine Maske der Faulheit und der Nachlässigkeit ist. Deine Kleidung soll so sein, wie es deiner Situation, deinem Milieu, deiner Familie, deiner Arbeit entspricht; so halten es auch deine Kollegen, du aber tust es für Gott und mit dem Wunsch, ein echtes, anziehendes Bild wahren christlichen Lebens zu vermitteln, in aller Natürlichkeit, ohne Extravaganzen. Wenn überhaupt – so möchte ich euch raten –, achtet auf diese Dinge lieber ein bißchen zu viel als zu wenig. Denn wie stellst du dir das Benehmen unseres Herrn vor? Hast du schon einmal daran gedacht, wie würdig Er das nahtlose Gewand getragen haben muß, das wahrscheinlich Maria selbst gewoben hatte? Erinnerst du dich nicht an das Geschehen im Hause des Simon, da Jesus sich beklagt, daß man Ihm kein Wasser gereicht hat, bevor Er sich zu Tisch setzt?[25] Freilich will Jesus durch das Anprangern der mangelnden Höflichkeit vor allem lehren, daß die Liebe sich gerade in den kleinen Dingen zeigt, aber ebenso will Er klarstellen, daß die üblichen Umgangsformen auch für Ihn gelten. Deshalb werden wir – du und ich – uns bemühen, von den irdischen Gütern und Annehmlichkeiten losgelöst zu sein, ohne aber aus der Rolle zu fallen oder uns ein sonderbares Gehabe zu erlauben.

[25] Vgl. Lk 7, 36–50.

Ein Zeichen dafür, daß wir uns als Herren über das Irdische und als treue Verwalter Gottes wissen, ist – wie mir scheint – die Sorgfalt im Umgang mit allem, was wir gebrauchen, damit es lange erhalten bleibt und in gutem Zustand seinen Zweck erfüllen kann, statt daß es ungepflegt verkommt. In den Häusern des Opus Dei findet ihr eine einfache, behagliche und vor allem gepflegte Einrichtung, denn man darf die Armut eines Hauses nicht mit Häßlichkeit oder Schmutz verwechseln. Aber ich kann gut verstehen, wenn du, deinen Möglichkeiten, deinem gesellschaftlichen Status und deinen Verpflichtungen für die Familie entsprechend, auch Wertgegenstände besitzt, die du dann im Geiste des Opfers und der Loslösung pflegen wirst.

Es ist schon über fünfundzwanzig Jahre her, daß ich 123
manchmal eine karitative Anstalt besuchte, wo Armenspeisungen stattfanden. Für die Bettler, die dorthin kamen, war, was sie da erhielten, ihre einzige Nahrung für den ganzen Tag. Es war ein geräumiges Lokal, und einige mitleidige Frauen kümmerten sich um den Betrieb. Nachdem die erste Zuteilung vorüber war, kamen andere Bettler, um etwas von dem zu ergattern, was übrig blieb. Aus dieser zweiten Gruppe fiel mir einer auf: er war der Eigentümer eines Zinnlöffels! Den zog er vorsichtig aus der Tasche und schaute ihn gierig und wohlgefällig an. Nachdem er sein Essen verzehrt hatte, betrachtete er wieder den Löffel, und sein Blick war wie ein Triumphschrei: Der gehört mir! Er leckte ihn zweimal ab und steckte ihn dann befriedigt unter die Falten seiner Lumpen. In der Tat, der Löffel gehörte ihm! Ein armer Kerl, der sich inmitten seiner Leidensgenossen für reich hielt.

Zur selben Zeit kannte ich eine Dame aus dem spanischen Hochadel. Vor Gott hat das keinerlei Bedeutung, denn wir alle sind als Nachkommen von Adam und Eva gleich, schwache Geschöpfe mit Tugenden und Fehlern und zu den schlimmsten Verbrechen fähig, wenn der Herr uns verläßt. Seitdem Christus uns erlöst hat, zählen die Unterschiede nicht mehr, weder Rasse, noch Sprache, noch Hautfarbe, noch Abstammung, noch Reichtum, denn *wir sind alle Kinder Gottes.* Diese Frau, von der ich euch jetzt erzähle, wohnte in einem herrschaftlichen Haus, aber sie kam für ihren täglichen Bedarf mit ein paar Pfennigen aus. Hingegen belohnte sie freigebig die Dienerschaft und mit dem Rest half sie, die sich selbst vieles versagte, Bedürftigen. Viele der Güter, die mancher so heiß begehrt, besaß sie, aber persönlich war sie arm, opferwillig und von allem vollkommen losgelöst. Versteht ihr, was ich euch damit sagen will? Es genügt, die Worte der Schrift zu bedenken: *Selig die Armen im Geiste, denn ihrer ist das Himmelreich*[26].

Wenn du diesen Geist erlangen willst, dann rate ich dir, in bezug auf dich selbst genügsam, in bezug auf die anderen aber großzügig zu sein. Meide überflüssige Ausgaben aus Verschwendung, Laune, Eitelkeit, Bequemlichkeit... Schaffe dir keine Bedürfnisse. Mit einem Wort, lerne vom heiligen Paulus: *Ich weiß mich in die Not zu schicken, ich weiß auch mit Überfluß umzugehen. Mit allem und jedem bin ich vertraut: mit Sattsein und Hungerleiden, mit Überfluß und Entbehrung. Alles vermag ich in dem, der mich*

[26] Mt 5, 3.

stärkt[27]. Gleich dem Apostel werden wir den Sieg in diesem Kampf des Geistes davontragen, wenn wir uns darum bemühen, unser Herz losgelöst und frei von Fesseln zu bewahren.

Der heilige Gregor der Große schreibt: *Wir alle, die wir zu der Kampfstätte des Glaubens gekommen sind, nehmen es auf uns, gegen die bösen Geister zu kämpfen. Die Teufel haben in der Welt keinen Besitz; da sie also unbekleidet antreten, müssen auch wir unbekleidet kämpfen. Denn wenn ein Bekleideter mit einem Unbekleideten ringt, wird jener bald zu Boden geworfen, da sein Feind etwas findet, woran er ihn packen kann. Und was sind die irdischen Dinge anders als eine Art Kleidung?*[28]

Den freudigen Geber liebt Gott

Innerhalb dieses Themas der vollkommenen Loslö- 124
sung, die der Herr von uns erwartet, will ich euch auf einen weiteren, besonders wichtigen Aspekt hinweisen: auf die Gesundheit. Die meisten von euch sind noch jung, ihr steht in der herrlichen Lebensspanne, die von der Fülle der Kraft und der Vitalität geprägt ist. Aber die Zeit vergeht, und unausweichlich macht sich die körperliche Abnützung bemerkbar. Später melden sich nach und nach die Begrenzungen der reifen Lebensjahre und schließlich die Gebrechen des Alters. Außerdem kann jeder von uns in jedem

[27] Phil 4, 12–13.
[28] Gregor der Große, *Homiliae in Evangelia,* 32, 2 (PL 76, 1233).

Augenblick erkranken oder sich körperliche Beschwerden zuziehen.

Nur wenn wir in der rechten Weise – in einer Christen geziemenden Weise also – die guten Zeiten des körperlichen Wohlbefindens nutzen, werden wir auch in der Lage sein, mit Freude all das anzunehmen, was die Leute irrtümlich als schlimm ansehen. Ohne in Einzelheiten zu gehen, möchte ich euch meine eigene Erfahrung weitergeben. Es kann geschehen, daß wir während der Krankheit unseren Mitmenschen auf die Nerven fallen: *Ich werde nicht richtig versorgt, keiner kümmert sich um mich, ich verdiene eine bessere Behandlung, keiner versteht mich* ... Der Teufel ist immer auf der Lauer und greift uns von verschiedensten Seiten an. Seine Taktik während der Krankheit besteht darin, daß er in uns eine Art Psychose auslösen möchte, damit wir uns von Gott abwenden, unsere Umgebung vergiften und den Schatz an Verdiensten zunichte machen, den sich, zum Wohl aller Seelen, derjenige erwirbt, der den Schmerz mit übernatürlichem Optimismus – mit Liebe – trägt. Geraten wir nach dem Willen Gottes in die Netze der Drangsal, dann seht darin ein Zeichen, daß Er uns für reif genug hält, damit wir uns noch enger seinem erlösenden Kreuz verbinden.

Die Bereitschaft, Krankheit oder Unglück – falls Gott sie fügt – freudig zu tragen, erfordert eine Vorbereitung schon von langer Hand, indem man jeden Tag losgelöst lebt vom eigenen Ich. Macht euch hierfür die alltäglichen Anlässe zunutze: die kleine Entbehrung, den normalen, unbedeutenden Schmerz, die Abtötung. Und übt euch dabei in den christlichen Tugenden.

Im Alltagsleben müssen wir viel von uns fordern, damit 125
wir uns nicht bei falschen Sorgen und künstlichen Bedürfnissen aufhalten, die wir selbst erfinden; sie stammen meist aus Einbildung, Launenhaftigkeit, Bequemlichkeit und aus der Trägheit des Geistes. Wir sollen schnellen Schrittes Gott entgegengehen, und dazu ist es nötig, hinderlichen Ballast abzuwerfen. Gerade weil die Armut im Geiste nicht darin besteht, daß man nichts besitzt, sondern darin, daß man wirklich losgelöst ist, müssen wir auf der Hut sein, damit wir nicht auf die selbsterdachten sogenannten zwingenden Notwendigkeiten hereinfallen. *Sucht das, was genügt; sucht das, was reicht. Strebt nicht nach mehr. Alles, was darüber hinausgeht, ist eine Last, keine Erleichterung; denn es bedrückt nur, statt aufzurichten*[29].

Ich bin mit meinen Ratschlägen absichtlich bis in Details gegangen, denn es geht mir hier nicht um spektakuläre, außergewöhnliche, verzwickte Situationen. Ich weiß von einem, der als Lesezeichen Papierblättchen verwendete, auf die er einige Stoßgebete, als hilfreiche Erinnerung an die Gegenwart Gottes, schrieb. Eines Tages wurde in ihm der Wunsch wach, *jenen Schatz* liebevoll aufzubewahren, und er merkte, daß er im Begriff war, an jenen Papierfetzen zu hängen. Ihr seht schon, welch ein Vorbild an Tugenden! Es würde mir nichts ausmachen, euch weitere eigene Schwächen anzuvertrauen, wenn euch das nur von Nutzen sein könnte. Es schien mir gut, einiges zu nennen, denn vielleicht geht es auch dir so: mit deinen Büchern, deiner Kleidung, deinem Schreibtisch, nun eben, mit deinen ... Talmigötzen.

[29] Augustinus, *Sermo,* 85, 6 (PL 38, 523).

Ich möchte euch raten, in solchen Fällen mit eurem geistlichen Leiter zu sprechen, aber ohne kindische Sorge und ohne Skrupel. Manchmal genügt schon die kleine Abtötung, während kurzer Zeit auf irgendetwas zu verzichten, um solche Anhänglichkeiten zu heilen. Ein entsprechendes Verhalten ist auch auf anderen Ebenen ratsam; zum Beispiel tut es dir nichts, wenn du einmal auf den Gebrauch des üblichen Verkehrsmittels verzichtest und das dabei ersparte Geld – sei es noch so wenig – als Almosen gibst. Jedenfalls, wenn du wirklich den Geist der Loslösung hast, wirst du immer wieder Gelegenheiten finden, ihn auf eine unauffällige und wirksame Art zu üben.

Da ich euch meine Seele geöffnet habe, drängt es mich jetzt zu bekennen, daß es in mir noch eine Anhänglichkeit gibt, auf die ich aber niemals verzichten möchte: daß ich euch wirklich liebe. Ich habe das vom besten aller Lehrer gelernt, und darin möchte ich auf das treulichste immer seinem Beispiel folgen und alle Menschen – zuerst die, die in meiner Nähe sind – grenzenlos lieben. Bewegt euch nicht die brennende Liebe, die herzliche Zuneigung Christi, die der Evangelist im Hinblick auf einen der Jünger des Herrn bezeugt? *Quem diligebat Iesus*[30], heißt es da, den Jesus liebte . . .

126 Wir schließen mit einem Gedanken aus dem Evangelium der heutigen heiligen Messe: *Sechs Tage vor dem Osterfest kam Jesus nach Bethanien, wo Lazarus wohnte, den Jesus von den Toten auferweckt hatte. Dort bereitete man Ihm ein Gastmahl. Martha bediente, und Lazarus ge-*

[30] Jo 13, 23.

hörte zu denen, die mit Ihm zu Tische saßen. Da nahm Maria ein Pfund echten, kostbaren Nardenöls, salbte damit Jesu Füße und trocknete Ihm die Füße mit ihren Haaren. Das Haus wurde erfüllt vom Duft des Salböls[31]. Welch ein leuchtendes Zeichen der Freigebigkeit, diese *verschwenderische Art* Mariens! Judas – geizig, wie er war, hatte er das genau ausgerechnet – beklagt, daß kostbares Nardenöl im Wert von mindestens *dreihundert Denaren*[32] *vergeudet* wurde.

Wahre Loslösung führt zu Großzügigkeit gegenüber Gott und unseren Brüdern. Sie führt dazu, daß wir uns regen, daß wir nach Hilfsquellen suchen und alles aufbieten, um denen zu helfen, die in Not sind. Ein Christ darf sich nicht mit einer Arbeit zufriedengeben, die ihm nur die nötigsten Mittel für sich selbst und seine Familie verschafft: ein weites, großes Herz wird ihn dazu drängen, daß er auch mit zupackt, um anderen zu helfen, und zwar aus Gründen der Nächstenliebe und aus Gründen der Gerechtigkeit, wie Paulus an die Römer schreibt: *Mazedonien und Achaja haben es für gut befunden, eine Sammlung für die Armen unter den Heiligen in Jerusalem zu veranstalten. So haben sie es für gut befunden, und sie sind es ihnen auch schuldig. Denn haben die Heiden an deren geistigen Gütern Anteil erhalten, so müssen sie ihnen dafür mit ihren irdischen Gütern dienen*[33].

Seid also nicht engherzig und knauserig gegen Ihn, der sich so großzügig an uns verausgabt hat, ohne Maß, in der

[31] Jo 12, 1–3.
[32] Jo 12, 5.
[33] Röm 15, 26–27.

vollkommenen Hingabe. Überlegt einmal: Wieviel kostet es euch eigentlich – auch vom Geld her gesehen –, daß ihr Christen seid? Und vergeßt vor allem nicht: *Den fröhlichen Geber liebt Gott. Gott hat die Macht, euch jegliche Gabe in Fülle zukommen zu lassen, daß ihr an allem allzeit völlig genug habt und noch Überfluß, um gute Werke aller Art zu tun*[34].

Indes wir während dieser Karwoche dem Leiden Christi näher kommen, wollen wir die allerseligste Jungfrau darum bitten, daß auch wir, wie sie[35], fähig werden, diese Lehren in unserem Herzen zu erwägen und zu bewahren.

[34] 2 Kor 9, 7–8.
[35] Vgl. Lk 2, 19.

AUF DEN SPUREN CHRISTI*

Ego sum via, veritas et vita[1], ich bin der Weg, die 127
Wahrheit und das Leben. Unmißverständlich zeigt uns der Herr mit diesen Worten, welches der richtige Pfad ist, der zum ewigen Leben führt. *Ego sum via:* Er ist der einzige Weg, der Himmel und Erde verbindet. Er verkündet es allen Menschen, besonders aber denen, die Ihm, wie du und ich, gesagt haben, daß wir unsere christliche Berufung ernst nehmen und die Gegenwart Gottes immer wahren wollen: mit unserem Denken, unseren Worten und unserem ganzen Handeln, auch im gewöhnlichsten, alltäglichsten Tun.

Jesus ist der Weg. Er hat auf dieser Welt die makellosen Spuren seiner Wanderungen hinterlassen, als ein unauslöschbares Kennzeichen, das weder die Zeit noch die Bosheit des Feindes haben verwischen können. *Iesus Christus heri et hodie; ipse et in saecula*[2], Er bleibt derselbe gestern

* Homilie, gehalten am 3. April 1955.

[1] Jo 14, 6.

[2] Hebr 13, 8.

und heute und in Ewigkeit. Wie gerne denke ich daran! Derselbe Jesus Christus, der gestern für die Apostel und für alle, die Ihn aufsuchten, Zeit hatte, lebt heute für uns und wird in Ewigkeit leben. Wir Menschen mit unseren ermüdeten oder trüben Augen vermögen manchmal sein Antlitz nicht zu entdecken, auch wenn es immer gleich zeitlos gegenwärtig ist. Jetzt, am Beginn unseres Gebetes vor dem Tabernakel, bitte Ihn wie der Blinde im Evangelium: *Domine, ut videam!*[3] Herr, gib, daß ich sehe! Daß mein Verstand erleuchtet werde und das Wort Christi in ihn eindringe; daß Christi Leben in meiner Seele Wurzeln schlage, damit ich mich wandle und bereite für die ewige Herrlichkeit.

Der Weg des Christen

128 Wie durchsichtig ist doch die Lehre Jesu Christi! Wir wollen unserer Gewohnheit folgen und das Neue Testament aufschlagen, diesmal das elfte Kapitel des Matthäus-Evangeliums: *Lernet von mir, denn ich bin sanft und demütig von Herzen*[4]. Begreifst du? Wir müssen von Ihm, von Jesus, lernen. Er ist das einzige Vorbild. Wenn du ohne zu stolpern und ohne vom Pfade abzuirren voranschreiten willst, genügt es, daß du den Weg gehst, den Er ging, daß du deine Füße in seine Fußstapfen setzt, dich in sein demütiges, geduldiges Herz hineintraust, daß du aus der Quelle seiner Gebote und seiner anziehenden Worte

[3] Lk 18, 41.
[4] Mt 11, 29.

trinkst. Kurz, du mußt dich darum bemühen, mit Christus gleichförmig zu werden und unter den Menschen, deinen Brüdern, selbst ein anderer Christus zu sein.

Damit niemand sich etwas vormacht, wollen wir eine andere Stelle aus dem Matthäus-Evangelium betrachten: *Wer mir nachfolgen will, verleugne sich selbst, nehme sein Kreuz auf sich und so folge er mir*[5]. Der Weg Gottes ist ein Weg des Verzichtes, der Abtötung, der Hingabe, nicht aber ein Weg der Traurigkeit oder der Verzagtheit.

Blicke auf das Beispiel Christi, das Er uns gegeben hat, von der Krippe im Stall zu Bethlehem bis hin zu seinem Thron auf Golgotha. Sieh, wie selbstlos Er Entbehrungen auf sich nimmt: Hunger, Durst, Erschöpfung, Hitze, Müdigkeit, Mißhandlungen, Unverständnis, Tränen ...[6] – doch auch die Freude ist da, weil Er allen Menschen das Heil bringt. Ich wünschte sehr, du prägtest dir in Verstand und Herz die Aufforderung des heiligen Paulus an die Epheser ein, unverzagt den Schritten Christi zu folgen; ich möchte, daß du das oft betrachtest, um praktische Konsequenzen daraus zu ziehen. Paulus schreibt: *Nehmt Gott zum Vorbild als seine geliebten Kinder. Wandelt in der Liebe, wie auch Christus euch geliebt und sich für uns als Opfergabe hingegeben hat, Gott zum lieblichen Wohlgeruch*[7].

Jesus hat sich selbst hingegeben, Er wurde zu einem 129
Sühnopfer aus Liebe. Und du, sein Jünger; du, zu einem Sohn Gottes auserwählt; du, um den Preis des Kreuzes er-

[5] Mt 16, 24.
[6] Vgl. Mt 4, 1–11; Mt 8, 20; Mt 8, 24; Mt 12, 1; Mt 21, 18–19; Lk 2, 6–7; Lk 4, 16–30; Lk 11, 53–54; Jo 4, 6; Jo 11, 33–35.
[7] Eph 5, 1–2.

kauft – auch du mußt bereit sein, dich zu opfern. Deshalb darf unser Verhalten, einerlei in welcher konkreten Situation, niemals egoistisch, lahm, spießbürgerlich, leichtsinnig ... oder blöde – entschuldige die etwas derbe Aufrichtigkeit – sein. *Wenn du nur die Wertschätzung der Menschen erstrebst und nur den Wunsch hast, beliebt und angesehen zu sein, dann bist du vom Wege abgekommen (...) Allein, die den rauhen, steilen und schmalen Weg der Drangsale gehen, werden in die Stadt der Heiligen eintreten und sich dort ausruhen und mit dem König in alle Ewigkeit herrschen*[8].

Du mußt dich aus freien Stücken für das Tragen des Kreuzes entscheiden. Sonst legst du nur ein Lippenbekenntnis zu Christus ab, das du mit deinen Taten Lügen strafst; so wirst du niemals mit dem Meister zu einem vertrauten Umgang voll wahrer Liebe gelangen. Wir Christen sollten uns ein für allemal vor Augen halten: wir sind Christus nicht nah, wenn wir es nicht fertigbringen, auf dieses ganze Knäuel unserer Launen, unserer Eitelkeit, unseres Wohlergehens, unserer Interessen spontan zu verzichten. Kein einziger Tag darf vergehen, den wir nicht mit der Gnade und dem Salz der Abtötung gewürzt hätten. Doch gib nicht der Vorstellung in dir Raum, du wärest dann zu einem glücklosen Dasein verurteilt; denn dein Glück wird recht armselig sein, wenn du nicht Selbstüberwindung lernst und dich von deinen Leidenschaften und Launen tyrannisieren läßt, statt aufrecht das Kreuz zu tragen.

130 Mir fällt da eine Erzählung ein, von einem Klassiker des spanischen Goldenen Zeitalters, die einige von euch

[8] Pseudo-Makarius, *Homiliae,* 12, 5 (PG 34, 559).

wahrscheinlich schon bei anderen Betrachtungen gehört haben. Der Autor schildert einen Traum, den er hatte: Vor ihm öffnen sich zwei Wege; der eine ist breit und leicht begehbar, mit zahlreichen Wirtshäusern und einladenden Raststätten. Menschen zu Pferde oder in Kutschen ziehen auf ihm dahin, musizierend und lachend, albern lärmend. Es sind viele, sehr viele. Alle scheinen wie trunken von einem Rausch des Wohlgefühls, einem Rausch, der trügt und rasch verfliegt – denn jene Straße führt zu einem tiefen Abgrund. Das ist der Weg des verweltlichten Menschen, des unverbesserlichen Spießers. Diese Leute tragen eine Freude zur Schau, die sie gar nicht besitzen; unersättlich suchen sie neue Annehmlichkeiten und Vergnügungen. Schmerz, Verzicht und Opfer ängstigen sie. Vom Kreuz Christi wollen sie nichts wissen; das sei etwas für Verrückte. Aber die wirklichen Toren sind sie: Sklaven des Neids, der Schwelgerei, der Sinnlichkeit; am Ende kommen sie mit sich selbst nicht mehr zurecht und merken – wenn auch spät –, daß sie ihr irdisches und ihr ewiges Glück wegen ein paar fader Lappalien verscherzt haben. Der Herr mahnt uns: *Wer sein Leben retten will, wird es verlieren; wer aber sein Leben um meinetwillen verliert, wird es finden. Denn was nützt es dem Menschen, wenn er die ganze Welt gewinnt, aber dabei seine Seele verliert?*[9]

Unser Träumer in der Novelle erblickt noch einen anderen Weg. Der geht in die entgegengesetzte Richtung und ist so schmal und steil, daß man auf ihm nicht reiten kann; zu Fuß klimmen die Wanderer langsam empor; mit heiterer

[9] Mt 16, 25–26.

Miene klettern sie über Felsengeröll und überqueren Stellen voller Disteln; hier und dort bleiben Kleidungsfetzen an den Dornen hängen, die manchmal sogar Wunden ins Fleisch reißen. Aber am Ende der Wanderung erwartet sie ein herrlicher Garten, das ewige Glück, der Himmel. Das ist der Weg der heiligmäßigen Menschen, die bereit sind, sich aus Liebe zu Christus zu demütigen und sich für die anderen zu opfern. Hier kennen die Wanderer keine Angst vor dem mühsamen Anstieg; sie tragen in Liebe ihr Kreuz, mag es auch schwer sein, weil sie wissen, daß sie trotz der drückenden Last aufrecht werden weitergehen können, denn ihre Stärke ist Christus.

131 Was macht es aus, daß wir stolpern, wenn wir zugleich mit dem Schmerz unseres Sturzes die Kraft finden, wieder aufzustehen und mit frischem Schwung weiterzugehen? Prägen wir es uns ein: Heilig ist nicht, wer niemals fällt, sondern wer – demütig und mit heiliger Hartnäckigkeit – immer wieder aufsteht. Im Buch der Sprüche heißt es, daß der Gerechte siebenmal am Tage fällt[10]: deshalb werden wir, du und ich, arme Geschöpfe, angesichts unserer eigenen Kläglichkeiten und unseres Stolperns weder verwundert noch entmutigt sein; denn wir können ja weitergehen, wenn wir uns die Kraft bei dem holen, der uns verheißen hat: *Kommt zu mir alle, die ihr mühselig und beladen seid, ich will euch erquicken*[11]. Dank Dir, Herr, *quia tu es, Deus, fortitudo mea*[12], weil Du, Gott, meine Stärke bist:

[10] Vgl. Spr 24, 16.
[11] Mt 11, 28.
[12] Ps 42, 2.

Du, immer nur Du, mein Gott, bist mir Kraft, Zuflucht, Halt.

Willst du im inneren Leben wirklich voranschreiten, dann sei demütig. Suche beharrlich und vertrauensvoll die Hilfe des Herrn und seiner heiligen Mutter, die auch deine Mutter ist. In Frieden und ganz ruhig, mag auch die frische Wunde nach dem letzten Sturz noch so sehr schmerzen, umarme von neuem das Kreuz und sage: Herr, mit Deiner Hilfe will ich kämpfen, daß ich nicht stehen bleibe; ich will auf Deine Aufforderungen treu antworten, weder steile Wege noch die scheinbare Eintönigkeit meiner alltäglichen Arbeit, noch Disteln, noch Stolpersteine sollen mir Angst machen. Ich weiß um Deine Barmherzigkeit, und auch, daß ich am Ende meines Weges das ewige Glück, die Freude und die unendliche Liebe finden werde.

Aber noch einen dritten Weg gibt es in jener Traum-Erzählung: auch er ist schmal, rauh und von Gestrüpp bewachsen wie der zweite; auf ihm kämpfen sich einige Menschen durch die vielen Hindernisse hindurch, mit stolzem Pathos und mit theatralischer Miene; doch auch dieser Weg mündet in denselben grauenvollen Abgrund wie der erste. Es ist der Pfad, den die Heuchler gehen, die, von unlauterer Absicht und unredlichem Eifer getrieben, die Arbeit für Gott entwürdigen, indem sie sie in den Dienst irdischer, egoistischer Pläne stellen. *Es ist töricht, ein mühsames Werk anzupacken, um bewundert zu werden, und mit mühseliger Anstrengung die Gebote Gottes zu beobachten, nur um einen irdischen Lohn einstreichen zu können. Wer durch die Übung der Tugenden auf Erden Gewinn machen will, ist wie einer, der einen kostbaren Wertgegenstand für ein paar Pfennige verramscht; er könnte den Himmel erobern, gibt sich aber mit vergänglichem Beifall zufrieden (...) Deshalb heißt es, daß die Hoffnungen der Heuchler wie Spinnweben sind: mit so viel Mühe gesponnen, und am Ende vom Windhauch des Todes fortgeweht*[13].

Das Ziel im Blick haben

132 Ich stelle diese Wahrheiten so hart vor euch hin, damit ihr gewissenhaft prüft, welche die Beweggünde eures Handelns sind. Dabei werdet ihr manches geradebiegen und neu auf den Dienst an Gott und an euren Brüdern, den Menschen, ausrichten können. Seht doch, wie nah der Herr an unserer Seite geht. Liebend hat Er uns angeschaut und *den heiligen Ruf an uns ergehen lassen, nicht auf Grund unserer Werke, sondern nach seinem Ratschluß und seiner Gnade. Diese wurde uns schon vor ewigen Zeiten in Christus Jesus geschenkt*[14].

Läutert die Absicht, tut alles aus Liebe zu Gott, umarmt freudig das tägliche Kreuz. Tausendmal habe ich das gesagt, denn ich bin davon überzeugt, daß gerade diese Einsichten in die Herzen aller Christen gleichsam eingemeißelt sein müssen. Wenn wir die Widerwärtigkeiten und den physischen oder seelischen Schmerz nicht bloß erdulden, sondern lieben und als Sühne für unsere eigenen Sünden und für die Sünden aller Menschen Gott darbringen,

[13] Gregor der Große, *Moralia*, 2, 8, 43–44 (PL 75, 844–845).
[14] 2 Tim 1, 9.

dann – ich versichere es euch – bedrücken uns die Schmerzen nicht mehr.

Dann trägt man nicht mehr irgendein Kreuz: man erkennt das Kreuz Christi und findet Trost in dem Gedanken, daß es der Erlöser ist, der das Gewicht dieses Kreuzes hält. Wir werden zu Mitträgern wie Simon von Cyrene, der vom Felde kam und sich nach der verdienten Ruhe sehnte, als er gezwungen wurde, seine Schulter hinzuhalten, um Jesus zu helfen[15]. Freiwillig das zu sein, was Simon von Cyrene war, dem zerschundenen Leib des Schmerzensmannes nahe – das ist für eine Seele, die liebt, kein Unglück, denn das gibt uns die Gewißheit, daß Gott nahe ist und uns mit dieser Auserwählung segnet.

Viele Menschen haben mir gegenüber oft staunend erwähnt, daß meine Kinder im Opus Dei – Gott sei Dank – immer froh sind und mit ihrer Freude anstecken. Ich halte das für selbstverständlich und antworte darauf immer mit derselben Erklärung, weil ich keine andere kenne: Das Fundament ihrer Freude liegt darin, daß sie keine Angst vor dem Leben und keine Angst vor dem Tod haben, daß sie sich von Widerwärtigkeiten nicht übermannen lassen und daß sie bemüht sind, jeden Tag mit Opfergeist zu leben, bereit – allen Schwächen und Armseligkeiten zum Trotz –, ihr Ich zurückzustellen, damit für ihre Mitmenschen der Weg des Christen angenehmer, liebenswerter werde.

[15] Vgl. Mk 15, 21.

Wie das Schlagen des Herzens

133 Ich weiß, daß ihr, während ich zu euch spreche, bemüht seid, in der Gegenwart Gottes euer Leben zu überprüfen. Stimmt es nicht, daß so manches Unbehagen und so manche friedlosen Augenblicke in deiner Seele daher rühren, daß du den göttlichen Einladungen nicht entsprochen hast? Oder gingst du vielleicht auf dem Weg der Heuchler, weil du dich selbst suchtest? Nach außen unselig bemüht, den Schein einer christlichen Haltung zu wahren, weigertest du dich im Innern, den Verzicht anzunehmen, deine dunklen Leidenschaften abzutöten und dich selbstlos und ohne Einschränkungen hinzugeben wie Jesus Christus.

Versteht, in dieser Zeit des Gebetes vor dem Tabernakel dürft ihr euch nicht darauf beschränken, allein die Worte zu hören, mit denen der Priester das persönliche Gebet eines jeden einzelnen von euch zu konkretisieren sucht. Ich gebe dir Anregungen und bestimmte Hinweise, damit du sie aufgreifst und selbst betrachtest. Sie sollen zum Stoff eines ganz persönlichen und stillen Gespräches zwischen Gott und dir werden, damit du sie auf deine gegenwärtige Situation anwenden kannst. So wirst du im Lichte Gottes klar sehen können, was in deinem Verhalten richtig ist und was sich in eine falsche Richtung entwickelt; und dies wirst du dann mit Hilfe der Gnade zu korrigieren imstande sein.

Danke Gott für das viele Gute, das du uneigennützig getan hast. Auch du darfst wie der Psalmist beten: *Er zog mich heraus aus der Todesgrube, aus Schlamm und Morast.*

Er stellte meine Füße auf Felsengrund, sicher machte Er meine Schritte[16]. Bitte auch um Vergebung für deine Unterlassungen und für deine Fehltritte, denn bisweilen hast du dich im öden Labyrinth der Heuchelei verirrt, wenn du von der „Ehre Gottes“ und dem „Wohl des Nächsten“ sprachst und dabei eigentlich nur deinen eigenen Lorbeer suchtest . . . Sei mutig, sei großzügig, lege all das von dir ab und sage dem Herrn, daß du Ihn und die Menschen nicht mehr enttäuschen willst.

Dann ist es Zeit, deine himmlische Mutter anzuflehen, 134
damit sie dich in ihre Arme nimmt und den barmherzigen Blick ihres Sohnes auf dich lenkt. Gib dir sofort Mühe, konkrete Vorsätze zu fassen: Merze endlich, auch wenn es wehtut, diese oder jene Kleinigkeit aus. Du kennst sie, Gott kennt sie. Hochmut, Sinnlichkeit und der Mangel an übernatürlicher Sicht werden sich verbünden und dir zuflüstern: Aber das ist doch nicht der Rede wert! So eine Lappalie! Lasse dich auf einen Dialog mit der Versuchung nicht ein und antworte: Auch hierin, auch in dieser göttlichen Forderung will ich mich hingeben! Wie recht hast du, wenn du so denkst: denn die Liebe zeigt sich ganz besonders in den Kleinigkeiten. Für gewöhnlich sind die härtesten Opfer, die der Herr von uns erbittet, nur ganz winzige Opfer, aber von einer Regelmäßigkeit und einer Bedeutung wie das Schlagen des Herzens.

Wie viele Mütter hast du kennengelernt, die heldenhafte und außergewöhnliche Taten vollbracht haben? Sicherlich sehr wenige. Und doch wissen wir, du und ich,

[16] Ps 39, 3.

von vielen Müttern, die heroisch, wirklich heroisch sind, auch wenn sie niemals als solche spektakulär in Erscheinung treten. Sie werden niemals Schlagzeilen machen – wie man so sagt –, aber sie opfern sich immer wieder auf, sie stellen freudig ihre Wünsche und Neigungen zurück, sie verschenken ihre Zeit oder verzichten auf Selbstbehauptung und auf mögliche Erfolge, damit ihre Kinder glücklich sind.

135 Betrachten wir andere alltägliche Beispiele. Der heilige Paulus erwähnt sie: *Jeder Wettkämpfer übt in allem Enthaltsamkeit. Jene tun es, um einen vergänglichen, wir aber, um einen unvergänglichen Kranz zu gewinnen*[17]. In der Tat, seht euch nur um. Wie viele Opfer nehmen sie auf sich, Männer wie Frauen, mehr oder weniger gern, nur um ihr Äußeres zu pflegen, oder um der Gesundheit willen, oder um zu Ansehen zu gelangen ... Und wir? Werden wir angesichts dessen immer noch unfähig sein, auf die unendliche Liebe Gottes, die in der Menschheit so wenig Echo findet, zu reagieren, indem wir das abtöten, was abzutöten ist, damit sich Herz und Geist noch inniger dem Herrn zuwenden?

Das christliche Bewußtsein ist bei vielen Menschen so aus den Fugen geraten, daß sie Worte wie Abtötung und Buße nur in Verbindung mit jenen strengen Fastenübungen und Kasteiungen zu sehen vermögen, von denen einige bewundernswerte Heiligenleben berichten. Wir sind bei dieser Betrachtung von der selbstverständlichen Voraussetzung ausgegangen, daß das Vorbild, das wir in unserem

[17] 1 Kor 9, 25.

Leben nachahmen sollen, Jesus Christus ist. Gewiß, der Herr hat sich auf das Werk der Verkündigung durch vierzigtägiges Fasten in der Wüste vorbereitet[18], aber davor und danach lebte Er die Tugend des Maßes mit solcher Natürlichkeit, daß seine Feinde es wagten, Ihn als *den Schlemmer und Trinker, den Freund der Zöllner und Sünder*[19] zu verleumden.

Mir liegt viel daran, daß ihr die ganze tiefe, einfache Art 136
unseres Meisters entdeckt, der die Buße nie zur Schau stellt. Und von dir erwartet Er dasselbe: *Wenn ihr fastet, so macht kein finsteres Gesicht wie die Heuchler! Die geben sich ein düsteres Aussehen, damit die Leute es ihnen ansehen, daß sie fasten. Wahrlich, ich sage euch: Sie haben schon ihren Lohn. Du aber, wenn du fastest, salbe dein Haupt und wasche dein Antlitz, damit die Leute nicht sehen, daß du fastest, sondern nur dein Vater, der im Verborgenen ist. Dein Vater, der ins Verborgene sieht, wird es dir vergelten*[20].

So sollst du den Geist der Buße üben: auf Gott hin und wie ein Sohn – wie ein kleines Kind, das seinem Vater Liebe beweisen will, indem es auf ein paar wertlose Schätze verzichtet: auf eine Garnrolle, einen Bleisoldaten, dem der Kopf fehlt, auf den Blechdeckel von einer Flasche . . . Der Entschluß mag ihm schwer fallen, aber seine Liebe überwindet den inneren Widerstand, und strahlend streckt es die Hand hin.

[18] Vgl. Mt 4, 1–11.
[19] Lk 7, 34.
[20] Mt 6, 16–18.

137 Erlaubt mir, daß ich euch immer wieder auf den Weg hinweise, den Gott uns als seinen Willen erkennen läßt und auf den Er uns ruft und der eben darin besteht, daß wir dem Herrn mitten in der Welt dienen und unsere Mitmenschen und uns selbst durch die gewöhnliche Arbeit heiligen. Mit einem ebenso eindrucksvollen wie glaubenserfüllten gesunden Menschenverstand sagt der heilige Paulus: *Im Gesetze Moses heißt es: Du sollst dem Ochsen, der da drischt, nicht das Maul verbinden*[21]. Und der Apostel fragt sich: *Ist es Gott nur um die Ochsen zu tun, oder sagt Er das nicht vielmehr unseretwegen? Ja, um unseretwillen steht es geschrieben. Wer pflügt, soll in Hoffnung pflügen. Wer drischt, soll es in der Hoffnung auf seinen Lohn tun dürfen*[22].

Das christliche Leben ist kein verwickeltes Geflecht von Pflichtübungen, peinvoll für die Seele. Christliches Leben paßt sich den individuellen Umständen an wie ein Handschuh der Hand; es verlangt von uns, daß wir mitten in unseren gewöhnlichen Aufgaben – in den kleinen und in den großen – mit Hilfe des Gebetes und der Abtötung die übernatürliche Sicht niemals verlieren. Bedenkt, daß Gott seine Geschöpfe leidenschaftlich liebt: Und wie wird der Esel arbeiten können, wenn er nichts zu fressen bekommt, keine Zeit zum Kräftesammeln hat oder seine Arbeitskraft durch zuviel Schläge gebrochen wird? Dein Leib ist wie ein Esel – ein Esel war der Thron Gottes in Jerusalem –, er trägt dich auf den Wegen Gottes über die Erde hin. Deswegen sollst du über deinen Leib gebieten, daß er von den göttli-

[21] Dt 25, 4.
[22] 1 Kor 9, 9–10.

chen Pfaden nicht abkommt, aber du sollst ihn auch ermuntern, damit er freudig und springlebendig wie ein guter Esel dahertrabt.

Geist der Buße

Bist du schon dabei, aufrichtige Vorsätze zu fassen? 138
Bitte den Herrn, daß Er dir helfe, dir das Leben aus Liebe zu Ihm schwerzumachen; in alles mit Natürlichkeit den reinigenden Wohlgeruch der Abtötung hineinzulegen; dich in seinem Dienst zu verzehren, dabei still und unaufdringlich wie das ewige Licht vor dem Tabernakel. Sollte dir in diesem Moment jedoch nicht einfallen, wie dein Herz auf die Impulse der göttlichen Gnade konkret reagieren kann, dann höre einmal gut zu:

Buße heißt, den Stundenplan genau zu erfüllen, den du dir vorgenommen hast, auch wenn das dem Leib widerstrebt oder wenn deine Gedanken in utopische Träume flüchten möchten. Buße heißt, zur festgesetzten Zeit aufzustehen. Buße heißt auch, eine schwierige, mühevolle Arbeit nicht ohne Grund auf später zu verschieben.

Zur Buße gehört, daß du deine Pflichten gegen Gott, gegen deine Mitmenschen und gegen dich selbst miteinander zu vereinbaren verstehst, indem du dich so forderst, daß du die nötige Zeit für die jeweilige Aufgabe findest. Du bist ein Büßer, wenn du dich der für das Gebet eingeplanten Zeit in Liebe unterwirfst, magst du dich auch erschöpft, lustlos oder innerlich kalt fühlen.

Buße heißt, ein Höchstmaß an Nächstenliebe im Umgang mit deinen Mitmenschen zu zeigen, ganz besonders denen gegenüber, die dir nahestehen. Buße heißt, zartfühlend zu sein mit den Trauernden, den Kranken, den Leidgeprüften, und geduldig mit Menschen, die dir lästig fallen oder ungelegen kommen. Buße heißt, daß wir unsere Planungen umwerfen oder verschieben, wenn die Umstände es erfordern, und vor allem, wenn dies den guten, vernünftigen Anliegen unserer Mitmenschen zugute kommt.

Zur Buße gehört, daß wir mit guter Laune den tausend kleinen Widerwärtigkeiten des Alltags begegnen; daß wir unsere Beschäftigung nicht aufgeben, auch wenn der freudige Schwung des Anfangs sich nicht mehr einstellen will; daß wir dankbar essen, was auf den Tisch kommt und uns diesbezügliche Extravaganzen versagen.

Für die Eltern und überhaupt für alle, die eine leitende oder erzieherische Aufgabe haben, bedeutet Buße, daß sie zurechtweisen, wenn es nötig ist, nachdem sie die Art des Fehlers und die persönlichen Voraussetzungen dessen, dem sie helfen wollen, berücksichtigt haben, ohne sich von albernen und sentimentalen subjektiven Erwägungen beirren zu lassen.

Der Geist der Buße führt dazu, daß wir uns nicht von Kolossalgemälden zukünftiger Pläne fesseln lassen, an denen wir innerlich mit genialem Pinsel arbeiten möchten. Wie freut sich Gott, wenn wir es fertigbringen, auf das Gekritzel und Gestrichel eines kleinen Gernegroß zu verzichten und Ihm Pinselführung und Farbtöne zu überlassen.

139 Es ließen sich zahlreiche andere Beispiele finden; ich habe nur einige erwähnt, die mir jetzt eingefallen sind und die du im Laufe des Tages dazu nutzen kannst, Gott und

deinem Nächsten immer näher zu kommen. Noch einmal: Die Tatsache, daß ich diese kleinen Beispiele anführe, bedeutet nicht, daß ich die großen Bußübungen verachtete. Sie sind gut, richtig und sogar notwendig, wenn der Herr einen Menschen auf diesen Weg ruft, wobei es allerdings wichtig ist, sich der Billigung durch den eigenen Seelenführer zu vergewissern. Ich möchte dich aber darauf aufmerksam machen, daß außergewöhnliche Bußübungen Hand in Hand mit gewaltigen Stürzen gehen können, die der Stolz verursacht. Bei dem ständig erneuerten Wunsch jedoch, Gott in den alltäglichen Scharmützeln zu gefallen – zum Beispiel: zu lächeln, wenn einem nicht danach zumute ist; ich versichere euch, daß gelegentlich ein Lächeln schwerer fällt als eine Stunde lang den Bußgürtel zu tragen –, bei diesem ständig erneuerten Wunsch also kann sich unser Stolz nur schwer entfalten, und es ist auch ziemlich unmöglich, sich naiv einzubilden, wir wären schon fast Helden. Wir sehen uns vielmehr wie ein Kind, das seinem Vater nur eine Winzigkeit schenken kann – aber etwas, das der Vater mit großer Freude entgegennimmt.

Muß ein Christ also immer den Geist der Abtötung leben? Ja, aber aus Liebe. Denn wir tragen den Schatz unserer Berufung *in irdenen Gefäßen, damit die überreiche Fülle der Kraft nicht uns, sondern Gott zugeschrieben werde. In allem sind wir bedrängt, aber nicht erdrückt, im Zweifel, aber nicht in Verzweiflung, verfolgt, aber nicht verlassen, zu Boden geworfen, aber nicht umgebracht. Allzeit tragen wir das Sterben Jesu an unserem Leibe, damit auch das Leben Jesu an unserem Leibe offenbar werde*[23].

[23] 2 Kor 4, 7–10.

140 Vielleicht hatten wir bis zu diesem Augenblick noch nicht den Drang empfunden, ganz nahe Christi Schritten zu folgen. Vielleicht hatten wir noch nicht wahrgenommen, daß wir unseren Verzicht im Kleinen mit seinem erlösenden Opfer verbinden können: als Sühne für unsere Sünden, für die Sünden der Menschen aller Zeiten, für das verderbliche Wirken des Teufels, der fortfährt, sich Gott mit seinem *non serviam!* ich will nicht dienen, zu widersetzen ... Wie sollten wir es wagen, ohne Heuchelei zu rufen: Herr, mich schmerzen die Beleidigungen, die Deinem liebenswerten Herzen zugefügt werden, wenn wir es nicht über uns bringen, auf eine Kleinigkeit zu verzichten oder ein winziges Opfer zum Lobpreis der göttlichen Liebe darzubringen? Die Buße – sie ist Sühne – läßt uns den Weg der Hingabe und der Liebe schnellen Schrittes gehen: Hingabe, weil wir wiedergutmachen wollen, und Liebe, weil wir den anderen helfen wollen, so wie Christus uns geholfen hat.

Von nun an habt es eilig damit, zu lieben. Die Liebe wird Klage und Protest zum Schweigen bringen. Denn manchmal ertragen wir wohl die Widerwärtigkeiten, aber wir stöhnen und klagen über sie; und dabei vertun wir die Gnade Gottes und binden Ihm die Hände für sein weiteres Schenkenwollen. *Hilarem enim datorem diligit Deus*[24], Gott liebt den, der freudig gibt, den, der echt zu geben versteht, mit der Spontaneität eines liebenden Herzens und nicht mit dem Getue eines Menschen, der meint, er erweise durch seine Hingabe anderen einen Gefallen.

[24] 2 Kor 9, 7.

Wirf noch einmal einen Blick auf dein Leben zurück. 141
Bitte um Vergebung für diese und jene Kleinigkeit – dein Gewissen hat sie ja sofort wahrgenommen: dafür, daß du deine Zunge nicht im Zaum gehalten hast; dafür, daß du deine Gedanken allzusehr nur um dich selbst kreisen läßt; dafür, daß du diesem voreiligen Urteil zugestimmt hast und dich nun unbehaglich und besorgt fühlst.... Ihr könnt sehr glücklich sein! Der Herr will uns froh, will uns freudetrunken haben! Er will, daß auch wir die Wege der Freude gehen, die Er ging! Nur dann kommen wir uns bedauernswert vor, wenn wir unbedingt seinen Weg verlassen und dafür unsere Pfade des Egoismus und der Sinnlichkeit einschlagen wollen, oder wenn wir – viel schlimmer noch – den Weg der Heuchler wählen.

Der Christ muß authentisch, wahrhaft, aufrichtig in all seinen Werken sein. Sein Verhalten muß den Geist Christi durchscheinen lassen. Wenn überhaupt jemand in dieser Welt sich als konsequent erweisen soll, dann der Christ, denn ihm ist die befreiende, die heilswirkende Wahrheit anvertraut worden[25], damit er diese Gabe fruchtbringend einsetzt[26]. Vielleicht fragt ihr: Vater, wie kann ich zu dieser Aufrichtigkeit des Lebens gelangen? Jesus Christus hat seiner Kirche alle notwendigen Mittel übergeben: Er hat uns beten gelehrt, uns den Umgang mit dem himmlischen Vater nahegebracht; Er hat uns seinen Geist gesandt, den Großen Unbekannten, der in unserer Seele wirkt; Er hat uns die Sakramente als sichtbare Zeichen der Gnade hinterlassen. Nutze diese Mittel. Vertiefe dein Frömmigkeitsle-

[25] Vgl. Lk 19, 13.
[26] Vgl. Jo 8, 32.

ben. Bete jeden Tag. Und laß niemals das Kreuz Christi von deinen Schultern fallen, diese gern getragene Last.

Jesus selbst hat dich dazu aufgefordert, Ihm als ein guter Jünger zu folgen, damit du auf deinem Weg durch das Irdische den Frieden und die Freude säst, die die Welt nicht geben kann. Und dazu – ich wiederhole es – müssen wir ohne Angst vor dem Leben und ohne Angst vor dem Tod vorwärtsgehen, ohne dem Schmerz angstvoll auszuweichen, denn für einen Christen ist der Schmerz ein Mittel der Läuterung und eine Gelegenheit, im Rahmen des alltäglichen Geschehens seine Mitmenschen aufrichtig zu lieben.

Unsere Zeit ist abgelaufen. Mit dieser Betrachtung, die ich jetzt abschließe, habe ich versucht, deinen Geist anzuregen, damit du einige Vorsätze faßt, nicht viele, aber konkrete Vorsätze. Bedenke, daß Gott deine Freude will: Wenn du im Rahmen deiner Möglichkeiten dein Bestes tust, dann wirst du glücklich, sehr, sehr glücklich sein, auch wenn dir das Kreuz niemals fehlen wird. Aber das Kreuz ist kein Schafott mehr, sondern der Herrscherthron Jesu Christi. Neben unserem Herrn steht Maria, seine Mutter, die auch unsere Mutter ist. Sie möge dir die Kraft erwirken, die du brauchst, um entschlossen den Schritten ihres Sohnes zu folgen.

LASERVS
MARTA
MADALENA

UMGANG MIT GOTT*

Der Weiße Sonntag ruft mir eine alte, fromme Überlieferung meiner Heimat ins Gedächtnis. Es ist der Tag, an dem die Liturgie uns auffordert, nach der geistlichen Nahrung zu trachten: *rationabile, sine dolo lac concupiscite*[1], verlangt nach der geistigen, lauteren Milch. Früher bestand die Gewohnheit, an diesem Tag die Kommunion zu den Kranken zu bringen – auch zu jenen, die keine schwere Krankheit hatten –, damit sie das Gebot der Osterkommunion erfüllen könnten. 142

In einigen Großstädten hatte jede Pfarrei ihre eucharistische Prozession. Von meiner Zeit als Student an der Universität her erinnere ich mich – denn es kam nicht selten vor –, daß sich auf der Hauptstraße von Zaragoza drei Züge begegneten, die nur von Männern gebildet waren: Tausende von Männern mit großen brennenden Kerzen in den Händen; aufrechte Leute, die das Allerheiligste Altars-

* Homilie, gehalten am 5. April 1964 (Weißer Sonntag).

[1] 1 Petr 2, 2 (*Introitus* der heiligen Messe).

sakrament mit einem Glauben begleiteten, der noch massiver war als jene pfundschweren Kerzen, die sie trugen.

Als ich heute Nacht mehrmals wach wurde, habe ich als Stoßgebet jenes Wort gesprochen: *quasi modo geniti infantes*[2], wie neugeborene Kinder . . . Dabei dachte ich mir, daß diese Aufforderung der Kirche sehr passend für uns ist, die wir uns ganz als Kinder Gottes fühlen. Denn wir müssen zwar starkmütig und zuverlässig sein und mit Charakterfestigkeit nachhaltig auf unser Milieu einwirken, aber dabei ist es doch sehr gut, daß wir uns vor Gott als kleine Kinder sehen!

Wir sind Kinder Gottes

Quasi modo geniti infantes, rationabile, sine dolo lac concupiscite[3]. Schreit wie Neugeborene nach der reinen, unverfälschten Milch des Geistes. Sie sind herrlich, diese Worte des heiligen Petrus. Ich kann gut verstehen, daß die Liturgie sie mit dem Ausruf fortsetzt: *Exsultate Deo adiutori nostro: iubilate Deo Iacob*[4]. Preist Gott, unseren Helfer. Preist den Gott Jakobs, der auch uns Herr und Vater ist. Aber heute, in unserem gemeinsamen Gebet, möchte ich nicht das Allerheiligste Altarssakrament betrachten, das immer Gegenstand unseres innigsten Gotteslobes ist; ich möchte, daß wir bei der Gewißheit unserer Gotteskindschaft verweilen und dabei einige der Konsequenzen be-

[2] Ebd.
[3] Ebd.
[4] Ps 80, 2 (*Introitus* der heiligen Messe).

denken, die sich ergeben, wenn man ernsthaft und untadelig den christlichen Glauben leben will.

Aus Gründen, die hier nicht hingehören – Jesus, der 143
vom Tabernakel aus auf uns herabschaut, kennt sie gut –, bin ich in meinem Leben zu einem besonders tiefen Bewußtsein der Gotteskindschaft geführt worden. Ich habe das Glück erfahren, mich im Herzen meines Vaters bergen zu dürfen, um von dort aus – auf dem Fundament seiner Liebe und meiner Demütigung – manches zu begradigen, mich zu läutern, dem Herrn zu dienen, alle Menschen zu verstehen und zu entschuldigen.

Deshalb möchte ich jetzt den Nachdruck auf die Notwendigkeit unserer inneren Erneuerung legen: Es ist nötig, daß wir, ihr und ich, diese Schlafschwere aus Schwäche, die uns so leicht überkommt, abschütteln und uns von neuem tiefer und unmittelbarer als Kinder Gottes erkennen.

Das Beispiel Jesu, wie Er das Heilige Land durchzog, kann uns helfen, daß wir von der Wirklichkeit der Gotteskindschaft ganz durchdrungen werden. In der Lesung des heutigen Sonntags heißt es: *Wenn wir das Zeugnis von Menschen annehmen, so steht doch das Zeugnis Gottes höher*[5]. Und worin besteht dieses Zeugnis Gottes? Wieder antwortet uns der heilige Johannes: *Seht, welche Liebe uns der Vater erwiesen hat: wir heißen Kinder Gottes und wir sind es. (...) Geliebte, jetzt sind wir Kinder Gottes*[6].

Ich habe mir Mühe gegeben, mich im Laufe der Jahre immerfort auf diese frohmachende Wirklichkeit zu stützen. Immer ist mein Gebet dasselbe geblieben, nur der Ton

[5] 1 Jo 5, 9.
[6] 1 Jo 3, 1–2.

war je nach den Umständen etwas verschieden. Immer habe ich zum Herrn gesagt: Herr, Du hast mich hier hingestellt, Du hast mir dies und jenes anvertraut, und ich verlasse mich auf Dich. Ich weiß, daß Du mein Vater bist. Ich habe immer gesehen, daß ein kleines Kind sich seines Vaters sicher ist. Meine priesterliche Erfahrung hat mir bestätigt, daß dieses Sich-den-Händen-Gottes-Überlassen in der Seele eine starke, tiefe und heitere Frömmigkeit wachsen läßt, die dazu führt, daß alles, was man tut, in lauterer Absicht geschieht.

Das Beispiel Jesu Christi

144 *Quasi modo geniti infantes*..., nach Art der kleinen Kinder. Mit Freude habe ich überall diese Denkweise von kleinen Kindern Gottes zu verbreiten gesucht. Im Lichte dieser Denkweise erscheinen uns die Worte, die wir auch in den liturgischen Texten der heutigen Messe finden, besonders erfrischend: *Alles, was aus Gott geboren ist, überwindet die Welt*[7], beseitigt die Hindernisse, läßt uns im gewaltigen Kampf um den Frieden der Seelen und der menschlichen Gesellschaft siegen.

Unsere Weisheit und unsere Stärke liegen gerade im Bewußtsein, daß wir klein und in den Augen Gottes ein Nichts sind; aber gleichzeitig ist Gott selbst es, der will, daß wir mit unerschütterlichem Vertrauen tätig sind und Jesus Christus, seinen eingeborenen Sohn, verkündigen;

[7] 1 Jo 5, 4.

und dies trotz unserer eigenen Fehler und Armseligkeiten, immer vorausgesetzt, daß es nicht an Kampf fehlt, der zu ihrer Überwindung führen soll.

Ihr wißt, daß ich oft den Rat der Heiligen Schrift wiederhole: *Discite benefacere*[8], lernet Gutes tun; denn es ist wirklich so: wir müssen lernen und lehren, wie man Gutes tut. Das muß bei uns beginnen, indem wir alles daransetzen zu entdecken, welches Gut für uns, für unsere Freunde, für alle Menschen erstrebenswert ist. Ich kenne keinen besseren Weg zur Betrachtung der Größe Gottes als diesen, aufgrund der unsagbar einfachen Erkenntnis, daß Er unser Vater ist und wir seine Kinder sind, dienen zu lernen.

Wir wollen wieder unsere Aufmerksamkeit dem Mei- 145
ster zuwenden. Vielleicht vernimmst auch du in diesem Augenblick den Tadel, den Christus an Thomas richtete: *Reiche deinen Finger her und sieh meine Hände. Reiche deine Hand her und lege sie in meine Seite und sei nicht mehr ungläubig, sondern gläubig*[9]. Ebenso wie Thomas rufe auch du in aufrichtiger Reue: *Mein Herr und mein Gott!*[10] – Ich erkenne Dich an für immer als meinen Meister, und für immer will ich, mit Deiner Hilfe, Deine Lehren wie einen Schatz hüten und in Treue zu befolgen suchen.

Wenn wir im Evangelium ein paar Seiten zurückblättern, stoßen wir auf jene Stelle, da Jesus sich zum Gebet zurückgezogen hat und die Jünger, die in seiner Nähe sind, Ihn vermutlich beobachten. Nachdem der Herr sein Gebet

[8] Is 1, 17.
[9] Jo 20, 27.
[10] Jo 20, 28.

beendet hat, faßt sich einer ein Herz und bittet Ihn: „*Herr, lehre uns beten, wie auch Johannes seine Jünger beten gelehrt hat.*“ *Da sagte Er zu Ihnen: „Wenn ihr betet, so sprecht: Vater, geheiligt werde dein Name*“[11].

Seht, wie überraschend diese Antwort ist. Die Jünger sind ständig mit Jesus zusammen, und der Herr sagt ihnen, mitten in einem Gespräch, wie sie beten sollen. Er offenbart ihnen das große Geheimnis der göttlichen Barmherzigkeit: daß wir Kinder Gottes sind und daß wir uns vertrauensvoll mit Ihm unterhalten dürfen, so wie der Sohn mit seinem Vater spricht.

Manche haben eine Vorstellung vom Frömmigkeitsleben und von der Art, wie ein Christ mit seinem Herrn Umgang pflegen muß, die unangenehm, theoretisch, formell ist, zu seelenlosem Hersagen entartet. Derlei führt nicht zum persönlichen Gespräch von Du zu Du mit unserem Vater Gott, sondern nur in die Anonymität; und dabei müßte doch klar sein, daß ein echtes mündliches Gebet niemals anonym ist. Eine solche Auffassung erinnert mich an den Rat des Herrn: *Wenn ihr betet, so plappert nicht wie die Heiden. Die meinen, sie fänden Erhörung, wenn sie viele Worte machen. Macht es ihnen nicht nach. Euer Vater weiß ja, was euch not tut, ehe ihr ihn bittet*[12]. Ein Kirchenvater erläutert es so: *Damit scheint mir Christus sagen zu wollen, man solle die Gebete nicht lang machen, das heißt lang nicht der Zeit nach, sondern durch die Menge und Länge der Worte. (. . .) Der Herr selbst führte jenes Gleichnis mit der Witwe an, die den unbarmherzigen,*

[11] Lk 11, 1–2.
[12] Mt 6, 7–8.

grausamen Richter durch beharrliches Bitten umstimmte, sowie das andere Beispiel mit dem Freunde, der zu unzeitiger Nachtstunde daherkommt und den Schläfer von seinem Lager aufscheucht, nicht wegen seiner Freundschaft, sondern durch seine Beharrlichkeit (vgl. Lk 11, 5–8; 18, 1–8). Mit beiden Gleichnissen wollte Er uns aber keine andere Lehre geben als die, daß wir uns alle mit Beharrlichkeit an Ihn wenden sollen. Dagegen will Er ganz und gar nicht, daß wir mit meilenlangen Gebeten zu Ihm kommen, sondern daß wir unsere Anliegen mit aller Einfachheit vorbringen[13].

Jedenfalls aber: Wenn es euch zu Beginn eurer Betrachtung nicht gelingt, die Aufmerksamkeit auf Gott zu konzentrieren, wenn ihr nur Trockenheit empfindet und der Verstand unfähig zu sein scheint, auch nur einen einzigen Gedanken hervorzubringen, wenn sich im Gemüt nichts regt, dann rate ich euch, das zu tun, was ich immer in einer solchen Lage getan habe: Versetzt euch in die Gegenwart eures Vaters und sagt Ihm zumindest: Herr, ich kann nicht beten, mir fällt überhaupt nichts ein, was ich Dir erzählen könnte!... Seid versichert, daß ihr in diesem Augenblick angefangen habt zu beten.

Frömmigkeit, Kindschaft

Die Frömmigkeit, die aus der Gotteskindschaft 146
stammt, ist eine zutiefst in der Seele verwurzelte Haltung,

[13] Johannes Chrysostomus, *In Matthaeum homiliae,* 19, 4 (PG 57, 278).

die schließlich das ganze Dasein eines Menschen erfaßt; sie ist gegenwärtig in jedem Gedanken, in jedem Wunsch, in jeder Gemütsregung. Habt ihr nicht bemerkt, wie in einer Familie die Kinder, wenn auch unbewußt, die Eltern nachahmen und ihre Gebärden, Gewohnheiten und Verhaltensweisen übernehmen?

Im Verhalten eines guten Kindes Gottes geschieht etwas ganz Ähnliches. Auch hier gelangt man zu einer wunderbaren Vergöttlichung, ohne zu wissen, wie und auf welchem Weg. Sie hilft uns, alle Ereignisse aus der übernatürlichen Perspektive des Glaubens her zu beurteilen. Man liebt dann alle Menschen so, wie unser Vater im Himmel sie liebt, und – das ist wohl das wichtigste – in der Seele entsteht ein neuer Schwung im täglichen Bemühen um die Nähe Gottes. Unsere Armseligkeiten zählen dann nicht mehr – ich möchte es noch einmal betonen –, denn wir werfen uns in die liebenden Arme Gottes, die uns aufnehmen.

Vielleicht ist euch schon aufgefallen, wie groß der Unterschied zwischen dem Sturz eines Kindes und dem Sturz eines Erwachsenen ist. Für ein Kind bedeutet ein Sturz in den meisten Fällen nicht viel, es fällt ja so oft hin. Wenn es losweinen möchte, sagt ihm sein Vater: Männer weinen nicht! Das Kind gibt sich dann Mühe, seinem Vater zu gefallen, und alles ist gut.

Wie ist es aber, wenn ein Erwachsener das Gleichgewicht verliert und plötzlich am Boden liegt? Fühlte man nicht Mitleid, so fände man das nur komisch, einen Anlaß zum Lachen. Hinzukommt, daß der Sturz eines Erwachsenen unter Umständen ernste Folgen nach sich zieht, oder bei einem älteren Menschen einen unheilbaren Bruch verursacht. Es ist gut für uns, im inneren Leben *quasi modo geniti infantes* zu sein: wie diese kleinen Kinder, die – man könnte meinen, sie seien aus Gummi – lachend fallen und sogleich wieder aufstehen und weiter herumtollen und außerdem, wenn es nötig ist, von ihren Eltern getröstet werden.

Versuchen wir, uns wie sie zu verhalten, dann werden die Schläge und Mißerfolge – die übrigens unvermeidlich sind – uns niemals verbittern. Wir werden mit Schmerz, aber nicht entmutigt reagieren, ja, wir werden sogar lächeln; denn ein solches Lächeln ist wie das klare Wasser, das aus der Freude entspringt, uns als Kinder des unfaßbar großen, weisen, barmherzigen Gottes, unseres Vaters, zu wissen. Im Verlauf meiner Jahre im Dienste des Herrn habe ich gelernt, wie ein kleiner Sohn Gottes zu sein. Und auch euch bitte ich darum, daß ihr *quasi modo geniti infantes* seid: Kinder, die nach dem Wort Gottes, nach dem Brot Gottes, nach der Nahrung Gottes, nach der Stärke Gottes verlangen, um uns dann wie reife Christen zu verhalten.

Daß ihr richtige Kinder werdet! Je mehr, um so besser. 147
Dies sage ich euch mit der Erfahrung eines Priesters, der sehr oft im Laufe von sechsunddreißig Jahren hat aufstehen müssen – wie lang und wie kurz kommen sie mir vor! –, in denen er einen ganz präzisen Auftrag des göttlichen Willens zu verwirklichen sucht. Es hat mir immer geholfen, daß ich Kind bleibe und immer wieder den Schoß meiner Mutter und das Herz Christi, meines Herrn, aufsuche.

Die gewaltigen Stürze, die beträchtliche, gelegentlich kaum heilbare Zerstörungen in der Seele anrichten, haben immer ihren Ursprung in dem Stolz, sich für erwachsen und selbständig zu halten. In diesen Fällen waltet in der Seele eine Art Unvermögen, den, der helfen kann, um Hilfe zu bitten: nicht nur Gott gegenüber, auch gegenüber dem Freund oder dem Priester. Und diese arme Seele, in ihrem Unglück sich selbst überlassen, verliert jegliche Orientierung und gerät auf Abwege.

Bitten wir Gott – gleich jetzt –, Er möge niemals erlauben, daß wir uns gesättigt fühlen. Er möge in uns die Sehnsucht nach seinem Beistand, seinem Wort, seinem Trost, seiner Stärke vermehren: *rationabile, sine dolo lac concupiscite,* laßt in euch den Hunger, die Begierde wachsen, wie Kinder zu sein. Überzeugt euch davon, daß diese die beste Art ist, den Stolz zu besiegen. Zweifelt nicht daran, daß dies das einzige Mittel ist, damit unser Tun gut, großartig, Gottes würdig sei. *Wahrlich, ich sage euch: Wenn ihr nicht umkehrt und werdet wie die Kinder, so werdet ihr in das Himmelreich nicht eingehen*[14].

148 Wieder kommen mir jene Erinnerungen aus meiner Jugend in den Sinn. Welch herrliches Zeugnis des Glaubens gaben jene Männer! Es ist, als ob ich noch den liturgischen Gesang hörte, den Duft des Weihrauchs atmete. Ich sehe noch die Tausende von Männern, jeder mit seiner großen Kerze, die wie ein Sinnbild der eigenen Armseligkeit ist, aber mit dem Herzen eines Kindes, das es vielleicht kaum vermag, die Augen zum Antlitz des Vaters zu erheben. *Erkenne und sieh, wie bitterböse es ist, daß du den Herrn, deinen Gott, verließest*[15]. Erneuern wir den festen Entschluß, uns niemals wegen irdischer Erwartungen von un-

[14] Mt 18, 3.
[15] Jer 2, 19.

serem Herrn zu trennen. Lassen wir, indem wir konkrete Vorsätze fassen, unseren Durst nach Gott noch brennender werden: wie Kinder, die ihre eigene Not sehen und den Vater ohne Unterlaß suchen und rufen.

Aber ich möchte auf das zurückkommen, was ich früher sagte: Man muß lernen, wie ein Kind zu sein; man muß lernen, ein Kind Gottes zu sein. Gleichzeitig werden wir unseren Mitmenschen diese Denkweise vermitteln, die uns in unserer menschlichen Schwäche *fortes in fide*[16], stark im Glauben macht, fruchtbar in den Werken und sicher auf unserem Weg. Dann erheben wir uns immer wieder ohne Zögern, auch wenn wir den abscheulichsten Fehler begangen haben, und finden so auf den Hauptweg der Gotteskindschaft zurück, der uns in die weit geöffneten Arme Gottes, unseres Vaters, führt.

Wer von euch erinnert sich nicht an die Arme seines Vaters? Sicherlich waren sie nicht so zärtlich und mitfühlend wie die Arme unserer Mutter; aber sie waren kräftig und stark, einer stürmischen, beschützenden Umarmung fähig. Danke, Herr, für Deinen mächtigen Arm. Danke für Deine starke Hand. Danke für die Festigkeit und Milde Deines Herzens. Beinahe hätte ich Dir auch für meine Fehler gedankt, aber Du willst sie nicht! Und doch verstehst Du sie, entschuldigst Du sie, verzeihst Du sie.

Dies ist die Weisheit, die Gott von uns im Umgang mit Ihm erwartet. Es ist echte Mathematik: Erkennen, daß wir eine Null links vor dem Komma sind ... Aber unser Vater Gott liebt uns so, wie wir sind: so, wie wir sind! Ich bin nur

[16] 1 Petr 5, 9.

ein armer Mensch und ich liebe euch, wie ihr seid; stellt euch dann vor, wie die Liebe Gottes sein wird! Aber diese Liebe will auch, daß wir kämpfen und alles daransetzen, damit unser Leben auf dem Weg eines gut gebildeten Gewissens verläuft.

Lebensplan

149 Wenn ihr darüber nachdenkt, wie unsere Frömmigkeit jetzt ist, wie sie sein sollte, und in welcher Hinsicht wir unseren persönlichen Umgang mit Gott vertiefen müßten, dann werdet ihr – vorausgesetzt, ihr habt mich richtig verstanden – der Versuchung widerstehen, über großartige Taten zu phantasieren; ihr entdeckt dann, daß der Herr sich damit zufrieden gibt, wenn wir Ihm immer wieder kleine Erweise der Liebe darbringen.

Bemühe dich darum, immer einen Lebensplan einzuhalten: einige Minuten des stillen Gebetes; die heilige Messe – wenn möglich jeden Tag – und die häufige Kommunion; der regelmäßige Empfang des heiligen Sakraments der Versöhnung, auch wenn du dir keiner schweren Schuld bewußt bist; der Besuch beim Herrn, der im Tabernakel gegenwärtig ist; das Beten und Betrachten der Rosenkranzgeheimnisse, und viele andere gute Übungen, die du schon kennst oder die du lernen kannst.

Sie dürfen freilich nicht zu starren Regeln oder in sich abgeschlossenen Schubfächern werden. Sie zeigen dir einen Weg, der deiner Situation als Mensch in der Welt gemäß ist und sich deiner anstrengenden beruflichen Arbeit, deinen

Standespflichten, deinen gesellschaftlichen Verpflichtungen anpaßt; denn all diese Aufgaben darfst du nicht vernachlässigen, weil sich in ihnen deine Begegnung mit Gott fortsetzt. Dein Lebensplan soll wie ein elastischer Gummihandschuh sein, der sich hauteng der jeweiligen Hand anschmiegt.

Mach dir auch klar, daß es nicht darum geht, vieles zu tun; beschränke dich, mit Großzügigkeit, auf die Aufgaben, die du – mit oder ohne Lust – jeden Tag wirklich erfüllen kannst. Dies wird dich, fast wie von selbst, zum beschaulichen Leben führen. Aus deiner Seele werden dann Stoßgebete, geistige Kommunionen, Akte der Liebe, des Dankes und der Sühne viel reicher hervorgehen, und zwar während der Zeit, die du der Erfüllung deiner Pflichten widmest: beim Telefonieren, beim Einsteigen in ein Verkehrsmittel, beim Schließen oder Öffnen einer Tür, im Vorbeigehen an einer Kirche, zu Beginn einer neuen Arbeit, während dieser, und später, wenn du sie abschließt; alles wirst du auf deinen Vater Gott beziehen.

Ruht in der Gotteskindschaft. Gott ist ein Vater voll 150
von Zartgefühl und unendlicher Liebe. Nenne Ihn Vater oftmals während des Tages. Sage Ihm – du allein, in deinem Herzen –, daß du Ihn liebst, Ihn anbetest, daß du dich stolz und stark fühlst, weil du sein Sohn bist. All dies bildet ein authentisches Programm des inneren Lebens, das du dann durch die wenigen, aber, ich wiederhole es, beständigen Frömmigkeitsübungen im Umgang mit Gott auch tatsächlich erfüllen kannst. So machst du dir das Empfinden und das Betragen eines guten Kindes zu eigen.

Warnen muß ich dich noch vor der Gefahr der Routine,

der Gewöhnung, denn sie ist wahrhaft das Grab der Frömmigkeit. Manchmal erscheint sie verkleidet als Ehrgeiz, Großtaten vollbringen zu wollen, indes man leichtfertig die Alltagspflichten vernachlässigt. Wenn du solche Einflüsterungen wahrnimmst, tritt aufrichtig vor den Herrn hin. Überlege, ob du dieses immer gleichbleibenden Kampfes nicht deshalb so überdrüssig bist, weil du Gott nicht suchtest; prüfe dich, ob mangelnde Großmut oder erlahmender Opfergeist zu einem Nachlassen in der beharrlichen Treue bei deiner Arbeit geführt haben. In einer solchen inneren Verfassung erscheinen Frömmigkeitsübungen, Abtötungen und apostolische Tätigkeiten, die nicht sofort Frucht bringen, als schrecklich nutzlos. Wir sind leer, und vielleicht fangen wir an, von neuen Plänen zu träumen, um die Stimme unseres Vaters im Himmel zu ersticken, die uneingeschränkte Treue verlangt. Mit einem größenwahnsinnigen Alptraum in der Seele haben wir keine Augen mehr für die einzig sichere Wirklichkeit, für den Weg, der uns zuverlässig und gerade zur Heiligkeit führt. Das ist ein klares Zeichen dafür, daß uns etwas abhanden gekommen ist: die übernatürliche Sicht, die Überzeugung, kleine Kinder zu sein, und die Gewißheit, daß unser Vater Wunder an uns wirken wird, wenn wir demütig von neuem anfangen.

Die rotgestrichenen Pflöcke

151 Ich muß oft an die Wegmarkierungen denken, die ich als Kind in den Bergen meiner Heimat gesehen habe. Es

waren lange Holzpflöcke, meistens rot angestrichen. Damals erklärte man mir, daß sie den Wanderern sichere Orientierungspunkte gäben, um nicht vom Weg abzukommen, wenn der hohe Schnee die Pfade und Felder, Wälder und Weiden, Felsen und Schluchten bedeckt.

Auch im inneren Leben gibt es ähnliches: Frühling und Sommer, aber auch Winter, Tage ohne Sonne und mondlose Nächte. Wir dürfen nicht zulassen, daß unser Umgang mit dem Herrn von der augenblicklichen Laune oder von Gemütsschwankungen abhängig wird. Denn das wäre ein Zeichen von Egoismus und Bequemlichkeit, und selbstverständlich mit der Liebe unvereinbar.

Deshalb werden also einige Frömmigkeitsübungen, die – ohne Sentimentalität – in uns fest begründet, tief verwurzelt und der jeweiligen konkreten Situation angepaßt sind, bei Schnee und Sturm wie die rotgestrichenen Pflöcke unserem Weg die Richtung weisen, bis die Sonne wieder scheint, das Eis schmilzt und das Herz von neuem vibriert und brennt. Das Feuer war ja niemals erloschen; es war nur unter der Asche einer Zeit der Bewährung, nachlassenden Einsatzes oder geschwächten Opfergeistes verborgen.

Ich brauche euch nicht zu verheimlichen, daß im Laufe 152
der Jahre der eine oder andere zu mir gekommen ist und mir voll Kummer gesagt hat: Vater, ich weiß nicht, was mit mir los ist; ich fühle mich erschlafft und kalt. Früher war meine Frömmigkeit so fest und einfach, jetzt erscheint sie mir wie eine Komödie . . . Denen, die in einer solchen Lage sind, und euch allen sage ich: eine Komödie? Großartig! Der Herr spielt mit uns wie ein Vater mit seinen Kindern.

In der Heiligen Schrift heißt es: *ludens in orbe terra-*

rum[17], spielend auf dem weiten Erdenrund. Gott spielt, aber Er verläßt uns nicht, denn gleich darauf heißt es auch: *deliciae meae esse cum filiis hominum*[18], es ist meine Freude, unter den Menschenkindern zu sein. Der Herr spielt mit uns! Unser ganzes Tun mag uns einmal wie eine Komödie vorkommen, wir fühlen uns kalt und gleichgültig, sind übelgelaunt und wie willenlos, unsere Pflichten fallen uns schwer und unsere geistlichen Ziele erscheinen uns zu hoch. Dann ist es an der Zeit zu bedenken, daß Gott mit uns spielt und uns als gute Mitspieler in dieser *Komödie* haben will.

Ich darf euch ruhig erzählen, daß der Herr mir gelegentlich viele Gnaden gewährt hat; aber für gewöhnlich gehen mir die Dinge gegen den Strich. Ich arbeite weiter in dem, was ich mir vorgenommen habe, nicht, weil es mir Spaß macht, sondern weil ich es soll, aus Liebe. Aber Vater, so höre ich, kann man denn vor Gott eine Komödie spielen? Ist das nicht Heuchelei? Sei beruhigt: Für dich ist der Augenblick gekommen, ein menschliches Schauspiel vor einem göttlichen Zuschauer aufzuführen. Harre aus, denn der Vater, der Sohn und der Heilige Geist blicken auf dein Spiel herab. Tue alles aus Liebe zu Gott und um Ihm zu gefallen, auch wenn es dir schwerfällt.

Wie herrlich ist es, Spielmann-Gottes zu sein! Wie herrlich, in dieser Komödie eine Rolle zu spielen, aus Liebe, mit Opfergeist, ohne Selbstgefälligkeit, nur um Gott, unserem Vater, zu gefallen, der mit uns spielt. Stelle dich vor den Herrn hin und vertraue es Ihm an: Ich habe nicht die

[17] Spr 8, 31.
[18] Ebd.

geringste Lust, mich mit dem oder dem zu beschäftigen, aber ich will es für Dich tun. Und dann mache dich an diese Arbeit, auch wenn sie dir wie eine Komödie vorkommt. Gepriesen sei diese Komödie! Du kannst sicher sein: das ist keine Heuchelei, denn die Heuchler brauchen für ihre Aufführungen ein Publikum. Bei uns aber sind die Zuschauer dieses Schauspiels – laß es mich wiederholen – der Vater, der Sohn und der Heilige Geist, die Mutter Gottes, der heilige Josef und alle Engel und Heiligen des Himmels. Das ist das einzige Spectaculum in unserem inneren Leben: und wiederum gleicht es dem Vorübergang des Herrn *quasi in occulto*[19], wie im verborgenen.

Iubilate Deo. Exsultate Deo adiutori nostro[20]. Jubelt 153
dem Herrn; hoch preiset Gott, unsere einzige Hilfe. Jesus: wenn einer das nicht versteht, versteht er nichts von Liebe, nichts von Sünde, nichts von Erbärmlichkeit! Ich bin nur ein armer Mensch, aber ich begreife, was das ist: Sünde, Liebe, Erbärmlichkeit. Wißt ihr, was es heißt, an Gottes Herz genommen zu sein? Könnt ihr begreifen, daß eine Seele sich vor Gott hinwirft, sich öffnet bis zum Herzensgrund, sich bei Ihm ausweint? Ich beklage mich, zum Beispiel, beim Herrn, wenn Er Menschen zu sich nimmt, die noch jung waren und Ihm noch viele Jahre auf Erden in Liebe hätten dienen können. Ich verstehe es nicht. Aber es ist eine vertrauensvolle Klage, denn mir ist klar, daß ich sofort stolpern würde, wenn ich mich von der Hand Gottes entfernte. Und indem ich die göttliche Schickung annehme, füge ich, Wort für Wort betonend, hinzu: Es geschehe,

[19] Vgl. Jo 7, 10.
[20] Ps 80, 2 (*Introitus* der heiligen Messe).

es erfülle sich, gelobt und in Ewigkeit verherrlicht sei der über alles gerechte und über alles liebenswerte Wille des Herrn. Amen. Amen.

Das ist die Verhaltensweise, die uns das Evangelium lehrt, etwas wie eine heilige List und eine Quelle der Wirksamkeit bei der apostolischen Arbeit. Dieser Quelle entströmt unsere Liebe und unser Friede als Kinder Gottes. Es ist der Weg der Anteilnahme und Gelassenheit, die dann unsere Mitmenschen erreichen werden. Nur so wird es uns gelingen, unsere Tage in der Liebe Gottes zu vollenden, nachdem wir die Arbeit geheiligt haben und auf dieser Erde das verborgene Glück der Dinge Gottes gesucht und entdeckt haben. Unser Verhalten wird von der heiligen Unbefangenheit eines Kindes geprägt sein, und wir werden das falsche Schamgefühl – die Heuchelei – eines Erwachsenen meiden, der, nachdem er durch einen Sturz seine Armseligkeit erfahren hat, sich vor der Heimkehr zum Vater ängstigt.

Ich schließe mit dem Gruß unseres Herrn, wie wir ihn heute im Evangelium hören: *Pax vobis! Friede sei mit euch (. . .) Da freuten sich die Jünger, als sie den Herrn sahen*[21], den Herrn, der uns auf unserem Weg zum Vater begleitet.

[21] Jo 20, 19–20.

L·G

VOR GOTT UND DEN MENSCHEN*

Im Gebet um so viele gemeinsame Anliegen vereint, *consummati in unum* [1], wollen wir unser Gespräch mit dem Herrn in dem neu gefestigten Verlangen beginnen, gute Werkzeuge in seinen Händen zu sein. Hier, vor Jesus im Allerheiligsten Altarssakrament – welche Freude, jetzt einen ausdrücklichen Akt des Glaubens an die reale Gegenwart des Herrn in der Eucharistie zu verrichten – stärkt in euren Herzen den Wunsch, durch euer Gebet Lebensimpulse in die ganze Welt zu senden und den letzten, verborgensten Winkel zu erreichen, in dem ein Mensch sich großzügig im Dienste Gottes und der Mitmenschen verzehrt. Denn durch die unaussprechliche Wirklichkeit der Gemeinschaft der Heiligen sind wir alle untereinander verbunden – *Mitarbeiter* nennt uns Johannes[2] – bei der Aufgabe, die Wahrheit und den Frieden des Herrn weiterzugeben. 154

* Homilie, gehalten am 3. November 1963.
[1] Jo 17, 23.
[2] 3 Jo, 8.

Es ist nur naheliegend, daß wir darüber nachdenken, wie wir den Meister nachahmen sollen, daß wir also innehalten und uns besinnen, um unmittelbar aus dem Leben Christi einige der Tugenden zu erlernen, die in unserem Leben sichtbar werden müssen, wenn wir wirklich sein Reich ausbreiten wollen.

Die Klugheit, eine notwendige Tugend

155 In der heiligen Messe des heutigen Sonntags berichtet uns das Evangelium nach Matthäus: *Tunc abeuntes pharisaei, consilium inierunt ut caperent eum in sermone*[3], die Pharisäer kamen zusammen, um zu prüfen, wie sie Jesus zu einer verhängnisvollen Aussage verleiten könnten. Vergeßt nicht, daß diese heuchlerische Taktik auch heute verbreitet ist. Pharisäisches Unkraut wird wohl nie vergehen, es hat immer und überall üppig gewuchert. Vielleicht läßt der Herr das zu, um aus uns, seinen Kindern, kluge Menschen zu machen; denn die Tugend der Klugheit ist für jeden unentbehrlich, der beraten, stärken, zurechtweisen, anspornen oder ermutigen soll. Und gerade dies soll der Christ, als Apostel in alltäglichen Situationen, mit seinen Mitmenschen tun.

Ich bete jetzt zu Gott, auf die Fürsprache der allerseligsten Jungfrau vertrauend, die in der Kirche ist, aber auch über ihr: in der Mitte zwischen Christus und der Kirche, als die Beschützerin, Herrin und Mutter der Menschen,

[3] Mt 22, 15.

wie sie die Mutter unseres Herrn ist. Ich bitte den Herrn um Klugheit für alle, besonders aber für uns, die wir inmitten des Blutkreislaufs der Gesellschaft für Gott arbeiten wollen; denn wir müssen wirklich lernen, klug zu sein.

Es heißt weiter im Evangelium: Die Pharisäer *schickten* 156
ihre Schüler zusammen mit den Herodianern zu Ihm und ließen sagen: Meister[4]. Seht, mit welcher Verlogenheit sie Ihn *Meister* nennen, sich als Bewunderer und Freunde ausgeben, Ihn mit einem Titel ansprechen, der den Wunsch nach Belehrung erwarten läßt. *Magister, scimus quia verax es*[5], wir wissen, Du bist wahrhaft . . . Welche Heuchelei! Ist es möglich, noch hinterhältiger zu sein? Seid also auf der Hut. Nicht argwöhnisch und nicht mißtrauisch, aber fühlt auf euren Schultern die Last des Schafes – denkt an das Bild vom Guten Hirten in den Katakomben –, und nicht nur die Last einer einzelnen Seele, sondern der ganzen Kirche, der ganzen Menschheit.

Indem ihr entschlossen diese Verantwortung bejaht, werdet ihr tapfer und klug sein und die Sache Gottes verteidigen und verkünden können. Von eurem klaren, eindeutigen Verhalten sympathisch berührt, werden euch dann viele Menschen Achtung entgegenbringen und euch Meister nennen – auch wenn ihr das nicht beabsichtigt, denn wir suchen ja keine irdischen Ehren. Wundert euch aber nicht, wenn ihr unter den vielen, die sich euch nähern, auch solche entdeckt, die euch nur schmeicheln wollen. Prägt euch gut ein, was ihr so oft von mir gehört habt: daß weder Verleumdung noch gehässige Klatschereien, noch

[4] Mt 22, 16.
[5] Ebd.

Menschenfurcht, noch jenes *Was werden die Leute sagen?* und am allerwenigsten heuchlerische Ohrenbläserei uns je daran hindern dürfen, unsere Pflicht zu tun.

157 Erinnert ihr euch an das Gleichnis vom barmherzigen Samariter? Da liegt einer am Wegesrand, von Räubern zusammengeschlagen und ausgeplündert. Zuerst kommt ein Priester des Alten Bundes vorbei, dann ein Levit; sie gehen weiter, ohne sich um ihn zu kümmern. *Schließlich kam ein Mann aus Samaria, der auf der Reise war; als er ihn sah, hatte er Mitleid. Er ging zu ihm hin, goß Öl und Wein auf seine Wunden und verband sie. Dann hob er ihn auf sein Reittier, brachte ihn zu einer Herberge und pflegte ihn*[6]. Der Herr ermahnt zu solch beispielhaftem Handeln nicht nur einige wenige Auserlesene; denn gleich danach sagt Er dem, der gefragt hatte, und damit jedem von uns: *Geh hin und tue desgleichen*[7].

Stellen wir also in unserem eigenen Leben oder im Leben anderer fest, daß etwas einfach *schief liegt* und der Korrektur bedarf durch die geistliche und menschliche Hilfe, die wir, Kinder Gottes, leisten können und müssen, dann verlangt es die Klugheit, daß wir angemessen helfen: gründlich, ehrlich, in Liebe und mit Starkmut. Sich nicht angesprochen fühlen ist keine Lösung, und ebenso falsch ist es zu meinen, man könne durch Unterlassen oder Hinauszögern die Probleme aus der Welt schaffen.

Es ist ein Gebot der Klugheit, daß man, wenn die Situation es erfordert, die Medizin sofort und vollständig anwendet, nachdem die Wunde freigelegt ist. Seid einfach

[6] Lk 10, 33–34.
[7] Lk 10, 37.

und wahrhaftig, sobald ihr die geringsten Symptome des Übels festgestellt habt, einerlei, ob ihr die Medizin selbst geben oder sie von anderen empfangen sollt. Dem, der im Namen Gottes heilen kann, muß man erlauben, daß er die Wunde reinigt – ihre Umgebung zuerst, und dann immer näher an den eigentlichen Defekt heran, bis der Eiter beseitigt und die infizierte Stelle ganz sauber ist. Das gilt in erster Linie für uns selbst, und dann für alle, denen wir um der Gerechtigkeit oder der Liebe willen Hilfe schulden; ganz besonders empfehle ich jetzt im Gebet die Eltern und alle diejenigen, die Erziehungs- und Bildungsaufgaben wahrnehmen.

Menschenfurcht

Laßt euch nicht durch vorgeschützte Gründe aufhal- 158
ten, wendet die Medizin an, ganz. Aber tut es mit der Hand einer Mutter, in der unvergleichlich zarten Art, wie sie unsere Wunden und Abschürfungen nach einem kindlichen Spiel oder nach einem Sturz behandelte. Wartet etwas, wenn nötig, aber niemals über die unbedingt nötige Zeit hinaus, denn das wäre keine Klugheit mehr, sondern Bequemlichkeit oder Feigheit. Keiner, besonders aber der nicht, der mit der geistlichen Formung anderer beauftragt ist, darf davor zurückschrecken, Wunden zu desinfizieren.

Dem Unentschlossenen oder Unwilligen, der die Aufgabe hat zu heilen, und sie vernachlässigt, mag jemand verlogen ins Ohr flüstern: *Meister, wir wissen, Du bist wahr-*

haft[8]. Laßt solch ein ironisches Lob nicht zu: Wer sich nicht bemüht, seine Aufgabe gewissenhaft zu erfüllen, ist kein Meister, er lehrt ja nicht den rechten Weg; und er ist auch nicht wahrhaftig, da er in seiner vermeintlichen Klugheit klare, vielfach bewährte Kriterien für übertrieben oder überflüssig hält, die zum Gespräch, zum Handeln, zur Anteilnahme drängen und vom Lebensalter, von der Weisheit in der Menschenführung, von der Kenntnis der menschlichen Schwäche und von der Liebe zu jedem einzelnen inspiriert sind.

Der falsche Meister hat Angst, der Wahrheit auf den Grund zu gehen; schon der Gedanke an eine mögliche Situation, in der er die Pflicht hätte, ein schmerzhaftes Heilmittel anzuwenden, beunruhigt ihn. Seid sicher, daß aus solcher Haltung weder Klugheit noch Anteilnahme, noch gesunder Menschenverstand sprechen, sondern nur Kleinmut, Verantwortungslosigkeit, Unvernunft, Dummheit. Später – aber zu spät – versuchen sie dann noch, von Unheilsängsten gepackt, das Übel einzudämmen. Sie haben vergessen, daß die Tugend der Klugheit auch *die rechte Zeit* bestimmt, wann der ruhig durchdachte, aus bewährter Erfahrung stammende Rat, mit unverstelltem Blick gesehen und eindeutig ausgesprochen, aufgenommen oder weitergegeben werden muß.

159 Kehren wir zurück zum Bericht des Matthäus: *Wir wissen, Du bist wahrhaft, Du lehrst den Weg Gottes der Wahrheit gemäß*[9]. Jedesmal wundere ich mich aufs neue über diese zynische Art. Sie kommen in der Absicht, die

[8] Mt 22, 16.
[9] Ebd.

Worte Jesu zu verdrehen, Ihn bei einer unvorsichtigen Äußerung zu ertappen; anstelle einer schlichten Darlegung des nach ihrer Meinung unlösbaren Problems überschütten sie den Meister mit Lobesworten, die nur von ehrlichen Lippen und aus einem reinen Herzen kommen sollten. Absichtlich verweile ich bei diesen Beobachtungen am Rande, damit wir lernen, nicht argwöhnisch zu sein, wohl aber klug und befähigt, uns gegen betrügerische Schaumschlägerei auch dann zu wehren, wenn – wie hier – Worte und äußere Haltung in sich Wahrheit ausdrücken: Du kennst kein Ansehen der Person, du bist für alle Menschen da, du verkündest unverzagt die Wahrheit, du lehrst das Gute[10].

Ich wiederhole: klug müssen wir sein, argwöhnisch nicht. Schenkt allen euer ganzes Vertrauen, seid sehr aufrecht. Ich verlasse mich ganz auf das Wort eines Christen, eines loyalen Menschen; sein Wort ist für mich mehr wert als die einhellige Beglaubigung durch hundert Notare. Vielleicht hat diese Einstellung einmal dazu geführt, daß ich hintergangen wurde, und doch scheint es mir besser, das Risiko des Vertrauensmißbrauchs einzugehen, als jemandem die Glaubwürdigkeit zu verweigern, die er als Mensch und als Kind Gottes verdient. Und ich versichere euch, daß ich diese Auffassung nie bereut habe.

Lauterkeit im Handeln

Wenn wir nicht immer wieder Anregungen für den All- 160
tag aus dem Evangelium holen, dann ist das ein Zeichen da-

[10] Vgl. Mt 22, 16.

für, daß wir es nicht genügend betrachten. Viele von euch sind noch jung, andere bereits älter: aber wir alle wollen gute Frucht bringen, sonst wären wir nicht hier. Wir versuchen, in unser Tun den Geist des Opfers hineinzulegen und den Willen, mit den uns von Gott anvertrauten Talenten zu wuchern, weil wir den göttlichen Eifer für die Seelen in uns spüren. Und doch geschähe es nicht zum erstenmal, daß ein Gutwilliger in die Falle dieses Zusammenspiels – *ex pharisaeis et herodianis*[11] – geriete, in die Falle von Menschen also, die als Christen die Rechte Gottes verteidigen müßten und sich statt dessen mit den Kräften des Bösen verbinden, um die zu bedrängen, die doch ihre Brüder im Glauben und Diener am Werk des einen Erlösers sind.

Seid klug, tut alles in Einfachheit, denn das ist eine Tugend der echten Kinder Gottes. Redet und handelt mit Natürlichkeit. Geht den Dingen auf den Grund, wenn ihr ein Problem seht, und bleibt nicht an der Oberfläche. Und seid euch schon im voraus darüber im klaren, daß das heiligmäßige und ernsthafte Erfüllen unserer Christenpflichten bei anderen und auch bei uns selbst Unbehagen auslösen kann.

161 Ich will euch nicht verheimlichen, daß ich leide, wenn ich tadeln oder eine Entscheidung treffen muß, die Schmerz bereiten wird. Ich bin nicht sentimental, und doch leide ich: vorher, währenddessen und danach. Mich tröstet der Gedanke, daß nur Tiere nicht weinen, während wir Menschen, Kinder Gottes, weinen können. Es ist mir also klar, daß auch ihr manchmal leiden werdet, wenn ihr eure Pflicht treu erfüllen wollt. Wohl ist es bequemer, dem

[11] Mk 12, 13.

Leid immer und in allem mit dem Vorwand auszuweichen, man wolle den Nächsten nicht betrüben; doch das ist ein Irrweg, den man oft aus Feigheit vor dem eigenen Schmerz einschlägt, da tadeln zu müssen für gewöhnlich nicht angenehm ist. Denkt aber immer daran, meine Kinder, daß die Hölle voller verschlossener Münder ist.

Einige von euch sind Ärzte. Verzeiht mir, wenn ich es wage, wieder ein Beispiel aus der Medizin zu nehmen; es mag nicht ganz genau stimmen, aber als asketische Überlegung ist es recht brauchbar. Wer eine Wunde heilen will, wird sie zuerst gründlich säubern, auch ihr weiteres Umfeld. Natürlich weiß der Arzt, daß das wehtut, aber er weiß auch, daß alles später noch schlimmer wird, wenn er es unterläßt. So desinfiziert er also die Wunde: es schmerzt, es brennt, aber nur auf diesem Weg kann Ärgeres verhindert werden.

Wenn schon die körperliche Gesundheit auch bei kleinen Abschürfungen solche Maßnahmen verlangt, um wieviel mehr wird es dann da nötig sein, wo es um das Heil der Seele, um die eigentliche Mitte im Leben eines Menschen geht. Wie gründlich wird man dann reinigen, abtragen, desinfizieren, leiden müssen! Die Klugheit gebietet dies, und die Scheu vor solcher Pflicht wäre nicht nur Nachlässigkeit, sondern auch ein Verstoß gegen die Gerechtigkeit und gegen den Starkmut.

Seid überzeugt, ein Christ, der vor Gott und den Menschen recht handeln will, hat – mindestens im Ansatz – alle Tugenden nötig. Ja, aber meine eigenen Schwächen, Vater? werdet ihr fragen. Und ich antworte: Kann etwa ein kranker Arzt nicht heilen? Kann er nicht die richtige Medizin verschreiben, selbst wenn seine eigene Krankheit chronisch ist? Natürlich kann er das, es genügt schon, daß er das nötige Wissen besitzt und es mit dem gleichen Einsatz nutzt, mit dem er seine eigene Krankheit bekämpft.

Die Heilkraft der eigenen Schwäche

162 Wenn wir uns mutig in der Gegenwart Gottes prüfen, werden wir, ihr und ich, jeden Tag eine Unzahl Fehler erkennen, die auf uns lasten. Entscheidend wichtig sind sie nicht, solange wir mit Gottes Hilfe kämpfen, um sie zu überwinden; und sie werden überwunden, auch wenn es vielleicht nicht gelingt, sie ganz auszurotten. Außerdem: wenn du dich darum bemühst, immer der Gnade Gottes zu entsprechen, wirst du – deinen Schwächen zum Trotz – dazu beitragen, daß andere ihre großen Fehler überwinden können. Da du weißt, daß du genau so gebrechlich bist wie sie, und wie sie fähig, auf die schlimmsten Irrwege und Abwege zu geraten, wirst du verständnisvoller und feinfühliger werden, aber auch gleichzeitig dein Verlangen steigern, daß wir alle uns dazu entschließen, Gott aus ganzem Herzen zu lieben.

Als Christen, als Kinder Gottes, müssen wir unseren Mitmenschen beistehen, indem wir das Wort aufrichtig ernst nehmen, das im Mund der Heuchler um Jesus einen falschen Klang bekam: *Du siehst nicht auf die Person*[12]. Wir werden also jedes Ansehen der Person von uns weisen

[12] Mt 22, 16.

– denn uns interessieren alle Menschen! –, auch wenn es selbstverständlich ist, daß wir uns zuerst um jene kümmern werden, die Gott durch verschiedene, manchmal scheinbar zufällige Umstände in unsere Nähe gestellt hat.

Et viam Dei in veritate doces[13], Du lehrst den Weg 163
Gottes in Wahrheit. Lehren, lehren, lehren! Die wahren Wege Gottes zeigen! Hab keine Angst, man könnte die Fehler sehen, die du und ich haben; es drängt mich geradezu, sie zu erzählen, denn so bekenne ich meinen Willen, zu kämpfen und in diesem oder jenem Punkt anders zu werden, um dem Herrn gegenüber treuer zu sein. Schon durch unser Bemühen, Erbärmlichkeiten zu bekämpfen und zu überwinden, weisen wir die Wege Gottes: zuerst mit dem Zeugnis unseres Lebens, mögen die Fehler auch noch so augenfällig sein, und dann mit der Lehre, so wie unser Herr, der *coepit facere et docere*[14] – mit dem Tun begann und sich später dann der Verkündigung widmete.

Laßt mich sagen, daß ich euch sehr liebe – und mehr noch liebt euch der Vater im Himmel, der unendlich gut, der immer Vater ist – und daß ich einfach nichts gegen euch sagen kann. Aber ich soll, wie mir scheint, euch helfen, Christus und Christi Herde, die Kirche, zu lieben; denn ich denke, daß ihr mich darin nicht übertrefft: Ihr eifert mir nach, aber ihr übertrefft mich nicht. Wenn ich also bei solchen Betrachtungen oder im persönlichen Gespräch mit euch Fehler bloßlege, dann nicht, damit jemand leidet, sondern ausschließlich aus dem Drang, daß wir alle Christus noch mehr lieben sollten. Ebensowenig will ich ver-

[13] Ebd.
[14] Apg 1, 1.

gessen, daß alles, was ich euch über die Notwendigkeit der Tugenden einschärfen möchte, auch für mich dringend notwendig ist.

164 Ich habe einmal von einem Naseweis gehört, daß die Erfahrung des Stolperns zu nichts weiter gut ist, als dann noch hundertmal über denselben Fehler zu stolpern. Ich versichere euch dagegen, daß ein kluger Mensch aus seinem Stolpern lernt: er ist gewarnt, er bekräftigt seinen Willen zum Guten, er erneuert den Wunsch, sich zu heiligen. Aus der Erfahrung eurer Siege und Niederlagen im Dienste Gottes sollt ihr immer in erstarkter Liebe und mit dem erneuerten Entschluß hervorgehen, eure Rechte und Pflichten als christliche Staatsbürger ernst zu nehmen, unbeirrt, ohne Angst vor Lob, vor Verantwortung oder vor dem Gerede falscher Brüder – vorausgesetzt natürlich, daß wir ehrlich und loyal die Ehre Gottes und das Wohl unserer Mitmenschen suchen.

Wir müssen also klug sein. Warum? Damit wir gerecht sein, die Nächstenliebe üben, Gott und allen Menschen wirksam dienen können. Treffend hat man von der Klugheit gesagt, sie sei *genitrix virtutum*[15] und *auriga virtutum*[16], Mutter und Lenkerin der Tugenden.

Jedem das Seine

165 Lest aufmerksam die Stelle aus dem Evangelium, die uns heute beschäftigt, damit ihr aus der großartigen Lek-

[15] Thomas von Aquin, *In III Sententiarum*, dist. 33, q.2, a.5.
[16] Bernhard, *Sermones in Cantica Canticorum*, 49, 5 (PL 183, 1018).

tion über die Tugenden, die unser Handeln bestimmen sollen, Nutzen zu ziehen versteht. Dem gleisnerischen Anbiederungsversuch lassen Pharisäer und Herodianer die eigentliche Frage folgen: *Was meinst Du, ist es erlaubt, dem Kaiser Steuern zu zahlen oder nicht?*[17] *Achtet jetzt auf ihre Verschlagenheit,* sagt Johannes Chrysostomus. *Sie sagen nämlich nicht zu Ihm: Erkläre uns, was das Gute, das Passende, das Erlaubte ist, sondern sag uns, was Du davon hältst. Sie sind vom Gedanken besessen, Ihm eine Falle zu stellen und Ihn bei der politischen Obrigkeit in Ungnade fallen zu lassen*[18]. *Jesus aber erkannte ihre böse Absicht und sagte: „Ihr Heuchler, warum stellt ihr mir eine Falle? Zeigt mir die Münze, mit der ihr eure Steuern bezahlt." Da hielten sie Ihm einen Denar hin. Er fragte sie: „Wessen Bild und Aufschrift ist das?" Sie antworteten: „des Kaisers." Da sagte Er zu ihnen: „So gebt dem Kaiser, was dem Kaiser gehört, und Gott, was Gott gehört"*[19].

Ihr seht: ein Dilemma, das sehr alt ist, und dazu eine klare, unmißverständliche Antwort des Herrn. Es gibt keinen Widerspruch zwischen dem Dienst an Gott und dem Dienst an den Menschen, zwischen den Rechten und Pflichten eines Staatsbürgers und den Rechten und Pflichten eines Christen, zwischen der Arbeit für den Aufbau und das Gedeihen unserer irdischen Bleibe und dem Wissen, daß die Welt nur ein Weg ist, ein Weg zur Heimat des Himmels.

Auch darin zeigt sich – und ich werde nicht müde, dies

[17] Mt 22, 17.
[18] Johannes Chrysostomus, *In Matthaeum homiliae,* 70, 1 (PG 58, 656).
[19] Mt 22, 18–21.

zu wiederholen – die Einheit des Lebens als die notwendige Voraussetzung für alle, die sich im Alltag ihrer Arbeit, ihres Familienlebens und ihrer Aufgaben in der Gesellschaft heiligen wollen. Jesus lehnt Zwiespältigkeit ab: *Niemand kann zwei Herren dienen. Entweder wird er den einen hassen und den anderen lieben, oder er wird dem einen anhangen und den anderen verachten*[20]. Der Christ, der durch seine bedingungslose Antwort auf den Ruf sich ausschließlich für Gott entscheidet, trifft eine Wahl, die ihn dazu drängt, alles auf den Herrn auszurichten und – gleichzeitig damit – dem Nächsten all das zu geben, was ihm nach der Gerechtigkeit zukommt.

166 Keine scheinfrommen Gründe können es rechtfertigen, daß man dem anderen etwas nimmt, was ihm gebührt. *Wenn einer sagt: Ich liebe Gott, dabei aber seinen Bruder haßt, ist er ein Lügner*[21]. Aber auch die Knauserigen täuschen sich, die mit der anbetenden Liebe und Ehrfurcht, die wir Gott als Schöpfer und Vater schulden, sparen wollen; ebenso täuschen sich jene, die den göttlichen Geboten den Gehorsam verweigern in der falschen Annahme, einige seien mit dem Dienst an den Menschen unvereinbar. Dazu sagt uns sehr deutlich der heilige Johannes: *Daran erkennen wir, daß wir die Kinder Gottes lieben, wenn wir Gott lieben und seine Gebote halten. Denn darin besteht die Liebe zu Gott, daß wir seine Gebote halten. Und seine Gebote sind nicht schwer*[22].

Zuweilen werdet ihr das Gerede mancher Theoretiker

[20] Mt 6, 24.
[21] 1 Jo 4, 20.
[22] 1 Jo 5, 2–3.

hören, die, im Namen der Sachlichkeit oder gar der Nächstenliebe, die Zeichen der Anbetung und der Ehrfurcht beschneiden möchten. Alles, was auf die Ehre Gottes zielt, scheint ihnen übertrieben. Achtet nicht auf diese Stimmen, geht euren Weg weiter. Solche Spekulationen erzeugen nichts anderes als einen sinnlosen Streit, der für viele Menschen zum Ärgernis wird und der dem Gebot Christi widerspricht, jedem das Seine zu geben und so, feinfühlig und entschieden, die erhabene Tugend der Gerechtigkeit zu üben.

Pflichten der Gerechtigkeit gegen Gott und gegen die Menschen

Wir wollen uns dies tief in die Seele einprägen, damit es 167
in unserem Tun sichtbar wird: An erster Stelle – Gerechtigkeit gegen Gott. Das ist der Prüfstein für einen echten *Hunger und Durst nach Gerechtigkeit*[23], das unterscheidet die Gerechtigkeit von jenem Geschrei, dessen Grundton Neid, Verbitterung, Egoismus und Habgier sind ... Denn es ist auf eine ganz furchtbare und herzlose Art ungerecht, unserem Schöpfer und Erlöser den Dank für die unermeßliche Gabenfülle zu versagen, die Er uns gewährt. Wenn ihr euch wirklich um Gerechtigkeit bemüht, werdet ihr oft eure Abhängigkeit von Gott betrachten – *denn was hast du, das du nicht empfangen hättest?*[24] – und dies wird euch zu tieferer Dankbarkeit führen und in euch den Wunsch ver-

[23] Mt 5, 6.
[24] 1 Kor 4, 7.

stärken, der grenzenlosen Liebe des Vaters besser zu entsprechen.

So wird sich in euch die gute Geisteshaltung einer kindlichen Frömmigkeit entfalten, und ihr werdet an Zartgefühl des Herzens im Umgang mit Gott zunehmen. Laßt euch nicht unsicher machen, wenn manche Heuchler euch dann fragen, ob Gott das Recht habe, so viel zu verlangen. Tretet nur vorbehaltlos vor Gott, fügsam, *wie der Ton in den Händen des Töpfers*[25], und bekennt von ganzem Herzen: *Deus meus et omnia!* Du bist mein Gott und mein Alles. Kommt dann einmal der harte, unerwartete Schlag, die unverschuldete Bedrängnis von seiten anderer Menschen, dann seid ihr dazu fähig, mit neuer Freude zu singen: Es geschehe, es erfülle sich, gelobt und in Ewigkeit verherrlicht sei der über alles gerechte und über alles liebenswerte Wille Gottes. Amen. Amen.

168 Das Gleichnis von dem Knecht, der zehntausend Talente schuldete[26], spiegelt treffend unsere Situation vor Gott wider. Auch wir verfügen über nichts, womit wir unsere Schuld begleichen könnten, die schon unermeßlich ist wegen der vielen göttlichen Wohltaten und die noch gesteigert wird durch unsere Sünden. Nach den Maßstäben der Gerechtigkeit könnte nicht einmal unser entschiedenster Kampf die göttliche Vergebung unserer vielen Sünden aufwiegen. Aber was dem Gerechtigkeitsvermögen des Menschen versagt bleibt, wird in Überfülle durch die göttliche Barmherzigkeit ersetzt. Eben *weil Er gut ist und seine*

[25] Jer 18, 6.
[26] Vgl. Mt 18, 24.

Barmherzigkeit unendlich[27], kann Gott unsere Sühne annehmen und uns die Schuld erlassen.

Ihr erinnert euch, daß das Gleichnis einen zweiten Teil hat, der wie die Kehrseite des ersten Teils ist. Der Knecht, gerade von einer übergroßen Schuld befreit, hat kein Erbarmen mit seinem Mitknecht, der ihm kaum hundert Denare schuldet. Da zeigt sich die Enge seines Herzens. Für sich genommen, kann man ihm das Recht, sein Eigentum einzufordern, nicht bestreiten. Und doch empört sich etwas in uns, und wir fühlen, daß solche Unnachgiebigkeit nicht zum wahren Gerechtsein gehören kann. Es ist nicht recht, wenn jemand, der soeben barmherzige Güte und Verständnis erfahren hat, seinem Schuldner gegenüber nicht die geringste Spur von Geduld zeigt. Nehmt es in euch auf: Gerechtigkeit erschöpft sich nicht im bloßen Abmessen von Rechten und Pflichten, sie ist kein arithmetisches Verfahren von Addieren und Subtrahieren.

Christliche Tugend ist anspruchsvoller. Sie drängt uns 169
dazu, dankbar, liebenswürdig, großzügig zu sein; uns in guten wie in schlechten Zeiten als treue, verläßliche Freunde zu zeigen; die Gesetze zu achten und die legitime Obrigkeit zu ehren; gerne umzudenken, wenn wir feststellen, daß unser Urteil falsch war. Vor allem aber werden wir, wenn wir gerecht sind, unsere Aufgaben im Beruf, in der Familie und in der Gesellschaft ernst nehmen, mit selbstverständlichem Einsatz, ohne Prahlerei, in Ausübung der eigenen Rechte, die gleichzeitig Pflichten sind.

Ich glaube nicht an die Gerechtigkeit der Faulenzer,

[27] Ps 105, 1.

denn ihr *dolce far niente* – wie man in meinem geliebten Italien sagt – verstößt, manchmal in schwerwiegender Weise, gegen ein grundlegendes Prinzip der Gerechtigkeit: die Arbeit. Wir dürfen nicht vergessen, daß Gott den Menschen erschaffen hat, *ut operaretur*[28], damit er arbeite; und unsere Mitmenschen in der Familie, in unserem Land, ja die ganze Menschheit, sie alle brauchen unsere Arbeit, eine wirksame Arbeit. Meine Kinder, was für eine armselige Vorstellung von Gerechtigkeit haben all die, die in ihr bloß die Verteilung materieller Güter sehen!

Gerechtigkeit, Liebe zur Freiheit und zur Wahrheit

170 Als ich noch ein Kind war – in der Sprache der Schrift: sobald ich Ohren hatte, um zu hören[29] – vernahm ich bereits das Hin und Her um die *soziale Frage*. Nichts Außergewöhnliches also; eine alte, immer wiederkehrende Frage. Sie mag in demselben Augenblick aufgetreten sein, als Menschen begannen, sich zusammenzuschließen, und damit die Unterschiede des Alters, der Intelligenz, der Arbeitsleistung, der Interessen oder der Persönlichkeit sichtbarer wurden.

Ich weiß nicht, ob es unumgänglich ist, daß es in der Gesellschaft Klassen gibt. Außerdem ist es nicht meine Aufgabe, solche Themen zu behandeln, und schon gar nicht hier in dieser Kapelle, in der wir versammelt sind, um

[28] Gen 2, 15.
[29] Vgl. Mt 11, 15.

von Gott zu sprechen – niemals in meinem Leben möchte ich über etwas anderes reden – und um mit Gott zu sprechen.

Denkt wie ihr wollt in allem, was die göttliche Vorsehung dem freien, legitimen Streit der Meinungen überlassen hat. Aber ich bin Priester Jesu Christi und muß euch deshalb von einer umfassenderen Sicht her ermahnen, daß wir es jedenfalls niemals unterlassen dürfen, Gerechtigkeit zu üben, und zwar, wenn nötig, auch in einer heroischen Weise.

Weil wir wissen, daß *Christus uns die Freiheit erworben* 171
hat[30], haben wir die Pflicht, die persönliche Freiheit jedes einzelnen zu verteidigen. Mit welchem Recht könnten wir sie sonst für uns fordern? Auch die Wahrheit müssen wir verbreiten, denn *veritas liberabit vos*[31], die Wahrheit macht uns frei, die Unwissenheit aber zu Sklaven. Wir müssen eintreten für das Recht aller Menschen auf Leben, auf das Notwendige für ein menschenwürdiges Dasein, auf Arbeit und auf Erholung, auf die Wahl des eigenen Standes, auf die Gründung einer Familie, auf Kinder in der Ehe und auf deren Erziehung, auf die Gewährleistung der menschlichen Würde in Krankheit und Alter, auf die Kulturgüter, auf freie Vereinigung mit anderen Staatsbürgern zu legitimen Zwecken – und vor allem haben die Menschen das Recht, in voller Freiheit Gott zu erkennen und zu lieben; denn ein richtig gebildetes Gewissen wird in allen Dingen die Spuren des Schöpfers entdecken.

Gerade deshalb ist es wichtig, die Unvereinbarkeit des

[30] Gal 4, 31.
[31] Jo 8, 32.

Marxismus mit dem christlichen Glauben zu bekräftigen. Damit stelle ich keine politische Doktrin auf, sondern wiederhole nur, was Lehre der Kirche ist. Kann man sich einen unversöhnlicheren Widerspruch zum Glauben vorstellen als ein System, das auf der Beseitigung der liebenden Gegenwart Gottes in der Seele gründet? Sagt es sehr laut, so daß keiner es überhören kann: um die Gerechtigkeit zu leben, brauchen wir den Marxismus nicht. Im Gegenteil, ein solch schwerwiegender Irrtum, der mit ausschließlich materialistischen Lösungen den Gott des Friedens beiseite schiebt, türmt nur Hindernisse auf für das Wohlergehen der Menschen und für das Verständnis untereinander. Das Christentum schenkt uns das klare Licht, in welchem die Antworten auf alle Fragen sichtbar werden: Es genügt, daß ihr euch aufrichtig bemüht, katholisch zu sein, *non verbo neque lingua, sed opere et veritate*[32], nicht mit Worten und mit der Zunge, sondern mit Taten und in Wahrheit. Sagt dies immer wieder, unverbrämt und ohne Angst, immer dann, wenn sich Gelegenheit bietet, und schafft euch auch, wenn nötig, die Gelegenheit dazu.

Gerechtigkeit und Liebe

172 Lest in der Heiligen Schrift. Betrachtet die einzelnen Szenen im Leben des Herrn, seine Lehren. Haltet inne bei den Hinweisen und Ermahnungen, durch die Er jene Handvoll Menschen formte, die seine Apostel werden soll-

[32] 1 Jo 3, 18.

ten, von Ihm in die ganze Welt ausgesandt. Was ist der rote Faden, der alles durchzieht? Ist er nicht das neue Gebot der Liebe? Durch die Liebe bahnten sie sich Wege inmitten jener heidnischen, verderbten Welt.

Seid überzeugt, daß ihr mit der Gerechtigkeit allein niemals die großen Fragen der Menschheit werdet lösen können. Wundert euch nicht, wenn Menschen, die nur trockene Gerechtigkeit erfahren, sich verletzt fühlen, denn die Würde des Menschen, der ja Kind Gottes ist, verlangt viel mehr. Die Liebe muß alles von innen beleben und von außen begleiten, dann mildert sie alles, vergöttlicht sie alles: *Gott ist die Liebe*[33]. Die Gottesliebe muß immer unser Beweggrund sein, dann wird die Nächstenliebe leichter und jede irdische Liebe reiner und sinnvoller.

Von der nackten Gerechtigkeit bis zur Fülle der Liebe ist der Weg lang, und nicht viele sind es, die ihn bis zum Ziel gehen. Manche geben sich mit ein paar Schritten zufrieden: sie übersehen die Gerechtigkeit und lassen es bei ein bißchen Wohltätigkeit bewenden. Die nennen sie dann Nächstenliebe und bedenken nicht, daß sie nur einen geringen Teil dessen tun, wozu sie verpflichtet sind. Sie geben sich selbstzufrieden wie jener Pharisäer, der sich für einen unübertrefflichen Gesetzeserfüller hielt, weil er zweimal in der Woche fastete und den Zehnten von seinem Einkommen zahlte[34].

Die Liebe, die einem verschwenderischen Überfließen 173
der Gerechtigkeit gleicht, verlangt zuerst die Erfüllung der Pflicht: Man beginnt mit dem, was gerecht ist, dann geht es

[33] 1 Jo 4, 16.
[34] Vgl. Lk 18, 12.

weiter mit dem, was der Billigkeit entspricht... Aber bis hin zur Liebe ist noch viel mehr erforderlich: an Zartgefühl, an feinem Gespür, an Einfühlungsvermögen, an Freundlichkeit, mit einem Wort, an Beherzigung jenes Ratschlags des Apostels: *Einer trage des anderen Last, so werdet ihr das Gesetz Christi erfüllen*[35]. Erst dann, dann endlich leben wir ganz die Liebe und verwirklichen das Gebot Jesu.

Für mich gibt es kein besseres Beispiel für solch reale Verbindung von Gerechtigkeit und Liebe als das Verhalten einer Mutter. Mit der gleichen Liebe liebt sie alle ihre Kinder, und gerade dies drängt sie zu einer unterschiedlichen Behandlung, zu einer *ungleichen* Gerechtigkeit, weil eben die Kinder untereinander verschieden sind. Auch gegenüber unseren Mitmenschen wird die Gerechtigkeit von der Liebe vervollkommnet und ergänzt, die uns ein ungleiches Verhalten gegenüber ungleichen Menschen nahelegt; je nach der konkreten Situation können wir dem Betrübten Freude, dem Unwissenden Wissen, dem Einsamen Wärme bringen... Die Gerechtigkeit fordert, daß jedem das Seine gegeben wird, was nicht heißt: jedem dasselbe. Aus utopischer Gleichmacherei entsteht schwere Ungerechtigkeit.

Wenn wir immer wie eine gute Mutter handeln wollen, ist es nötig, uns selbst zu vergessen und uns nach keiner anderen Herrschaft zu sehnen als nach der, den anderen zu dienen, wie Jesus Christus es gelebt und gepredigt hat: *Der Menschensohn ist nicht gekommen, um sich bedienen zu lassen, sondern um zu dienen*[36]. Dazu bedarf es der inneren

[35] Gal 6, 2.
[36] Mt 20, 28.

Stärke, die den eigenen Willen dem göttlichen Vorbild unterwirft, die sich für alle einsetzt und den Kampf um die ewige Seligkeit und das Wohl der Menschen sucht. Ich kenne keinen besseren Weg, um gerecht zu sein, als den Weg eines Lebens der Hingabe und des Dienstes.

Manch einer wird mich für naiv halten. Mir macht es 174
nichts aus, so eingeschätzt zu werden, weil ich noch an die Liebe glaube ... Und ich versichere euch, daß ich nie und nimmer aufhören werde, an sie zu glauben! Solange der Herr mir noch zu leben gibt, werde ich als Priester Jesu Christi im Bemühen fortfahren, Eintracht und Frieden unter denen auszubreiten, die Brüder sind, weil sie alle Gott zum Vater haben; im Bemühen darum, daß die Menschen sich besser verstehen und daß alle am selben Ideal teilhaben: am Glauben.

Wenden wir uns an Maria, die kluge und getreue Jungfrau, und an den heiligen Josef, das vollendete Vorbild des Gerechten[37]. Sie haben in der Gegenwart Jesu, des Sohnes Gottes, die Tugenden gelebt, die wir betrachtet haben. Sie werden uns die Gnade erlangen, daß diese Tugenden ganz tief in unserer Seele Wurzel schlagen, damit wir uns entschließen, jederzeit als gute Jünger des Meisters zu handeln: klug, gerecht und von Liebe erfüllt.

[37] Vgl. Mt 1, 19.

LVC

DENN SIE WERDEN GOTT SCHAUEN*

Daß Jesus Christus unser Vorbild, das Vorbild aller 175
Christen ist, wißt ihr gut: ihr habt es oft gehört und betrachtet. Ihr habt auch zu vielen Menschen davon gesprochen in eurem Apostolat, das euch schon zur zweiten Natur geworden ist, in dieser menschlichen Freundschaft, in der Gottes Nähe spürbar wird. Ebenso habt ihr bei passenden Gelegenheiten mit dem wunderbaren Mittel der brüderlichen Zurechtweisung andere daran erinnert und ihnen so geholfen, ihr Verhalten am Beispiel unseres erstgeborenen Bruders zu messen, am Sohn Mariens, der Gottesmutter, die auch unsere Mutter ist.

Christus ist das Vorbild. Er selbst hat es gesagt: *discite a me*[1], lernet von mir; und heute möchte ich zu euch über eine Tugend sprechen, die, obwohl sie weder die einzige noch die wichtigste ist, im christlichen Leben dennoch wie das Salz wirkt, das vor Verderbnis bewahrt; über eine Tu-

* Homilie, gehalten am 12. März 1954.

[1] Mt 11, 29.

gend, die der Prüfstein für die apostolische Seele ist: die heilige Reinheit.

Es ist klar, daß die Gottesliebe die höchste Tugend ist; aber die Keuschheit ist die *conditio sine qua non*, eine unerläßliche Bedingung, um zu diesem innigen Dialog mit Gott zu kommen. Und wenn sie nicht behütet wird, wenn man nicht um sie kämpft, dann erblindet man, dann erkennt man nichts mehr, denn *der natürliche Mensch erfaßt nicht, was vom Geiste Gottes kommt*[2].

Durch die Predigt des Meisters ermutigt, wollen wir um einen lauteren Blick bemüht sein: *Selig, die reinen Herzens sind, denn sie werden Gott schauen*[3]. Immer hat die Kirche diese Worte als eine Einladung zur Keuschheit aufgefaßt. *Jene bewahren ein gesundes Herz*, schreibt der heilige Johannes Chrysostomus, *die ein ganz reines Gewissen besitzen oder die die Keuschheit lieben. Keine Tugend ist so notwendig, um Gott zu schauen*[4].

Das Beispiel Christi

176 Jesus Christus, unser Herr, ist zeit seines irdischen Lebens mit Schmähungen überhäuft worden, man hat Ihn auf jede nur erdenkliche Weise mißhandelt. Erinnert ihr euch? Sie sagen, Er sei ein Aufrührer, er sei vom Teufel besessen[5]. Ein anderes Mal mißdeuten sie die Äußerungen seiner

[2] 1 Kor 2, 14.
[3] Mt 5, 8.
[4] Johannes Chrysostomus, *In Matthaeum homiliae*, 15, 4 (PG 57, 227).
[5] Vgl. Mt 11, 18.

unendlichen Liebe und beschuldigen Ihn, ein Freund der Sünder zu sein[6].

Später werfen sie Ihm, der die Buße und die Mäßigkeit selber ist, vor, Er sitze mit den Reichen zu Tisch[7]. Abschätzig nennen sie Ihn *fabri filius*[8], den Sohn des Handwerkers, des Zimmermanns, als wäre das eine Herabwürdigung. Er läßt zu, daß man Ihn als Trinker und Schlemmer bezeichnet, daß man Ihm alles und jedes ankreidet – ausgenommen den Vorwurf der Unkeuschheit. Darin hat Er sie zum Schweigen gebracht, denn Er will, daß wir sein Beispiel ungetrübt bewahren: ein herrliches Beispiel der Reinheit, der Sauberkeit, des Lichtes, der Liebe, das die ganze Welt in Brand steckt, um sie zu läutern.

Wenn ich von der heiligen Reinheit spreche, betrachte ich am liebsten das Verhalten unseres Herrn. Er hat in dieser Tugend großes Feingefühl an den Tag gelegt. Achtet auf den Bericht beim heiligen Johannes, als Jesus *fatigatus ex itinere, sedebat sic supra fontem*[9], als Er sich müde von der Wanderung am Brunnen niederließ.

Sammelt euch und erlebt langsam die Szene mit: Jesus Christus, *perfectus Deus, perfectus homo*[10], ist erschöpft von der Wanderung und von der apostolischen Arbeit. Auch euch wird es manchmal so ergangen sein: Ihr wart am Ende und konntet nicht mehr. Es ist bewegend, den Meister erschöpft zu sehen. Außerdem ist Er hungrig: Die

[6] Vgl. Mt 9, 11.
[7] Vgl. Lk 19, 7.
[8] Mt 13, 55.
[9] Jo 4, 6.
[10] Glaubensbekenntnis *Quicumque.*

Jünger sind ins Nachbardorf gegangen, um etwas zum Essen zu holen. Und Er hat Durst.

Aber mehr als die Erschöpfung des Leibes verzehrt Ihn der Durst nach Seelen. Als dann die Samariterin kommt, eine sündige Frau, gibt sich das priesterliche Herz Christi bis zum letzten aus, um das verlorene Schaf liebevoll zurückzugewinnen. Er vergißt Müdigkeit, Hunger und Durst.

Während der Herr dieses große Liebeswerk vollbringt, kommen die Apostel aus der Stadt zurück und sind verblüfft, daß Er allein mit einer Frau spricht: *Mirabantur quia cum muliere loquebatur*[11]. Welche Vorsicht! Welche Liebe zur wunderbaren Tugend der heiligen Reinheit, die uns hilft, stärker, mutiger, wirksamer zu sein, fähiger, um für Gott zu arbeiten, fähiger für alles Große.

177 *Dies ist der Wille Gottes: eure Heiligung (. . .) Ein jeder wisse seinen Leib in Heiligkeit und Ehrbarkeit zu besitzen und nicht in leidenschaftlicher Lust wie die Heiden, die Gott nicht kennen*[12]. Wir gehören ganz Gott, mit Seele und Leib, mit Fleisch und Blut, mit unseren Sinnen und unseren Vermögen. Bittet Ihn vertrauensvoll: Jesus, bewahre unser Herz! Ein großes, starkes, sanftes, liebevolles, zartfühlendes Herz, das überfließt von Liebe zu Dir, um allen Menschen zu dienen.

Unser Leib ist heilig, *Tempel Gottes,* sagt der heilige Paulus. Diese Feststellung des Apostels erinnert mich an die allgemeine Berufung zur Heiligkeit, die der Herr den Menschen verkündet: *Estote perfecti sicut et pater vester*

[11] Jo 4, 27.
[12] 1 Thess 4, 3–5.

caelestis perfectus est – seid vollkommen, wie euer Vater im Himmel vollkommen ist[13]. Von allen ohne Ausnahme verlangt der Herr, daß sie der Gnade entsprechen; jeden einzelnen fordert Er auf, seiner Situation gemäß die Tugenden eines Kindes Gottes zu leben.

Wenn ich euch jetzt daran erinnere, daß für den Christen die Keuschheit eine unteilbare Lebenswirklichkeit sein muß, wende ich mich damit an alle: an die Ledigen, die zur vollständigen Enthaltsamkeit verpflichtet sind, ebenso wie an die Eheleute, die gemäß ihrem Stande die Keuschheit zu leben haben.

Ein gottbegeisterter Mensch empfindet die Keuschheit nicht als eine beschwerliche und demütigende Last. Sie ist ihm eine freudige Bejahung. Denn das Wollen, die Beherrschung, die Überwindung – sie kommen nicht aus dem Fleisch, nicht aus den Trieben, sie sind Frucht des Willens, besonders wenn dieser Wille mit dem des Herrn vereint ist. Um keusch zu sein – und nicht bloß enthaltsam oder anständig –, müssen wir die Leidenschaften der Vernunft unterwerfen, und zwar aus dem höchsten Beweggrund, aus der Kraft der Liebe heraus.

Ich vergleiche diese Tugend mit Flügeln, die uns befähigen, die Gebote, die Lehre Gottes, überall hinzutragen, ohne Furcht, im Schlamm stecken zu bleiben. Freilich, diese Flügel – auch die jener majestätischen Vögel, die bis hoch in die Wolken aufsteigen – wiegen etwas, sie sind schwer; aber ohne sie würden sie nicht fliegen können. Prägt euch das ein, seid entschlossen, nicht nachzugeben,

[13] Mt 5, 48.

wenn ihr den Ansturm der Versuchung spürt. Sie beginnt fast immer mit der Vorstellung, die Reinheit sei eine unerträgliche Last. Nur Mut, und aufwärts, der Sonne entgegen, Jäger der Liebe.

Gott in unserem Leibe tragen

178 Die Art und Weise, wie manche Menschen – recht viele! – aus der Unreinheit ein immer wiederkehrendes Grundthema machen wollen, habe ich stets als bedrückend empfunden; oft habe ich auch feststellen müssen, daß sie dadurch das Gegenteil von dem erreichen, was sie bezwekken, denn dieses Insistieren auf einer so klebrigen Angelegenheit ist geeignet, das Gewissen durch Komplexe und Ängste zu verbilden, so als wäre die Reinheit der Seele ein schier unüberwindliches Hindernis. Das ist nicht unsere Art. Wir müssen von der heiligen Reinheit positiv und deutlich sprechen, mit Anstand und Klarheit.

Darüber nachzudenken heißt, ein Gespräch über die Liebe zu führen. Dabei hilft es mir – ich sagte es euch eben schon –, mich an die heiligste Menschheit unseres Herrn zu wenden, mich in die unaussprechliche Heilstat Gottes zu versenken, der sich bis zur Menschwerdung verdemütigt und der es aus seiner geradezu wahnsinnigen Liebe zu uns nicht als entwürdigend verschmäht, unser elendes, hinfälliges Fleisch anzunehmen, die Sünde ausgenommen. Er setzt sich durch seine Erniedrigung nicht herab, uns aber erhebt und vergöttlicht Er an Leib und Seele. Auf den Ruf seiner Liebe mit einem Ja zu antworten, sie mit einer klaren, glühenden, geordneten Liebe zu erwidern – darin besteht die Tugend der Keuschheit.

Der ganzen Welt müssen wir mit unserem Wort und mit dem Zeugnis unseres Tuns zurufen: Vergiften wir doch nicht unser Herz, als seien wir, gleich den armen Tieren, von den niedrigsten Instinkten beherrscht! Ein christlicher Schriftsteller erklärt das so: *Bedenkt, daß das menschliche Herz nicht klein ist, denn es umfaßt so vieles. Meßt diese Größe nicht an seiner physischen Ausdehnung, sondern an der Kraft seiner Gedanken, die zur Erkenntnis so vieler Wahrheiten gelangen können. Es ist möglich, dem Herrn im Herzen einen Weg zu bereiten, damit das Wort und die Weisheit Gottes dort eintreten. Bereitet den Weg des Herrn durch ein ehrbares Verhalten, durch makellose Werke, ebnet den Pfad, damit das Wort Gottes in euch ohne zu straucheln wandle und euch die Erkenntnis seiner Geheimnisse und seiner Ankunft schenke*[14].

Die Heilige Schrift belehrt uns, daß dieses großartige Werk der Heiligung, dieses verborgene und herrliche Wirken des Trösters, sich in der Seele und im Leibe vollzieht. *Wißt ihr nicht, daß eure Leiber Glieder Christi sind?* ruft der Apostel aus. *Darf ich nun die Glieder Christi nehmen und sie zu Gliedern einer Buhlerin machen? (...) Wißt ihr nicht, daß Euer Leib ein Tempel des Heiligen Geistes ist, der in euch wohnt? Daß ihr somit nicht mehr euch selbst gehört? Ihr seid um einen teuren Preis erkauft. Darum verherrlicht Gott und tragt Ihn in eurem Leibe!*[15]

[14] Origenes, *In Lucam homiliae,* 21, (PG 13, 1856).

[15] 1 Kor 6, 15, 19–20.

179 Mögen auch manche spotten, wenn sie von Keuschheit hören. Ihr Gelächter ist nur freudlose, kalte Grimasse, die einen verformten Geist verrät. Die große Masse, so meinen sie, glaube nicht an Keuschheit. Den jungen Leuten, die mich durch die Armenviertel und die Spitäler am Stadtrand von Madrid begleiteten – wie lange ist das her! – pflegte ich zu sagen: Schaut, es gibt ein Reich der Mineralien; dann ein Reich der Pflanzen, das vollkommener ist, weil in ihm die Dinge nicht bloß existieren, sondern auch leben; und darüber hinaus ein Reich der Tiere, in dem die Lebewesen kraft ihrer Sinne ihre Umwelt wahrnehmen und sich in ihr fortbewegen können.

Nun, und wir – so fügte ich vielleicht unwissenschaftlich, dafür aber einprägsam hinzu –, wir müssen das Reich der Menschen, im Vollsinn des Wortes, aufrichten; als vernunftbegabte Geschöpfe besitzen die Menschen die herrliche Gabe des Verstandes, der wie ein Funken der göttlichen Weisheit ist und das eigene Denken ermöglicht; und ebenso besitzen sie die nicht minder herrliche Gabe der Freiheit, die eigene Entscheidungen ermöglicht.

In diesem Reich der Menschen also, erklärte ich ihnen, gestützt auf meine reiche priesterliche Erfahrung, nimmt das Thema der Sexualität für eine normale Person den vierten oder fünften Platz ein. An erster Stelle stehen die Ziele und Bedürfnisse des geistlichen Lebens, je nach Individualität verschieden; gleich danach rangieren viele Realitäten, die einen Durchschnittsmenschen bewegen: Vater, Mutter, das Zuhause, die Kinder; dann der Beruf; und dann erst, an vierter oder fünfter Stelle, kommt der Geschlechtstrieb.

Wenn ich daher Leuten begegnet bin, die aus diesem Fragenkreis das Generalthema ihrer Gespräche und Interessen gemacht hatten, dann mußte ich denken, daß sie nicht normal sind, sondern arm und unglücklich, vielleicht krank. Ich empfände, so schloß ich – und meine jungen Zuhörer lockerten den Ernst der Bemerkung durch ihr Lachen auf – mit solch armen Tröpfen Mitleid wie beim traurig-grotesken Anblick eines Kindes mit einem Kopf von einem Meter Umfang. Es sind arme Geschöpfe, und wir fühlen für sie brüderliches Erbarmen und beten darum, daß sie von ihrer traurigen Krankheit geheilt werden. Auf keinen Fall aber sind sie echtere Männer oder echtere Frauen als die, die nicht von der Sexualität wie besessen sind.

Die Keuschheit ist möglich

In uns allen stecken Leidenschaften; wir alle begegnen 180
in jedem Alter den gleichen Schwierigkeiten. Deshalb müssen wir kämpfen. Erinnert euch an die Worte des heiligen Paulus: *Datus est mihi stimulus carnis meae, angelus satanae, qui me colaphizet*[16], der Stachel des Fleisches bäumt sich auf; er ist wie ein Satansbote, der den Apostel schlägt, damit er nicht hochmütig werde.

Ein reines Leben ohne die Hilfe Gottes zu führen, ist unmöglich. Gott will, daß wir demütig sind und Ihn um seine Hilfe bitten. Du mußt vertrauensvoll die Mutter Gottes anflehen, hier und jetzt, ohne den Lärm von Worten, in

[16] 2 Kor 12, 7.

der von Gott erfüllten Einsamkeit deines Herzens: Meine Mutter, sieh mein armes Herz, es begehrt so töricht auf ... Wenn du mir nicht hilfst ... Und sie wird dir beistehen, es rein zu bewahren und den Weg zu gehen, auf den Gott dich gerufen hat.

Meine Kinder: Demut, Demut. Lernen wir, demütig zu sein. Um die Liebe lebendig zu erhalten, muß man klug und wachsam sein und darf sich nicht von Furcht beherrschen lassen. Viele geistliche Klassiker vergleichen den Teufel mit einem tollwütigen Hund, der an der Kette liegt. Wenn wir uns ihm nicht nähern, kann er uns nicht beißen, mag er auch ständig bellen. Wenn ihr in eurem Herzen demütig bleibt, werdet ihr ganz sicher die Gelegenheiten meiden und den Mut haben zu fliehen; und jeden Tag werdet ihr von neuem die Hilfe des Himmels anrufen, um auf diesem eurem Pfad weiter voranzuschreiten als Menschen, die wirklich lieben.

181 Seht, wer von lüsterner Sinnlichkeit angefault ist, kann im geistlichen Leben nicht vorwärts kommen. Unfähig zu jedem guten Werk, ist er wie ein Krüppel, der nicht vom Boden aufstehen kann. Habt ihr nicht schon einmal Kranke mit progressivem Knochenschwund gesehen, die ganz hilflos geworden sind? Manchmal bewegen sie nicht einmal mehr den Kopf. Das gleiche widerfährt im Übernatürlichen denen, die, die Demut verachtend, sich aus Feigheit der Unzucht ergeben haben. Sie sehen nichts, sie hören nichts, sie verstehen nichts. Sie sind gelähmt und wie von Sinnen. Hier muß sich jeder von uns an den Herrn und an die Mutter Gottes wenden mit der Bitte, sie mögen uns die Demut schenken und die nötige Entschlossenheit, fromm

zum göttlichen Heilmittel der Beichte Zuflucht zu nehmen. Laßt nicht zu, daß sich in eurem Herzen ein Eiterherd bildet, mag er noch so klein sein. Sprecht euch aus. Fließendes Wasser ist sauber; wenn es aber steht, wird es zur abstoßenden, schlammigen Pfütze und zu einem Tummelplatz für Ungeziefer.

Daß Keuschheit möglich ist und zu einem Quell der Freude wird, wißt ihr genauso gut wie ich; und ebenso ist euch bekannt, daß sie dann und wann ein wenig Kampf verlangt. Hören wir erneut den heiligen Paulus: *Dem inneren Menschen nach habe ich zwar Freude am Gesetz Gottes, aber ich nehme in meinen Gliedern ein anderes Gesetz wahr, das im Streite liegt mit dem Gesetze meines Geistes. Es macht mich zum Gefangenen unter dem Gesetz der Sünde, das in meinen Gliedern herrscht. Ich unglückseliger Mensch! Wer erlöst mich von diesem todbringenden Leibe?*[17] Schrei noch lauter, wenn dir danach zumute ist, aber übertreiben wir auch nicht: *Sufficit tibi gratia mea*[18], meine Gnade genügt dir, antwortet uns der Herr.

Manchmal ist mir aufgefallen, wie die Augen eines 182
Sportlers leuchten, wenn er vor dem Hindernis steht, das er überwinden muß. Und er schafft es! Seht nur, wie er mit den Schwierigkeiten fertig wird! So schaut Gott, unser Herr, auf uns. Er liebt unseren Kampf: Wir werden immer Sieger bleiben, denn nie entzieht Er uns die Allmacht seiner Gnade. Und da Er uns nicht im Stich läßt, macht es nichts aus, daß wir kämpfen müssen.

Es ist Kampf, aber kein Verzicht. Wir antworten mit

[17] Röm 7, 22–24.
[18] 2 Kor 12, 9.

einem frohen Ja, mit einer freien und freudigen Hingabe. Dein Verhalten darf sich nicht darauf beschränken, dem Sturz nur auszuweichen, nur die Gelegenheit zu meiden; es darf keinesfalls bloß ein kaltes, berechnendes Nein sein. Hast du dich davon überzeugt, daß die Keuschheit eine Tugend ist und daß sie folglich wachsen und sich vervollkommnen muß? Ich sage es noch einmal: Es genügt nicht, daß wir, unserem Stand gemäß, enthaltsam sind. Wir müssen keusch leben, mit heroischer Haltung. Es geht also um eine positive Einstellung, in der wir bereitwillig der göttlichen Forderung entsprechen: *Praebe, fili mi, cor tuum mihi et oculi tui vias meas custodiant*[19], schenke mir, mein Sohn, dein Herz, und laß deinen Blick schweifen über die Felder meines Friedens.

Und jetzt frage ich dich: Wie rüstest du dich für diesen Kampf? Du weißt sehr gut, daß er schon gewonnen ist, wenn du ihn nur von Anfang an aufnimmst. Fliehe sofort die Gefahr, wenn du die ersten Funken der Leidenschaft spürst, ja noch früher. Sprich außerdem sofort mit deinem geistlichen Leiter. Besser noch vorher, denn nur wenn ihr das Herz ganz öffnet, werdet ihr keine Niederlage erleiden. Die stete Wiederholung ähnlicher Handlungen läßt eine Gewohnheit entstehen, eine Neigung, der man mit Leichtigkeit folgt. Also ist Kampf nötig, um die Neigung zur Tugend zu erlangen, die Neigung zur Abtötung, um die höchste Liebe nicht von sich zu stoßen.

Bedenkt den Rat, den der heilige Paulus Timotheus gibt: *Te ipsum castum custodi*[20], bewahre dich rein, damit

[19] Spr 23, 26.
[20] 1 Tim 5, 22.

auch wir immer wachsam und entschlossen den Schatz behüten, den Gott uns anvertraut hat. Wie viele Menschen habe ich in meinem Leben klagen hören: Ach, hätte ich doch nur den Anfängen gewehrt! Und sie sagten es bedrückt und voll Scham.

Hingabe des ganzen Herzens

Ich muß euch immer wieder daran erinnern, daß ihr ab- 183
seits eurer Pflichten als Christen das Glück nicht finden werdet. Gäbet ihr sie auf, so blieben nur bohrende Gewissensbisse zurück, und ihr wäret beklagenswerte Menschen. Selbst ganz alltägliche Dinge, die ein bißchen Glück bereiten können und die erlaubt sind, können dann bitter werden wie Galle, sauer wie Essig, widerlich wie ein Brechmittel.

Vertrauen wir uns dem Herrn an, ihr wie ich: Herr, ich will kämpfen, und ich weiß, daß Du keine Schlacht verlierst; und wenn ich eine Schlacht verliere, weiß ich, weshalb: weil ich mich von Dir entfernt habe! Führe mich an der Hand, trau mir nicht, halte mich fest!

Ihr werdet denken: Aber Vater, ich bin doch so glücklich. Ich liebe doch Jesus Christus so sehr! Ich will doch, auch wenn ich zerbrechlich wie Ton bin, mit der Hilfe des Herrn und der Gottesmutter heilig werden! Ohne Zweifel, aber ich möchte dich dennoch warnen für den Fall, daß es vielleicht einmal schwieriger wird.

Zugleich auch möchte ich erneut daran erinnern, daß das Leben des Christen – deines und meines – ein Leben aus der Liebe ist. Unser Herz ist für die Liebe geschaffen. Und wenn man ihm einen reinen und edlen Gegenstand für diese Liebe versagt, dann rächt es sich und füllt sich an mit Elend. Die wahre Gottesliebe – und folglich die Reinheit des Lebens – ist gleich weit entfernt von der Sinnlichkeit wie von der Empfindungslosigkeit, von der Sentimentalität wie von der Kälte oder der Herzenshärte.

Es ist traurig, kein Herz zu haben. Bedauernswerte Menschen, die nie gelernt haben, zärtlich zu lieben. Wir Christen sind in die Liebe verliebt. Der Herr will uns nicht trocken und starr wie leblosen Stoff. Er will uns durchtränkt von seiner Liebe! Wer Gott zuliebe auf eine menschliche Liebe verzichtet, ist alles andere als ein trauriger, unglücklicher, flügellahmer Sonderling, der die Großzügigkeit einer reinen Liebe zurückweist.

Menschliche Liebe und Keuschheit

184 Ich habe euch oft erzählt – und man darf das ruhig wissen –, daß ich im Umgang mit dem Herrn gerne Volkslieder zu Hilfe genommen habe. Immer wieder besingen sie die Liebe; sie gefallen mir so sehr. Da der Herr mich und einige von euch ganz und gar für sich in Anspruch genommen hat, übertragen wir all das Schöne, das die menschliche Liebe besingt, auf das Göttliche. So lehrt es uns der Heilige Geist im *Hohenlied,* und die großen Mystiker aller Zeiten haben dasselbe getan.

Hört die Verse der heiligen Theresia von Avila: *Begehrst du, daß ich müßig bliebe, / dann ruhe ich, der Muße froh. / Soll ich hart schaffen, dir zuliebe / bis hin zum Tode schaff ich so. / Nur sag mir: wie? Sag wann und wo? / O süße Liebe, mit Begier / frag ich: Wozu nur taug ich dir?*[21] Oder jenes Lied des heiligen Johannes vom Kreuz, das so herrlich einsetzt: *Ein junger Hirt verweilt in sich gekehrt, / von Lust entfremdet, von Zufriedenheit; / an seine Hirtin denkt er allezeit, / das Herz von seiner Liebe Wucht beschwert*[22].

Tiefe Achtung und eine unaussprechliche Ehrfurcht empfinde ich für die menschliche Liebe, wenn sie rein ist. Ist es denn überhaupt vorstellbar, daß man die heilige, edle Zuneigung unserer Eltern nicht schätzen könnte, der wir ein Gutteil unserer Freundschaft mit Gott verdanken? Ich segne diese Liebe mit beiden Händen, und auf die Frage, weshalb ich *mit beiden Händen* sage, habe ich immer sofort geantwortet: weil ich nicht vier Hände habe.

Gepriesen sei die menschliche Liebe! Doch von mir hat der Herr mehr verlangt. Und – so lehrt die katholische Theologie – sich um des Himmelreiches willen Jesus allein hinzugeben und durch Jesus allen Menschen, steht höher als die eheliche Liebe, obwohl die Ehe ein Sakrament ist, *sacramentum magnum*[23], ein großes Sakrament.

Auf jeden Fall muß sich aber jeder an seinem Platz bemühen – ob ledig, verheiratet, verwitwet oder Priester –, die Keuschheit feinfühlig zu leben, denn sie ist eine Tugend für alle, und von allen verlangt sie Kampf, Umsicht, Zartgefühl, Stärke und jene Innigkeit, die wir nur dann ahnen,

[21] Theresia von Avila, *Gedichte*, Einsiedeln 1959, S. 28.
[22] Johannes vom Kreuz, *Gedichte*, Einsiedeln 1959, S. 54.
[23] Eph 5, 32.

wenn wir uns dem liebenden Herzen des gekreuzigten Christus nähern. Seid ohne Sorge, wenn ihr euch einmal von der Versuchung bedrängt fühlt; denn das Empfinden ist eine Sache und das Einwilligen eine ganz andere. Die Versuchung kann man mit der Gnade Gottes leicht von sich weisen. Was wir aber nicht tun sollen, ist, uns auf einen Dialog mit ihr einlassen.

Die Mittel, um zu siegen

185 Überlegen wir einmal, welche Mittel uns Christen bei diesem Kampf um die Keuschheit zur Verfügung stehen. Wir sind Männer und Frauen, gesund, kräftig, normal – aber keine Engel. Die Engel verehre ich aus ganzem Herzen, ich fühle mich mit den Heerscharen Gottes innig verbunden, aber sie haben eine andere Natur als wir, und deshalb wäre es nicht richtig, uns mit ihnen zu vergleichen.

In vielen Lebensbereichen hat sich ein Klima der Sinnlichkeit breitgemacht, das – Hand in Hand mit der Orientierungslosigkeit in Glaubensdingen – viele dazu verleitet, jedwede Verirrung zu rechtfertigen oder zumindest freizügige Gewohnheiten jeder Art gleichgültig hinzunehmen.

Wir müssen so rein sein, wie wir nur können, Achtung haben vor unserem Leib, aber keine Angst, denn die Geschlechtlichkeit ist als Teilhabe an der Schöpfermacht Gottes etwas Heiliges und Edles, sie ist da für die Ehe. Auf diese Weise, rein und unverkrampft, werdet ihr durch euer Verhalten Zeugnis dafür ablegen, daß die heilige Reinheit möglich und schön ist.

In erster Linie werden wir danach trachten, unser Gewissen zu schärfen. Wir werden keine Mühe scheuen, uns klare Begriffe anzueignen, damit wir das geschärfte Gewissen – das eine echte Gnade Gottes ist – von einem skrupelhaften Gewissen unterscheiden können.

Wahrt sorgsam die Keuschheit zusammen mit den anderen Tugenden – Scham und Anstand –, die ihr das schützende Geleit geben. Seid nicht leichtfertig in eurem Benehmen, sondern beachtet alle jene äußeren und inneren Verhaltensregeln, die uns so wirksam helfen, unsere Würde vor Gott nicht zu verlieren: die aufmerksame Bewahrung der Sinne und des Herzens; den Mut, *feige* zu sein, das heißt, der verführerischen Gelegenheit zu entfliehen; den häufigen Empfang der Sakramente, insbesondere der heiligen Beichte; die volle Aufrichtigkeit in der geistlichen Leitung; die Reue, die Zerknirschung, die Sühne für unsere Fehler; und all das durchdrungen von einer herzlichen Andacht zu Unserer Lieben Frau, damit sie uns von Gott das Geschenk eines heiligen und reinen Lebens erlangt.

Wenn wir unglücklicherweise zu Fall kommen, müssen 186
wir sofort wieder aufstehen. Mit der Gnade Gottes, die uns – wenn wir die genannten Mittel anwenden – nicht fehlen wird, müssen wir sofort die Reue, die demütige Aufrichtigkeit und die Sühne suchen, damit sich die Niederlage eines Augenblicks in einen großen Sieg Jesu Christi verwandelt.

Gewöhnt euch daran, den Kampf schon weit vor den Mauern der Festung aufzunehmen. Gleichgewichtskünste am Rande des Abgrunds sind schlecht. Wir müssen in uns entschlossen bereits den Willen zur bloß möglichen Ursache des Bösen bekämpfen, müssen selbst eine kleine Lieblosigkeit vermeiden; ferner müssen wir den Wunsch nach einem beharrlichen und fruchtbaren christlichen Apostolat haben, das die heilige Reinheit als Fundament braucht und überdies eine ihrer charakteristischen Früchte sein wird. Schließlich ist es notwendig, die Zeit immer gut auszunützen, indem wir intensiv und verantwortungsbewußt arbeiten und dabei die Gegenwart Gottes suchen, denn wir dürfen niemals vergessen, daß wir um einen hohen Preis erkauft und Tempel des Heiligen Geistes sind.

Welche anderen Ratschläge könnte ich euch noch geben? Nun, daß ihr all das tut, was die Christen immer getan haben, die wirklich Christus nachfolgen wollten, angefangen bei jenen ersten, die Jesu unmittelbare Nähe erfuhren: häufiger Umgang mit dem Herrn in der Eucharistie, kindliche Anrufung der allerseligsten Jungfrau, Demut, Mäßigkeit, Abtötung der Sinne – *man soll nicht anschauen, was man nicht begehren darf,* hat der heilige Gregor der Große gesagt[24] – und die Buße.

Ihr werdet mir sagen, das alles sei wie eine Zusammenfassung des ganzen christlichen Lebens. Tatsächlich kann man die Reinheit – die ja Liebe ist – nicht vom Kern unseres Glaubens trennen: von der Liebe, vom immer wieder neu Sich-in-Gott-Verlieben, in Gott, der uns geschaffen und erlöst hat, der ständig unsere Hand ergreift, auch wenn wir uns dessen vielfach gar nicht bewußt werden. Er kann uns nicht im Stich lassen: *Sion sprach: Der Herr hat mich ver-*

[24] Gregor der Große, *Moralia,* 21, 2, 4 (PL 76, 190).

lassen und mein vergessen. Kann denn ein Weib ihr Kind vergessen, daß sie kein Mitleid trüge mit dem Sohne ihres Schoßes? Und wenn sie seiner vergessen könnte, so werde doch ich nie deiner vergessen[25]. Erfüllen euch diese Worte nicht mit Freude?

Drei Dinge sind es, so pflege ich zu sagen, die uns die 187
Freude auf Erden schenken und uns zur ewigen Glückseligkeit des Himmels führen: die starke, zartfühlende, freudige und unerschütterliche Treue zum Glauben, zur empfangenen Berufung und zur Reinheit. Nur wer es so will, bleibt ins dornige Gestrüpp des Weges – in Stolz und Sinnlichkeit – verstrickt; und ändert er sich nicht, so wird er unglücklich bleiben, weil er der Liebe Christi den Rücken gekehrt hat.

Laßt mich noch einmal betonen: Wir alle sind voller Erbärmlichkeiten. Aber diese unsere Armseligkeiten dürfen uns nie dazu führen, so zu tun, als wüßten wir nichts von der Liebe Gottes. Im Gegenteil, sie müssen uns Anlaß sein, zu dieser Liebe und Güte unsere ganze Zuflucht zu nehmen, ähnlich wie die alten Ritter, wenn sie in ihre Rüstung stiegen. Jenes *Ecce ego, quia vocasti me*[26] – rechne auf mich, denn Du hast mich berufen – ist unser Schild. Wir dürfen uns nicht von Gott entfernen, weil wir wissen, daß wir zerbrechlich sind wie Ton; vielmehr müssen wir unsere Erbärmlichkeiten bekämpfen, gerade weil Gott auf uns vertraut.

Wie werden wir diese unsere Armseligkeiten überwin- 188
den? Ich sage es noch einmal, denn es ist so sehr wichtig:

[25] Is 49, 14–15.
[26] 1 Sm 3, 6; 8.

durch die Demut und durch die Aufrichtigkeit in der geistlichen Leitung und im Sakrament der Buße. Geht zu den Menschen, die eure Seele leiten, und öffnet ihnen das Herz. Verschließt es nicht, denn wenn der „stumme Teufel" eindringt, ist es schwer, ihn wieder loszuwerden.

Verzeiht mir meine Hartnäckigkeit, aber ich halte es für unbedingt notwendig, eurem Geist wie mit Feuer die Erkenntnis einzubrennen, daß die Demut und – als unmittelbare Folge davon – die Aufrichtigkeit alle anderen Mittel nach sich ziehen und die Grundvoraussetzung für den Sieg sind. Wenn der stumme Teufel sich in eine Seele einschleicht, dann verdirbt er alles. Wirft man ihn hingegen sofort hinaus, dann ist alles gewonnen; wir sind glücklich, und unser Leben verläuft in geordneten Bahnen. Seien wir immer geradezu *wild aufrichtig*, freilich dabei auch klug und taktvoll.

Und um es noch deutlicher zu sagen: Nicht so sehr das Herz und das Fleisch machen mir Sorge, sondern der Hochmut. Deshalb Demut. Wenn ihr im Recht zu sein meint, seid ihr es noch lange nicht. Sucht die geistliche Leitung mit offenem Herzen, schließt es nicht zu, denn sonst, ich wiederhole es, dringt der stumme Teufel ein, und es ist schwer, ihn zu verjagen.

Erinnert ihr euch an den armen Besessenen, den die Jünger nicht zu heilen vermochten? Nur der Herr konnte es – durch Gebet und Fasten. Und damit wirkte der Meister drei Wunder: zuerst, daß der unglückliche Mensch wieder hören konnte, denn unter der Macht des stummen Teufels will die Seele nicht hören; zweitens, daß er zu reden begann; und drittens, daß der Teufel den Ärmsten verließ.

Packt zuerst das aus, was ihr lieber verbergen möchtet. 189
Weg mit dem stummen Teufel! Sonst geht es euch am Ende so wie bei einer Schneelawine: Aus einer Winzigkeit wird, wenn man sie nur lange genug hin- und herrollt, ein riesiger Ball, in den ihr eingeschlossen seid. Warum denn? Öffnet euer Herz! Wenn ihr aufrichtig seid, werdet ihr, das versichere ich euch, jenes Glück finden, das in der Treue zu eurem Weg als Christen liegt. Klarheit und Einfachheit sind unbedingt notwendig. Wir müssen die Seele weit öffnen, damit die Sonne Gottes und die höchste aller Lieben eindringen können.

Mangelnde Aufrichtigkeit muß nicht immer trübe Ursachen haben. Bisweilen kann es sich um einen Gewissensirrtum handeln. Manche Leute haben ihr Gewissen so geformt – verformt –, daß sie ihr Verschlossensein und ihren Mangel an Einfachheit für richtig halten: Sie glauben, es sei gut zu schweigen. Das gibt es sogar bei Menschen mit entwickelter Bildung, die von Gott und Religion wissen. Vielleicht sind sie gerade deshalb davon überzeugt, es sei besser zu schweigen. Aber sie täuschen sich. Die Aufrichtigkeit ist immer nötig. Da gibt es keine noch so begründet erscheinende Ausreden.

Wir beenden dieses Gespräch, das für uns – für dich und für mich – eine Zeit des Gebetes zu unserem Vater gewesen ist, und wir bitten Ihn um die Gnade, die christliche Tugend der Keuschheit in freudiger Bejahung zu leben.

Wir bitten Ihn auf die Fürsprache der heiligen Maria hin. Sie ist die makellose Reinheit. An sie – *tota pulchra!* – wenden wir uns, und wir wollen dabei dem Rat folgen, den ich vor vielen Jahren denen gab, die in ihrem täglichen

Kampf um die Demut, die Reinheit, die Aufrichtigkeit, die Freude, die Großzügigkeit voller Unruhe waren: *Es scheint, als ob alle Sünden deines Lebens wieder aufstehen. Verliere nicht den Mut. Im Gegenteil: Rufe zu deiner Mutter, der heiligen Maria, mit dem Glauben und Vertrauen eines Kindes. Sie wird Ruhe in deine Seele bringen*[27].

[27] *Consideraciones espirituales,* Cuenca 1934, S. 53.

LEBEN AUS DEM GLAUBEN*

Zuweilen hört man sagen, heute gäbe es weniger Wunder als früher. Ist es nicht vielleicht so, daß es heute weniger Menschen gibt, die aus dem Glauben leben? Gott kann seinen Verheißungen nicht untreu werden: *Erbitte von mir, und ich gebe dir die Völker zum Erbe, zu deinem Besitz die Grenzen der Erde*[1]. Gott ist die Wahrheit, der Grund alles Seienden: Nichts geschieht ohne seinen allmächtigen Willen. 190

Wie im Anfang, so auch jetzt und allezeit und in Ewigkeit[2]. In Gott gibt es keinen Wechsel; Er braucht nicht nach etwas zu streben, das Er nicht hätte, denn Er ist die Fülle des Tätigseins und der Schönheit und der Erhabenheit, heute wie gestern. *Der Himmel wird wie Rauch vergehen und die Erde wie ein Kleid zerfallen (...); doch mein Heil besteht in Ewigkeit, und meine Gerechtigkeit nimmt nie ein Ende*[3].

* Homilie, gehalten am 12. Oktober 1947.

[1] Ps 2, 8.

[2] Doxologie *Gloria Patri* ...

[3] Is 51, 6.

Gott hat in Jesus Christus den neuen, den ewigen Bund mit den Menschen geschlossen. Er hat seine Allmacht in den Dienst unseres Heils gestellt. Wenn die Menschen mißtrauisch werden und in mangelndem Glauben erzittern, vernehmen wir von neuem Isaias, der im Namen des Herrn verkündet: *Ist denn mein Arm verkürzt, um zu erlösen, oder gebricht es mir an Kraft zu retten? Seht, schon durch meinen Unmut lasse ich das Meer vertrocknen und wandle Ströme zur Wüste, so daß die Fische darin verschmachten, weil sie kein Wasser haben und aus Durst umkommen. Ich kleide den Himmel in Trauer und umhülle ihn mit dem Bußgewand*[4].

191 Der Glaube ist eine übernatürliche Tugend. Er macht unseren Geist bereit, daß wir die geoffenbarten Wahrheiten annehmen und Ja sagen zu Christus, der uns den Erlösungsratschluß der Allerheiligsten Dreifaltigkeit in seiner Ganzheit erkennen läßt. *Auf vielfache und mannigfaltige Weise hat Gott vor Zeiten durch die Propheten zu den Vätern gesprochen. In dieser Endzeit hat Er durch seinen Sohn zu uns gesprochen. Ihn hat Er zum Erben über das All eingesetzt. Durch Ihn hat Er auch die Welt erschaffen. Er ist der Abglanz seiner Herrlichkeit und das Abbild seines Wesens. Er trägt das All durch sein allgewaltiges Wesen. Er hat die Erlösung von den Sünden vollbracht und sich dann zur Rechten der Majestät in der Höhe gesetzt*[5].

[4] Is 50, 2–3.
[5] Hebr 1, 1–3.

Am Teich Siloe

Ich möchte, daß Jesus selbst zu uns vom Glauben 192
spricht, daß Er uns Glaubensunterricht erteilt. Schlagen wir also das Neue Testament auf und betrachten wir, zusammen mit Ihm, einige Abschnitte seines Lebens. Er hat es ja nicht verschmäht, seine Jünger nach und nach zu belehren, damit sie sich dann voll Vertrauen der Erfüllung des göttlichen Willens widmen können. Jesus unterweist sie durch Worte und durch Werke.

Nehmen wir das neunte Kapitel des Johannes-Evangeliums: *Als Er seines Weges ging, sah Jesus einen Mann, der von Geburt an blind war. Seine Jünger fragten Ihn: „Meister, wer hat gesündigt, er oder seine Eltern, daß er blind geboren wurde?*"[6] Sie, die Christus so nahestehen, denken Böses über den armen Blinden. Wundert euch also nicht darüber, wenn ihr in eurem Dienst an der Kirche hin und wieder Jüngern des Herrn begegnet, die sich euch oder anderen gegenüber ähnlich verhalten. Macht euch nichts daraus, achtet nicht auf sie, tut wie der Blinde tat: Überlaßt euch ganz den Händen Christi. Der Herr klagt nicht an, sondern verzeiht; Er verurteilt nicht, sondern Er spricht frei; Er beobachtet die Krankheit nicht aus Distanz, sondern mit göttlicher Umsicht wendet Er das Heilmittel an.

Christus *spie auf die Erde, machte mit dem Speichel einen Teig, strich dem Blinden den Teig auf die Augen und sprach zu ihm: „Geh und wasche dich im Teiche Siloe" – das heißt soviel wie „Gesandter". Er ging hin, wusch sich und kam sehend zurück*[7].

[6] Jo 9, 1–2. [7] Jo 9, 6–7.

193 Wie vorbildlich fest ist der Glaube des Blinden! Ein lebendiger Glaube, ein Glaube mit Werken. Befolgst auch du so die Weisungen Gottes, wenn du, wie so oft, blind bist und deine Seele von Sorgen verdunkelt wird? Besaß das Wasser etwa medizinische Eigenschaften, um durch bloße Berührung die Blindheit zu heilen? Nein, da wäre wohl irgendeine geheimnisvolle Salbe aus einer Alchimistenküche geeigneter gewesen. Aber der Blinde glaubt, er setzt den göttlichen Befehl in die Tat um und kehrt heim mit klar sehenden Augen.

Es lag aber dem Evangelisten daran – so erläutert der heilige Augustinus diesen Abschnitt –, *uns den Namen dieses Teiches bekanntzugeben, und er sagt darum: „das heißt soviel wie: Gesandter". Wer gesandt wurde, wißt ihr schon; denn wenn jener nicht gesandt worden wäre, so wäre keiner von der Sünde befreit worden*[8]. Mit einem festen Glauben müssen wir uns an den halten, der uns heilt; an den göttlichen Arzt, der gesandt wurde, damit wir genesen. Je schwerer und aussichtsloser unsere Krankheit ist, um so stärker muß unser Glaube sein.

194 Wir müssen uns bei der Beurteilung aller Ereignisse die göttlichen Maßstäbe zu eigen machen und dürfen niemals den übernatürlichen Blick für die Dinge verlieren; wir müssen davon überzeugt sein, daß Jesus sich auch unserer Erbärmlichkeiten bedient, damit seine Herrlichkeit erstrahlt. Wenn ihr also spürt, daß sich in euer Inneres Eigenliebe, Ermüdung, Mutlosigkeit einschleichen, oder wenn euch das Joch der Leidenschaften drückt, dann reagiert sofort und hört auf den Meister, ohne Angst zu haben vor je-

[8] Augustinus, *In Ioannis Evangelium tractatus,* 44, 2 (PL 35, 1714).

ner traurigen Realität, der jeder von uns unterworfen ist; denn solange wir leben, werden unsere persönlichen Schwächen uns begleiten.

Das ist der Weg des Christen. Wir empfinden das Bedürfnis, Gott mit festem und demütigem Glauben immer wieder anzurufen: Herr, verlaß Dich nicht auf mich! Wohl aber will ich mich auf Dich verlassen. Wenn wir dann in unserer Seele ahnen, mit welcher Liebe, welchem Mitgefühl, welcher Zartheit Jesus uns ansieht, und wie Er uns niemals aufgibt, dann begreifen wir die Worte des Apostels in ihrer ganzen Tiefe: *Virtus in infirmitate perficitur*[9], die Kraft kommt in der Schwachheit zur Vollendung. Im Glauben an den Herrn werden wir trotz unserer Armseligkeit – ja, gerade durch sie – Gott, unserem Vater, treu sein. Seine Kraft wird erstrahlen und uns in unserer Schwachheit tragen.

Der Glaube des Bartimäus

Diesmal ist es der heilige Markus, der uns von der Hei- 195
lung eines anderen Blinden berichtet. *Als Er mit seinen Jüngern und einer zahlreichen Volksmenge von Jericho aufbrach, saß ein blinder Bettler am Wege, Bartimäus, der Sohn des Timäus*[10]. Als der Blinde das Lärmen der Menge hörte, fragte er, was das sei. Man sagte ihm, Jesus von Nazareth gehe vorbei. Da entflammte seine Seele so im Glau-

[9] 2 Kor 12, 9.
[10] Mk 10, 46.

ben an Christus, daß er schrie: *Jesus, Sohn Davids, erbarme dich meiner!*[11]

Du, der du am Rande des Weges stehst, am Rande dieses so kurzen Lebensweges; du, dem Licht fehlt; du, der du mehr Gnade benötigst, um ernst entschlossen nach Heiligkeit zu streben – empfindest du nicht auch das Verlangen zu schreien? Drängt es dich nicht ebenfalls zu rufen: *Jesus, Sohn Davids, erbarme dich meiner?* Da hast du ein herrliches Stoßgebet – wiederhole es oft!

Ich rate euch, haltet einmal kurz ein und betrachtet, was dem Wunder vorausging. Prägt euch dabei ganz tief folgendes ein: Wie groß ist doch der Unterschied zwischen dem barmherzigen Herzen Jesu und unseren armen Herzen! Dieser Gedanke wird euch stets helfen können, besonders in Zeiten der Prüfung und der Versuchung, und auch, wenn es darum geht, in unbedeutenden Dingen oder bei Anlässen, die unseren ganzen Heroismus fordern, eine großzügige Antwort zu geben.

Viele fuhren Bartimäus an, er solle schweigen[12]. So erging es auch dir, als du spürtest, daß Jesus nahe vorüberging. Dein Herzschlag wurde schneller, eine innere Unruhe erfaßte dich, und du begannst zu rufen. Aber die Freunde, die Bequemlichkeit, die Umgebung, alles riet dir: Schweig doch, schrei nicht so! Warum denn Jesus rufen? Laß Ihn doch in Ruhe!

Doch der arme Bartimäus hörte nicht darauf; im Gegenteil, er schrie noch lauter: *Sohn Davids, erbarme dich meiner!* Der Herr, der ihn vom ersten Augenblick an ge-

[11] Mk 10, 47.
[12] Mk 10, 48.

hört hatte, ließ ihn in seinem Gebet ausharren. So ist es auch bei dir. Jesus vernimmt den ersten Ruf der Seele, aber Er wartet. Er will uns zu der Überzeugung führen, daß wir Ihn brauchen; Er will, daß wir Ihn bitten, hartnäckig wie jener Blinde am Rande des Weges von Jericho. *Hierin sollen wir ihn nachahmen. Wenn Gott die Erhörung hinausschiebt, wenn manche uns vom Beten abhalten wollen, so dürfen wir trotzdem nicht nachlassen*[13].

Da blieb Jesus stehen und sagte: „Ruft ihn her!“ Einige 196
Gutwillige unter den Umstehenden machen ihm Mut: *Habe Vertrauen! Steh auf, Er ruft dich*[14]. Das ist die christliche Berufung! Aber sie besteht nicht in einem einzigen Ruf Gottes; bedenkt, daß der Herr uns in jedem Augenblick sucht: Steh auf – sagt Er uns –, erhebe dich aus deiner Trägheit, aus deiner Bequemlichkeit, aus deinem kleinlichen Egoismus, aus deinen winzigen Sorgen. Steh auf von der platten Erde, an der du haftest, stumpf und konturlos. Gewinne an Höhe, Format, Gestalt, an übernatürlicher Sicht.

Da warf er seinen Mantel ab, sprang auf und eilte zu Jesus[15]. Ich weiß nicht, ob du im Krieg gewesen bist. Vor vielen Jahren habe ich einmal ein Schlachtfeld gesehen, wenige Stunden nach dem Kampf: Am Boden verstreut lagen Wolldecken, Feldflaschen, Tornister mit Familienandenken, mit Briefen und Fotos von geliebten Menschen... Nicht die Geschlagenen hatten all das weggeworfen, sondern die Sieger; sie hatten sich allen Gepäcks entledigt, um

[13] Johannes Chrysostomus, *In Matthaeum homiliae*, 66, 1 (PG 58, 626).
[14] Mk 10, 49.
[15] Mk 10, 50.

so leichter die feindliche Stellung nehmen zu können. Darin Bartimäus ähnlich, der zu Jesus eilt.

Sei dir bewußt, daß, um zu Christus zu gelangen, Opfer nötig ist; es ist nötig, alles wegzuwerfen, was da stört: Decke, Tornister, Feldflasche. Handle auch du so in deinem Kampf zur Ehre Gottes, in diesem Ringen um Liebe und Frieden, durch das wir das Reich Christi ausbreiten wollen. Um der Kirche, dem Papst und den Seelen zu dienen, mußt du bereit sein, auf alles Überflüssige zu verzichten: auf die Decke, die dir in rauhen Nächten Schutz gibt, auf die Familienandenken, an denen du doch so hängst, auf das Wasser, das dich erfrischt. Wir lernen eine Lektion im Glauben, eine Lektion in der Liebe; und wir erfahren aus ihr, daß wir Christus so lieben müssen.

Glaube mit Werken

197 Und sofort schließt sich ein göttlicher Dialog an, ein wunderbares Gespräch, das uns trifft und entzündet, denn Bartimäus – das sind jetzt du und ich. Aus göttlichem Munde die Frage: *Quid tibi vis faciam?* Was soll ich für dich tun? Und der Blinde: *Meister, daß ich sehe*[16]. Wie selbstverständlich! Und du – bist du denn sehend? Ist es dir nicht manchmal schon so ergangen wie diesem Blinden von Jericho? Ich kann mich daran erinnern, wie ich vor vielen Jahren beim Betrachten dieser Stelle merkte, daß der Herr etwas von mir erwartete – doch ich wußte nicht, was! – und

[16] Mk 10, 51.

wie ich mit Stoßgebeten reagierte. Herr, was willst Du? Was erbittest Du von mir? Ich ahnte, daß Er etwas Neues von mir wollte, und jenes *Rabboni, ut videam* – Meister, daß ich sehe – brachte auch mich dazu, Christus im ständigen Gebet anzuflehen: Herr, gib, daß geschehe, was Du von mir willst.

Betet mit mir zum Herrn: *Doce me facere voluntatem* 198
tuam, quia Deus meus es tu[17], lehre mich Deinen Willen tun, denn Du bist mein Gott. Aus unserer Seele mögen also das ehrliche Verlangen und der wirksame Wunsch aufsteigen, daß wir fähig werden, den Einladungen unseres Schöpfers zu folgen und seinen Absichten zu entsprechen, mit unerschütterlichem Glauben und in der Überzeugung, daß Er niemals irrt.

Wenn wir so den göttlichen Willen lieben, werden wir auch begreifen, daß der Wert des Glaubens nicht nur in der Klarheit der Lehre besteht, sondern auch in der Entschiedenheit, mit der er durch Werke bezeugt wird: und uns danach zu richten, das nehmen wir uns vor.

Doch kehren wir nochmals zu dem Geschehen dort vor Jericho zurück. Jetzt spricht Christus zu dir. Er fragt dich: Was soll ich für dich tun? Daß ich sehe, Herr, antwortest du, daß ich sehe! Und Jesus: „*Geh hin, dein Glaube hat dich gesund gemacht.*" *Sogleich konnte er wieder sehen und folgte Ihm auf dem Weg*[18]. Ihm auf dem Weg folgen. Dir wurde die Einladung des Herrn zuteil, und du hast dich entschlossen, Ihn auf seinem Weg zu begleiten. Du bemühst dich, in die Fußstapfen Christi zu treten, das Ge-

[17] Ps 142, 10.
[18] Mk 10, 52.

wand Christi anzuziehen, Christus selbst zu sein; denn dein Glaube – der Glaube an das Licht, das der Herr dir fortwährend schenkt – muß wirksam und opferbereit sein. Halte dich nicht auf bei Träumereien und schau dich nicht um nach anderen Wegen, denn das ist der Glaube, den Er von uns verlangt: großmütig in unserem Handeln zu sein und alles auszureißen und wegzuwerfen, was uns daran hindert, mit Ihm Schritt zu halten.

Glaube und Demut

199 Nun berichtet Matthäus uns eine ergreifende Begebenheit. *Da trat eine Frau, die schon zwölf Jahre am Blutfluß litt, von hinten an Ihn heran und berührte die Quaste seines Gewandes*[19]. Welche Demut! *Denn sie sagte sich: Wenn ich nur sein Gewand berühre, so werde ich gesund*[20]. Es wird immer solche Kranke wie Bartimäus geben, Bittende mit starkem Glauben, die sich nicht genieren, Ihn mit lautem Schreien zu bekennen. Beachtet jedoch, wie es auf dem Weg Christi keine zwei Seelen gibt, die sich gleich wären. Auch diese Frau hat einen starken Glauben, aber sie schreit nicht, sie nähert sich nur Christus, unbemerkt von den Leuten. Es genügt ihr, einen Zipfel seines Gewandes zu berühren, denn sie ist sicher, daß sie allein dadurch schon geheilt werden wird. Kaum hat sie es getan, wendet sich der Herr um und sieht sie an. Er weiß schon, was im Innern dieses Herzens vorgeht, Er kennt ihr Vertrauen: *Sei ge-*

[19] Mt 9, 20.
[20] Mt 9, 21.

trost, meine Tochter, dein Glaube hat dich gesund gemacht[21].

Züchtig berührte sie den Saum, zuversichtlich trat sie hinzu, gottesfürchtig glaubte sie, einsichtsvoll erkannte sie, daß sie geheilt sei. (...) Daher: wenn es auch uns um Heilung zu tun ist, so laßt uns im Glauben den Saum des Gewandes Christi berühren![22] Begreifst du nun, wie unser Glaube sein soll? Demütig. Wer bist du, wer bin ich, daß der Ruf Christi an uns ergangen ist? Wer sind wir, daß wir so nahe bei Ihm sein dürfen? Wie jener Frau inmitten der Volksmenge, so hat Er uns eine Gelegenheit geboten; aber nicht bloß, um seine Kleider zu streifen und einen Augenblick lang den Saum seines Gewandes zu berühren. Wir haben Ihn selbst. Er gibt sich uns ganz hin, mit seinem Leib, mit seinem Blut, mit seiner Seele, mit seiner Gottheit. Wir empfangen Ihn jeden Tag als Speise, wir sprechen vertraulich mit Ihm, wie man mit dem Vater spricht, wie man mit der Liebe selbst spricht. Und das ist wahr, das ist keine Einbildung von uns.

Bemühen wir uns um mehr Demut! Denn nur ein 200
Glaube, der demütig ist, öffnet uns die übernatürliche Sicht der Dinge. Hier auf Erden gibt es – ohne eine weitere Alternative – nur zwei Möglichkeiten: entweder ein übernatürliches oder ein animalisches Leben zu leben. Für uns darf es nur das erstere geben, das Leben ausgerichtet auf Gott. Denn *was nützt es dem Menschen, wenn er die ganze Welt gewinnt, aber dabei seine Seele verliert?*[23] Alles, was

[21] Mt 9, 22.
[22] Ambrosius, *Expositio Evangelii secundum Lucam,* 6, 56; 58 (PL 15, 1682–1683).
[23] Mt 16, 26.

die Erde trägt, alles, was Verstand und Wille erstreben – was nützt es dem Menschen? Was ist es denn wert, wenn alles vergeht, alles versinkt, wenn alle irdischen Schätze nur Attrappe sind? Was nützt es, wenn dann die Ewigkeit anbricht, für immer – immer – immer?

Dieses kleine Wort – *immer* – hat Theresia von Avila groß gemacht. Als sie noch ein kleines Mädchen war, verließ sie durch die Puerta del Adaja die ummauerte Stadt zusammen mit ihrem Bruder Rodrigo; sie wollte zu den Heiden gehen und für Christus gemartert werden; und unterwegs flüsterte sie ihrem ermüdeten Bruder ins Ohr: für immer, für immer, für immer[24].

Die Menschen lügen, wenn sie in irdischen Dingen *für immer* sagen. Nur im Angesicht Gottes ist das *für immer* Wahrheit, wesenhafte Wahrheit. Und so mußt du leben, mit einem Glauben, der dich bei dem Gedanken an die Ewigkeit, die ja wirklich *für immer* ist, schon hier einen seligen Vorgeschmack des Himmels erfahren läßt.

Alltag und beschauliches Leben

201 Wir wenden uns wieder dem Evangelium zu und hören den Bericht des Matthäus im einundzwanzigsten Kapitel. Als Jesus *frühmorgens in die Stadt zurückkehrte, hungerte Ihn. Da sah Er am Wege einen Feigenbaum. Er ging auf ihn zu*[25]. Welche Freude, Herr, Dich hier als einen Menschen zu gewahren, der Hunger hat, so wie Du am Brunnen von

[24] Vgl. Theresia von Avila, *Buch ihres Lebens,* 1, 3.
[25] Mt 21, 18–19.

Sichar durstig warst[26]. Denn ich sehe Dich als *perfectus Deus, perfectus homo*[27], ganz Gott, aber auch ganz Mensch, aus Fleisch und Blut, wie ich. *Er entäußerte sich, nahm Knechtsgestalt an*[28], damit ich niemals daran zweifle, daß Er mich versteht, daß Er mich liebt.

Ihn hungerte. Wenn wir bei der Arbeit, im Studium, in unseren apostolischen Aufgaben ermüden und wie vor einer Mauer stehen, dann blicken wir auf Christus: auf den gütigen Jesus, auf den ermüdeten Jesus, auf den hungrigen, den durstigen Jesus. Wie leicht machst Du es uns, Herr, Dich zu verstehen! Wie leicht machst Du es uns, Dich zu lieben! Du zeigst Dich wie einer von uns, die Sünde ausgenommen, damit es uns wirklich greifbar deutlich wird, daß wir mit Dir zusammen unsere bösen Neigungen und unsere Schuld überwinden können. Weder Müdigkeit noch Hunger, noch Durst, noch Tränen machen etwas aus ... Denn auch Christus war müde und hungrig und durstig, und auch Er weinte. Was zählt, ist der Kampf, um den Willen des Vaters zu erfüllen, der im Himmel ist[29]: ein liebenswerter Kampf, denn der Herr bleibt stets an unserer Seite.

Jesus nähert sich dem Feigenbaum: Er nähert sich dir 202
und mir, mit Hunger und Durst nach Seelen. Vom Kreuze herab rief Er: *sitio*[30], mich dürstet. Es ist Durst nach uns, nach unserer Liebe, nach unserer Seele und nach den Seelen all jener, die wir zu Ihm führen sollen: auf dem Weg des

[26] Vgl. Jo 4, 7.
[27] Glaubensbekenntnis *Quicumque*.
[28] Phil 2, 7.
[29] Vgl. Jo 4, 34.
[30] Jo 19, 28.

Kreuzes, der der Weg der Unsterblichkeit und der himmlischen Herrlichkeit ist.

Jesus ging auf den Feigenbaum zu, *fand aber nichts an ihm*[31]. Das ist traurig. Ist es auch in unserem Leben so? Ist es so, daß es leider an Glauben, an vibrierender Demut, an Opfer und Taten fehlt? Steht nur die christliche Fassade da, für sich allein und ohne Nutzen? Das wäre schrecklich; denn der Herr befiehlt: *„In Ewigkeit soll an dir keine Frucht mehr wachsen." Auf der Stelle verdorrte der Feigenbaum*[32]. Diese Episode aus der Heiligen Schrift schmerzt uns und gleichzeitig treibt sie uns dazu an, daß wir die Flamme unseres Glaubens neu entfachen und nach ihm leben, damit Christus bei uns immer Früchte findet.

Machen wir uns nichts vor: Der Herr ist niemals von unseren Entwürfen abhängig; auch unsere ehrgeizigsten Vorhaben sind für Ihn wie das Spielen von Kindern. Nur eines will Er: Seelen, Liebe, und daß alle zu Ihm kommen, um für ewig sein Reich zu besitzen. Wir müssen auf Erden viel arbeiten und wir müssen gut arbeiten, denn gerade diese alltäglichen Aufgaben sind der Stoff, den wir heiligen sollen. Vergessen wir aber nicht, all dies für Gott zu tun; täten wir es nur für uns, aus Stolz, dann würden wir nur Blätter hervorbringen, und weder Gott noch die Menschen hätten von dem dichtbelaubten Baum auch nur eine einzige schmackhafte Frucht.

203 Nachdem die Jünger den verdorrten Feigenbaum gesehen hatten, *fragten sie voll Verwunderung: „Wie konnte der Feigenbaum auf der Stelle verdorren?"*[33] Jene ersten

[31] Mt 21, 19.
[32] Ebd.
[33] Mt 21, 20.

Zwölf, die so viele Wunder erlebt haben, staunen von neuem; ihnen fehlt noch der Glaube, der alles entzündet. Deshalb versichert der Herr: *Wahrlich, ich sage euch: Wenn ihr Glauben habt und nicht zweifelt, so werdet ihr nicht nur das tun, was mit dem Feigenbaum geschah, sondern wenn ihr zu diesem Berg sagt: Heb dich hinweg und stürze dich ins Meer, so wird es geschehen*[34]. Das ist die Bedingung, die Jesus Christus stellt: daß wir aus dem Glauben leben. Dann sind wir fähig, Berge zu versetzen. Und es gibt so viel zu versetzen ... in der ganzen Welt, aber zuerst in unserem eigenen Herzen. Wieviele Hindernisse für die Gnade Gottes! Glaube also: Glaube mit Werken, Glaube mit Opfern, Glaube mit Demut. Denn der Glaube verwandelt uns in allmächtige Geschöpfe: *Alles, was ihr im Gebet gläubig erbittet, werdet ihr erhalten*[35].

Ein Mensch, der glaubt, wird das Irdische richtig einschätzen; er weiß, daß – nach einem Wort der heiligen Theresia von Avila – das Leben hier wie eine schlechte Nacht in einer schlechten Herberge ist[36]. Immer wieder erneuert er die Einsicht, daß unser Leben auf Erden eine Zeit der Arbeit und des Kampfes ist, uns gegeben, damit wir uns läutern und gegenüber der göttlichen Gerechtigkeit die Schuld für unsere Sünden tilgen. Der Glaubende weiß auch, daß die irdischen Güter nichts weiter als Mittel sind, und als solche setzt er sie ein, großzügig und heroisch.

Der Glaube soll nicht nur gepredigt, sondern gelebt 204
werden. Oft mag es uns an Kraft dazu fehlen. In diesem Fall – wir greifen wieder zum Evangelium – verhaltet euch

[34] Mt 21, 21.
[35] Mt 21, 22.
[36] Vgl. Theresia von Avila, *Weg der Vollkommenheit*, 40, 9.

wie der Vater des besessenen Knaben. Er ersehnte die Heilung seines Sohnes, er erhoffte sie von Christus, aber er konnte nicht an soviel Glück glauben. Und Jesus, der immer Glauben verlangt, durchschaut die innere Wirrnis des armen Menschen und kommt ihm zuvor: *Was das Können betrifft, so ist dem alles möglich, der Glauben hat*[37]. Alles ist möglich: allmächtig sind wir! Aber mit Glauben. Jener Mann spürt, daß sein Glaube schwankt, er befürchtet, das mangelnde Vertrauen könnte die Heilung seines Sohnes vereiteln. Und er weint. Schämen wir uns nicht solcher Tränen, denn sie kommen aus der Liebe zu Gott, aus dem reumütigen Gebet, aus der Demut. *Und der Vater des Knaben rief unter Tränen: „Ich glaube, Herr, hilf meinem Unglauben“*[38].

Mit den gleichen Worten wenden wir uns jetzt zu Ihm, am Ende dieser Zeit des Gebetes. Herr, ich glaube! Ich bin in Deinem Glauben aufgewachsen und ich habe mich entschlossen, Dir von nahem zu folgen. Im Laufe meines Lebens habe ich oft Deine Barmherzigkeit erfleht. Und oft auch habe ich es für unmöglich gehalten, daß Du so herrliche Wunder in den Herzen Deiner Kinder wirken könntest. Herr, ich glaube! Aber hilf mir, daß ich stärker und tiefer glaube.

Und auch an Maria richten wir unser Gebet, denn sie, die Mutter Gottes und unsere Mutter, ist die Lehrmeisterin im Glauben: *Selig, die du geglaubt hast, daß in Erfüllung gehen wird, was dir vom Herrn gesagt wurde*[39].

[37] Mk 9, 23.
[38] Mk 9, 24.
[39] Lk 1, 45.

DIE HOFFNUNG DES CHRISTEN*

Schon vor Jahren, aus einer Überzeugung heraus, die 205
von Tag zu Tag zunahm, hatte ich geschrieben: *Erhoffe alles von Jesus: du hast nichts, bist nichts, kannst nichts. Er ist es, der wirkt, wenn du dich Ihm ganz überläßt*[1]. Seitdem ist viel Zeit vergangen, und diese meine Überzeugung ist noch fester, noch tiefer geworden. Ich habe gesehen, wie die Hoffnung auf Gott in vielen Menschen einen wunderbaren Brand der Liebe entfacht hat, dessen Feuer das Herz kräftiger schlagen läßt, so daß sie nicht zaudern, nicht nachlassen, auch wenn sie auf dem Weg leiden, manchmal sogar sehr viel leiden müssen.

Die Lesung der heutigen heiligen Messe hat mich tief bewegt, und ich kann mir vorstellen, daß es euch ähnlich ergangen ist. Ich verstand, daß der Herr uns durch die Worte des Apostels helfen will, das Geflecht der drei göttlichen Tugenden, die die Unterlage bilden, auf der das

* Homilie, gehalten am 8. Juni 1968 (Quatembersamstag in der Pfingstwoche).
[1] *Consideraciones espirituales,* Cuenca 1934, S. 67.

wahre Leben eines christlichen Mannes und einer christlichen Frau gewoben wird, zu betrachten.

Hört nochmals den heiligen Paulus: *Durch den Glauben gerechtfertigt, sind wir im Frieden mit Gott durch unsern Herrn Jesus Christus. Durch Ihn haben wir kraft des Glaubens Zutritt zu dem Gnadenstand erhalten, in dem wir uns befinden. Auch rühmen wir uns der Hoffnung auf die Herrlichkeit der Kinder Gottes. Aber nicht nur das. Wir rühmen uns auch der Trübsale. Wissen wir doch, daß die Trübsal zur Standhaftigkeit führt, die Standhaftigkeit zur Bewährung, die Bewährung zur Hoffnung. Die Hoffnung aber kann nicht trügen; denn die Liebe Gottes ist in unsere Herzen ausgegossen durch den Heiligen Geist, der uns verliehen wurde*[2].

206 Wir wollen heute in der Gegenwart Gottes, der hier vom Tabernakel aus auf uns herabschaut – wie stark macht uns doch diese wirkliche und wahrhaftige Nähe Jesu! – jene sanfte Gabe Gottes bedenken, die unsere Seele mit Freude erfüllt: die Hoffnung. Wir sind *spe gaudentes*[3], freudig in der Hoffnung, glücklich, denn uns erwartet – wenn wir treu sind – die unendliche Liebe.

Vergessen wir nicht, daß es für alle Menschen – also auch für jeden einzelnen von uns – auf Erden nur zwei Arten zu leben gibt: entweder lebt man ein auf Gott ausgerichtetes Leben und kämpft, um Gott zu gefallen, oder man lebt ein animalisches Leben, mit mehr oder weniger menschlichen Zügen, und achtet nicht auf Ihn. Ich habe jenen *Pseudo-Heiligen*, die damit angeben, Ungläubige zu

[2] Röm 5, 1–5.
[3] Röm 12, 12.

sein, nie besondere Beachtung geschenkt. Ich liebe sie aufrichtig als meine Brüder, wie ich alle Menschen liebe; ich bewundere ihren guten Willen, der in gewisser Hinsicht sogar heroische Formen annehmen kann, aber ich bemitleide sie, denn sie haben das große Unglück, daß ihnen das Licht und die Wärme Gottes fehlen – und die unaussprechliche Freude der Hoffnung auf Gott.

Ein aufrichtiger Christ, der konsequent seinen Glauben lebt, handelt immer mit übernatürlicher Sicht, den Blick auf Gott gerichtet; er arbeitet in dieser Welt, die er leidenschaftlich liebt, er setzt sich ein für das Irdische, aber er erhebt die Augen zum Himmel. Der heilige Paulus bestätigt uns das: *Quae sursum sunt quaerite. Sucht, was droben ist, wo Christus zur Rechten Gottes sitzt. Trachtet nach dem, was droben ist, nicht nach dem, was irdisch ist. Ihr seid ja gestorben* – durch die Taufe sterben wir allem, was nur irdisch ist –, *euer Leben ist mit Christus in Gott verborgen*[4].

Irdische Hoffnungen und christliche Hoffnung

Mit monotoner Beharrlichkeit wiederholen viele den 207
schon sattsam bekannten Spruch, *die Hoffnung sei das letzte, was man verliere;* so als könnte man sich auf die Hoffnung herausreden, um, Probleme und Gewissen verdrängend, den gewohnten Trott fortzusetzen, oder als wäre sie ein Freibrief, um die notwendige Korrektur des eigenen Verhaltens auf unbestimmte Zeit aufzuschieben und den

[4] Kol 3, 1–3.

Kampf um höhere Ziele, vor allem aber um das höchste Ziel, die Vereinigung mit Gott, auf später zu vertagen.

Hier scheint mir eine Verwechslung der Hoffnung mit der Bequemlichkeit vorzuliegen. Denn im Grunde besteht dabei nicht der geringste Wunsch, ein wirkliches Gut zu erobern, weder ein geistiges noch ein legitimes materielles Gut. Das höchste Verlangen mancher Menschen richtet sich nur darauf, alles zu umgehen, was die scheinbare Ruhe einer mittelmäßigen Existenz stören könnte. Ängstlich, kleinlaut und faul, ist die Seele bis zum Rande ausgefüllt von mehr oder minder feingesponnenen egoistischen Regungen; sie gibt sich damit zufrieden, daß die Tage *sine spe nec metu* – ohne Hoffnung und Furcht – verrinnen, ohne Ideale, die Anstrengung kosten, und ohne die Lästigkeit des Kampfes. Nur eins zählt: das Risiko der Blamage und der Tränen zu vermeiden. Wie aussichtslos ist es, etwas zu erlangen, wenn man, aus Angst vor den Mühen des dazu notwendigen Kampfes, den Wunsch, es zu besitzen, schon aufgegeben hat!

Man kann auch auf die oberflächliche Haltung derer stoßen, die – oft mit affektiertem Kultur- oder Wissenschaftsgetue – in der Hoffnung lediglich ein dankbares poetisches Thema sehen. Sie sind unfähig, sich aufrichtig mit sich selbst auseinanderzusetzen und sich für das Gute zu entscheiden; daher verkürzen sie die Hoffnung auf eine Illusion, auf einen utopischen Traum, auf einen bloßen Trost in der Trübsal und Härte des Lebens. Die Hoffnung – eine falsche Hoffnung! – wird für sie zu einer gehaltlosen Laune, die zu nichts führt.

Die Zahl der von Angst und Nichtigkeiten beherrschten Menschen ist in der Welt wohl sehr groß. Aber wir finden auch viele rechtschaffene Leute, die sich – wenngleich nur aus Menschenfreundlichkeit und ohne übernatürliche Perspektive – einem edlen Ideal verschrieben haben und dafür Entbehrungen aller Art auf sich nehmen, sich großzügig im Dienst an den Mitmenschen verausgaben, um deren Leiden lindern und ihre Schwierigkeiten meistern zu helfen. Ihnen gelten mein Respekt und meine Bewunderung wegen der Entschlossenheit, mit der sie sich für ein hohes Ideal einsetzen. Dennoch ist es meine Pflicht, daran zu erinnern, daß alles, was wir auf dieser Erde ausschließlich als unsere Sache betreiben, unweigerlich das Siegel der Vergänglichkeit trägt. Betrachtet die Worte der Heiligen Schrift: *Ich prüfte all meine Werke, die meine Hände vollbracht, und die Mühe, die ich beim Schaffen aufgewendet, und es ergab sich: Alles ist Nichtigkeit und Haschen nach Wind, und es bleibt kein Nutzen unter der Sonne*[5]. 208

Solche Hinfälligkeit unseres Wirkens erstickt aber die Hoffnung nicht. Im Gegenteil, sobald wir anerkennen, wie kümmerlich und vergänglich die irdischen Tätigkeiten sind, öffnet sich unser Tun für die wahre Hoffnung, die alles Menschenwerk erhebt und es zum Ort der Begegnung mit Gott macht. Auf diese Weise wird die Arbeit durch jenes unvergängliche Licht erhellt, das die Schatten der Enttäuschung vertreibt. Wenn wir hingegen die irdischen Unternehmungen absolut setzen und das ewige Leben in Gott, das Ziel nämlich, für das wir geschaffen wurden – den

[5] Pred 2, 11.

Herrn zu lieben und zu verehren, um Ihn einst im Himmel zu besitzen –, aus dem Auge verlieren, dann wird aus den großartigsten Plänen Verrat, und sie verwandeln sich sogar in Werkzeuge zur Entwürdigung des Menschen. Erinnert euch an den berühmten und so tief aufrichtigen Ausruf des heiligen Augustinus, der in der Zeit, da er Gott nicht kannte und das Glück fern von Ihm suchte, soviel Bitterkeit erfahren mußte: *Du hast uns geschaffen, Herr, damit wir Dein seien, und unser Herz ist unruhig, bis es ruht in Dir!*[6] Vielleicht gibt es im Leben des Menschen nichts Tragischeres als die Täuschungen, denen er durch Verderbnis oder Verfälschung der Hoffnung erliegt; und die Hoffnung verrottet dann, wenn sie nicht mehr die Liebe zum Gegenstand hat, welche sättigt, ohne je satt zu machen.

Die Gewißheit, mich als Sohn Gottes fühlen zu dürfen, erfüllt mich – und ich möchte, daß es euch ebenso ergeht – mit wirklicher Hoffnung. Als übernatürliche Tugend paßt sie sich, wenn sie uns Geschöpfen eingegossen wird, vollkommen unserer Natur an und ist so zugleich eine sehr menschliche Tugend. Ich bin glücklich in der Gewißheit, daß wir den Himmel erlangen werden, wenn wir treu bleiben bis ans Ende, und daß uns die Seligkeit zuteil werden wird, *quoniam bonus*[7], weil Gott gut ist und grenzenlos sein Erbarmen. Diese Überzeugung läßt mich begreifen, daß nur das, was Gottes Spuren an sich trägt, ein unauslöschliches Siegel der Ewigkeit und damit einen unvergänglichen Wert besitzt. Deshalb trennt mich die Hoffnung nicht von den Dingen der Erde, sondern führt mich auf

[6] Augustinus, *Confessiones,* 1,1,1 (PL 32, 661).
[7] Ps 105, 1.

eine neue, christliche Weise in sie hinein, indem ich danach strebe, überall den Bezug der – gefallenen – Natur zu Gott, dem Schöpfer und Erlöser, zu entdecken.

Hoffen – auf was?

Mancher fragt sich vielleicht: Auf was sollen wir Chri- 209
sten hoffen? Die Welt bietet uns viele Güter, die das Herz, das sich nach Seligkeit und Liebe sehnt, ansprechen. Außerdem wollen wir ja Frieden und Freude großzügig aussäen; wir begnügen uns nicht mit persönlichem Wohlergehen, sondern bemühen uns um das Wohl der anderen.

Die Perspektive mancher Menschen ist zwar anerkennenswert, aber doch zu flach und nur auf vergängliche und flüchtige Ideale ausgerichtet. Sie vergessen dabei, daß die Sehnsucht des Christen nach viel höheren – nach unendlichen – Zielen verlangen muß. Wir streben nach der Liebe Gottes selbst, wir wollen sie in nie endender Freude genießen. Wenn diese unsere Welt einmal endet, wird allen alles vergehen; und für den einzelnen vergeht alles schon vorher, mit dem Tode nämlich, da weder Reichtum noch Ehre uns ins Grab begleiten werden. Deshalb haben wir, auf den Flügeln der Hoffnung, die das Herz zu Gott erhebt, gelernt zu beten: *In te, Domine, speravi, non confundar in aeternum*[8], auf Dich, o Herr, setze ich meine Hoffnung, damit Deine Hand mich leitet, jetzt und allezeit und bis in Ewigkeit.

[8] Ps 30, 2.

210 Der Herr hat uns nicht erschaffen, damit wir hier eine bleibende Stätte errichten[9], denn *diese Welt ist der Weg zur künftigen, die eine Wohnung ohne Leiden sein wird*[10]. Trotzdem dürfen wir als Kinder Gottes den irdischen Tätigkeiten nicht den Rücken kehren, denn Gott stellt uns in sie hinein, damit wir sie heiligen und sie mit unserem Glauben durchdringen; nur dieser Glaube kann jeder einzelnen Seele und unserer Umwelt im ganzen den wahren Frieden und die wirkliche Freude geben. Das ist seit 1928 das ständige Thema meiner Verkündigung gewesen: Es tut dringend not, die Gesellschaft zu verchristlichen und in alle Bereiche dieser unserer Welt den Sinn für das Übernatürliche zu tragen: wir alle müssen darum bemüht sein, unser tägliches Tun, unsere Arbeit, unseren Beruf in die Dimension der Gnade hineinzustellen. Dann werden alle menschlichen Tätigkeiten in einer neuen Hoffnung erstrahlen, die über die Zeit und die Vergänglichkeit dieser Welt hinausweist.

Auf Grund der Taufe sind wir Träger des Wortes Christi, das die verwundeten Seelen gelassen macht, entflammt und mit Frieden erfüllt. Damit der Herr in uns und durch uns wirkt, müssen wir Ihm sagen, daß wir bereit sind, jeden Tag zu kämpfen, auch wenn wir uns schwach und unnütz vorkommen und die schwere Last der eigenen Erbärmlichkeit und Schwäche spüren. Wir müssen Ihm immer wieder sagen, daß wir auf Ihn, auf seinen Beistand vertrauen: *gegen alle Hoffnung*[11], wie Abraham, wenn es sein

[9] Vgl. Hebr 13, 14.
[10] Jorge Manrique, *Coplas*, V.
[11] Röm 4, 18.

muß. So werden wir mit neuem Eifer arbeiten und unseren Mitmenschen jene Gelassenheit bringen, die frei ist von Haß, Argwohn, Borniertheit, Verständnislosigkeit und Pessimismus, denn Gott vermag alles.

Wo immer wir sind, fordert uns der Herr zur Wach- 211
samkeit auf. Nähren wir in unserer Seele das hoffnungsfrohe Verlangen nach einer Heiligkeit mit Werken, weil der Herr uns darum bittet. *Schenke mir, mein Sohn, dein Herz*[12], sagt Er uns leise. Höre auf, mit deiner Phantasie Luftschlösser zu bauen, und entschließe dich, Gott deine Seele zu öffnen, denn einzig und allein in Ihm wirst du den tragfähigen Grund für deine Hoffnung und für dein Bemühen finden, den anderen Gutes zu tun. Wenn man nicht gegen sich selbst kämpft und die Feinde, die in die innere Festung eindringen, nicht entschieden verjagt – den Stolz, den Neid, die Begierlichkeit des Fleisches und der Augen, die Selbstgerechtigkeit und das törichte Verlangen nach zügelloser Freiheit –, wenn man also keine inneren Schlachten schlagen will, dann verwelken die edelsten Ideale *gleich der Blume auf der Au. Die Sonne geht auf mit ihrer Glut und versengt das Gras. Seine Blüte verwelkt, und ihr schöner Anblick ist dahin*[13]. Aus kleinsten Ritzen sprießen dann wie alles überwucherndes Unkraut die Entmutigung und die Traurigkeit hervor.

Christus gibt sich nicht mit einem schwankenden Ja zufrieden. Er will – und Er hat ein Recht darauf –, daß wir entschlossen vorwärtsgehen und daß wir auch dann nicht nachgeben, wenn der Weg einmal schwer wird. Er verlangt

[12] Spr 23, 26.
[13] Jak 1, 10–11.

feste, konkrete Schritte. Allgemeine Vorsätze sind für gewöhnlich von geringem Nutzen, denn sie bleiben zu unbestimmt; ich halte sie deshalb für trügerische Illusionen, die den Ruf Gottes in der Seele ersticken möchten: Irrlichter, die weder zünden noch wärmen und genauso flüchtig, wie sie aufgeflammt sind, wieder verschwinden.

Erst dann bin ich von der Ernsthaftigkeit deiner Absicht, das Ziel zu erreichen, überzeugt, wenn ich sehe, daß du mit Entschiedenheit voranschreitest. Tu das Gute, indem du dich prüfst, wie deine Einstellung bei den gewöhnlichen Arbeiten ist; übe Gerechtigkeit, und zwar in den dir zugänglichen Bereichen, und auch dann, wenn dir die Müdigkeit zusetzt; mache deine Mitmenschen etwas glücklicher, indem du ihnen voller Freude dort dienst, wo du stehst; und erledige deine Arbeit so vollkommen wie nur möglich: mit Einfühlungsgabe, mit einem Lächeln, in christlicher Haltung. Und all das aus Liebe zu Gott und um Ihn zu ehren, den Blick auf Ihn gerichtet und mit der Sehnsucht nach der ewigen Heimat. Das ist das einzige Ziel, das sich wirklich lohnt.

Ich vermag alles

212 Sage mir nicht, du versuchtest Christus ähnlicher zu werden, Ihn zu erkennen und zu lieben, wenn du nicht kämpfst. Wollen wir die sichere Straße der Nachfolge Christi gehen und als Kinder Gottes handeln, dann wissen wir schon, was auf uns wartet: das Heilige Kreuz, der Garant unserer Hoffnung auf Vereinigung mit dem Herrn.

Schon jetzt, im voraus, möchte ich dir sagen, daß der Weg der Nachfolge kein bequemes Unterfangen ist: so zu leben, wie der Herr es will, kostet Anstrengung. Ich lese euch die Stelle vor, in der Paulus die Wagnisse und Leiden aufzählt, die er auf sich nahm, um den Willen Jesu zu erfüllen: *Von den Juden empfing ich fünfmal vierzig Streiche weniger einen. Dreimal wurde ich mit Ruten geschlagen, einmal gesteinigt. Dreimal erlitt ich Schiffbruch. Einen Tag und eine Nacht trieb ich auf hoher See umher. Oftmals auf Wanderungen: Gefahren auf Flüssen, Gefahren von Räubern, Gefahren von meinem Volke, Gefahren von Heiden, Gefahren in den Städten, Gefahren in der Wüste, Gefahren auf dem Meere, Gefahren von falschen Brüdern. Dazu Mühen und Beschwerden, schlaflose Nächte, Hunger und Durst, viele Fasten, Kälte und Blöße. Von allem anderen abgesehen, liegt auf mir der tägliche Andrang, die Sorge um alle Gemeinden*[14].

Ich möchte das Gespräch mit dem Herrn immer im Blick auf die konkrete Wirklichkeit führen, ohne mir Theorien auszudenken oder von großen Entsagungen und Heldentaten zu träumen, zu denen für gewöhnlich keine Gelegenheit besteht. Wichtig ist eines: daß wir die Zeit nutzen, die uns durch die Finger rinnt; nach christlichen Maßstäben ist diese Zeit mehr als *Geld*, sie ist ein Pfand der Herrlichkeit, die uns zuteil werden soll.

Es ist nun ziemlich wahrscheinlich, daß uns in unserem Alltag niemals so schwere und zahlreiche Prüfungen wie im Leben des heiligen Paulus begegnen werden. Wir spüren

[14] 2 Kor 11, 24–28.

gemeinen Egoismus, die Prankenhiebe der Sinnlichkeit, sind von einem sinnlosen, lächerlichen Hochmut und von vielen anderen Fehlern geschlagen. Ein einziges Elend. Werden wir darum den Mut verlieren? Nein, denn zusammen mit Paulus können wir dem Herrn sagen: *Ich habe Wohlgefallen an meinen Schwachheiten, Mißhandlungen, Nöten, Verfolgungen und Bedrängnissen um Christi willen. Denn wenn ich schwach bin, dann bin ich stark*[15].

213 Es gibt Zeiten, in denen alles verkehrt läuft, alles anders, als wir es uns vorgestellt hatten. Unwillkürlich möchten wir rufen: Herr, alles bricht mir zusammen, alles stürzt mir ein! Das ist die Zeit umzudenken: Herr, mit Dir zusammen komme ich sicher voran, denn Du bist die Stärke selbst: *quia tu es, Deus, fortitudo mea*[16], Du, mein Gott, bist meine Stärke.

Bemühe dich, ich bitte dich darum, mitten in deiner Arbeit und in allem, was du tust, die Augen beharrlich auf den Himmel zu richten; denn die Hoffnung ist es, die uns die starke Hand Gottes ergreifen läßt; immer streckt Er sie uns entgegen, damit wir nicht die übernatürliche Sicht verlieren – gerade auch dann, wenn Leidenschaften uns bedrängen, die uns in dem kümmerlichen Schlupfloch des eigenen Ich gefangen halten möchten, oder wenn wir in kindischer Eitelkeit meinen, wir seien der Mittelpunkt der Welt. Ich lebe in der Überzeugung, daß mir niemals etwas gelingen wird, wenn ich nicht auf Jesus Christus blicke. Und ich weiß, daß die Fähigkeit, mich selbst zu besiegen und zu siegen, daher rührt, daß ich daran festhalte: *Alles*

[15] 2 Kor 12, 10.
[16] Ps 42, 2.

vermag ich in dem, der mich stärkt[17]. Dieses Wort enthält die unumstößliche Verheißung, daß Gott seine Kinder nicht verläßt, wenn sie Ihn nicht verlassen.

Elend und Verzeihung

Der Herr ist uns, seinen Geschöpfen, so nahe gekom- 214
men, daß wir alle im Herzen die Sehnsucht nach Höhe und Weite tragen, daß wir nach kühnem Flug, nach Werken voller Güte verlangen. Wenn ich jetzt in dir diese Sehnsucht neu zu entfachen versuche, dann deshalb, damit dir klar wird, welche Sicherheit der Herr in deine Seele hineingelegt hat: Wenn du Ihn wirken läßt, wirst du da, wo du bist, ein nützliches Werkzeug von ungeahnter Wirksamkeit sein. Dazu ist aber nötig, daß du dieses in dich gesetzte Vertrauen nicht feige verspielst; sei darum nicht so anmaßend-naiv, daß du die Schwierigkeiten deines christlichen Weges für gering hältst.

Nichts soll uns wundern. Als Folge unserer gefallenen Natur tragen wir in uns ein Prinzip der Opposition, des Widerstandes gegen die göttliche Gnade: die Wunden der Ursünde, die durch unsere persönlichen Sünden noch tiefer werden. Deshalb müssen all unsere täglichen Anstrengungen voranzuschreiten, unsere ganze praktische Arbeit, tagaus, tagein, die das Göttliche wie das Menschliche widerspiegelt, immer in die Liebe Gottes einmünden; doch gelingt das nur, wenn wir sie in Demut, mit einem zer-

[17] Phil 4, 13.

knirschten Herzen, im Vertrauen auf die göttliche Hilfe und – als hinge alles von uns allein ab – auch unter Aufbietung aller Kräfte tun.

Solange der Kampf andauert – und das wird er, bis der Tod kommt –, mußt du mit der Möglichkeit rechnen, daß der Feind von innen und von außen anstürmen wird; und damit noch nicht genug: daß die Erinnerung an frühere, vielleicht zahlreiche Fehler dich lähmen kann. Aber im Namen Gottes sage ich dir: Gib die Hoffnung nicht auf. Solltest du einmal in eine solche Situation geraten – sie kommt nicht bei jedem vor und sie ist auch kein bleibender Zustand –, dann verwandle sie in einen weiteren Anlaß, dich noch inniger mit dem Herrn zu vereinigen; denn Er, der dich als seinen Sohn erwählt hat, wird dich nicht verlassen. Er läßt die Prüfung zu, damit du Ihn mehr liebst und deutlicher entdeckst, daß seine Liebe dich ständig beschützt.

Ich wiederhole: Verliere nicht den Mut, denn Christus, der uns am Kreuz verziehen hat, schenkt uns weiterhin seine Vergebung im Sakrament der Buße, und immer *haben wir einen Fürsprecher beim Vater, Jesus Christus, den Gerechten. Er ist das Sühnopfer für unsere Sünden, und nicht nur für unsere, sondern auch für die der ganzen Welt*[18], damit wir den Sieg erringen.

Vorwärts, was immer auch geschieht! Ergreife fest die Hand des Herrn und bedenke, daß Gott keine Schlachten verliert. Wenn du dich einmal von Ihm entfernst, dann kehre demütig um, und das heißt: beginnen und immer

[18] 1 Jo 2, 1–2.

wieder beginnen, täglich oder sogar oftmals am Tag wie der verlorene Sohn zurückkommen und das reuige Herz in dem Wunder der Liebe Gottes – nichts anderes ist ja die Beichte – aufrichten. Durch dieses wunderbare Sakrament reinigt der Herr deine Seele und erfüllt dich mit Freude und Kraft, damit du im Kampf nicht müde wirst und immer wieder zu Gott heimkehrst, mag dir auch alles finster erscheinen. Außerdem beschützt dich die Mutter Gottes, die auch unsere Mutter ist; ihre mütterliche Sorge gibt deinen Schritten Halt.

Gott wird niemals müde zu verzeihen

In der Heiligen Schrift heißt es, daß sogar *der Gerechte siebenmal am Tage fällt*[19]. Jedesmal wenn ich diese Worte lese, bin ich im Herzen tief getroffen aus Liebe und aus Schmerz. Denn einmal mehr begegnet uns der Herr mit einem göttlichen Hinweis auf die Unendlichkeit seiner Barmherzigkeit, seiner Sanftmut, seiner Milde. Seid gewiß, Gott will unsere Erbärmlichkeiten nicht, aber Er ignoriert sie auch nicht, Er rechnet mit ihnen, damit wir uns heiligen. 215

Tief getroffen aus Liebe, sagte ich eben. Betrachte ich nämlich mein Leben aufrichtig, dann merke ich: Ich bin nichts, ich habe nichts, ich vermag nichts, ich tauge nichts – ich bin ein Nichts! Aber Er ist Alles, und zugleich ist Er mein, und ich bin sein, denn Er weist mich nicht ab. Er hat

[19] Spr 24, 16.

sich für mich hingegeben. Habt ihr je eine größere Liebe gesehen?

Und tief getroffen bin ich auch aus Schmerz: Ich prüfe mein Verhalten und erschrecke angesichts der Unzahl meiner Nachlässigkeiten. Ich brauche mir nur die paar Stunden, seitdem ich heute morgen aufgestanden bin, zu vergegenwärtigen: wieviel Mangel schon an Liebe und an Treue. Das schmerzt mich wirklich, aber es raubt mir nicht den Frieden. Ich werfe mich vor Gott nieder und sage Ihm klar, wie es mit mir steht. Sofort verspüre ich die Sicherheit seines Beistandes und höre im Grunde meines Herzens, wie Er mir langsam sagt: *Meus es tu*[20], du bist mein! Ich wußte, wie du bist, und ich weiß es: Vorwärts also!

Es kann gar nicht anders sein: Wenn wir uns ständig in die Gegenwart Gottes versetzen, wird unser Vertrauen wachsen, weil wir merken, daß seine Liebe und sein Ruf immer lebendig bleiben, denn Gott ermüdet niemals in seiner Liebe zu uns. Die Tugend der Hoffnung ist es, die uns lehrt, daß wir ohne Ihn nicht einmal die kleinste Pflicht erfüllen können. Mit Ihm aber, mit seiner Gnade, vernarben unsere Wunden; mit seiner Kraft umhüllt, vermögen wir den Angriffen des Feindes zu widerstehen und besser zu werden. Summa summarum: Das Bewußtsein, daß wir nur wie zerbrechliche Töpferware sind, wird uns vor allem dazu bringen, unsere Hoffnung immer fester in Christus Jesus zu verankern.

216 Mischt euch oft unter die Gestalten des Neuen Testaments. Nehmt voller Glück jene ergreifenden Episoden

[20] Is 43, 1.

vom göttlichen und menschlichen Handeln und Sprechen des Meisters in euch auf, wenn Er die wunderbaren Parabeln von der Vergebung und von der ständig bleibenden Liebe zu seinen Kindern erzählt. Auch heute ahnen wir in der ständigen Aktualität des Evangeliums etwas vom Himmel: Es wird vernehmbar, spürbar, ja mit Händen greifbar, daß Gott uns beschützt; und dieser göttliche Schutz wird immer deutlicher, je mehr wir trotz unseres Stolperns voranschreiten, beginnen und immer wieder beginnen – denn darin besteht das innere Leben, das sich aus der Hoffnung auf Gott nährt.

Ohne den echten Eifer, die inneren und äußeren Hindernisse überwinden zu wollen, wird uns der Siegeskranz nicht zuteil. *Wer im Ringkampf auftritt, erhält nur dann den Siegeskranz, wenn er ordnungsgemäß kämpft*[21]. *Der Kampf wäre nicht ordnungsgemäß, wenn es keinen Gegner gäbe, gegen den man antritt. Wenn es daher keinen Gegner gibt, gibt es keinen Kranz, denn wo kein Besiegter ist, kann es keinen Sieger geben*[22].

Die Widerwärtigkeiten nehmen uns also nicht den Mut, sondern sie spornen uns an, als Christen zu wachsen: Der Kampf heiligt uns und macht unsere apostolische Arbeit wirksamer. Wenn wir betrachten, wie Jesus Christus, zuerst im Ölgarten und dann in der schmachvollen Verlassenheit des Kreuzes, den Willen des Vaters annimmt und liebt, während das ungeheuerliche Gewicht der Passion auf Ihm lastet, dann wird uns deutlich, daß Ihm nachzufolgen, für einen guten Jünger auch einschließt, den Rat des Herrn

[21] 2 Tim 2, 5.
[22] Gregor von Nyssa, *De perfecta christiani forma,* (PG 46, 286).

ernstzunehmen: *Wer mir nachfolgen will, verleugne sich selbst, nehme sein Kreuz auf sich und so folge er mir*[23]. Darum halte ich die Bitte *Herr, kein Tag ohne Kreuz!* für sehr gut. Mit Hilfe der Gnade wird sich so unser Charakter festigen, und Gott wird uns gebrauchen können, trotz unseres Elends.

Verstehst du? Wenn du einen Nagel in die Wand schlägst und auf keinen Widerstand stößt, wie kannst du an ihm etwas aufhängen? Wenn wir nicht, mit Gottes Beistand, durch das Opfer stärker werden, können wir niemals taugliche Werkzeuge des Herrn sein. Wenn wir uns dagegen entschließen, die Widerwärtigkeiten aus Liebe zu Gott freudig zu nutzen, wird es uns nicht schwer fallen, das Mühsame und Unangenehme, das Harte und Unbequeme mit dem Ausruf der Apostel Jakobus und Johannes hinzunehmen: *Wir können es!*[24]

Der Kampf ist wichtig

217 Ich muß euch vor einer Falle warnen, die uns der Teufel – er gönnt sich wirklich nie eine Ruhepause – zu stellen sucht, um uns den Frieden zu nehmen. Gelegentlich können Zweifel aufkommen, die Versuchung nämlich zu denken, man käme kaum vorwärts oder falle sogar zurück; oder die sich aufdrängende Überzeugung, wir würden, trotz aller Bemühungen, nicht nur nicht besser, sondern sogar schlechter. Ich kann euch versichern, daß diese pes-

[23] Mt 16, 24.
[24] Mk 10, 39.

simistische Sicht für gewöhnlich nur Schein und Täuschung ist. In Wahrheit wird eben die Seele nur aufmerksamer, das Gewissen feinfühliger, die Liebe fordernder. Je heller das Wirken der Gnade leuchtet, desto mehr fallen Kleinigkeiten ins Auge, die im Halbdunkel unsichtbar geblieben wären. Wir tun aber gut daran, diese Unruhe aufmerksam zu prüfen, denn der Herr gibt uns dieses Licht, damit wir demütiger oder großzügiger werden. Denkt daran, daß uns Gottes Vorsehung ununterbrochen leitet und daß Er mit seiner Hilfe nicht geizt: mit großen oder mit kleinen Wundern bringt Gott seine Kinder voran.

Militia est vita hominis super terram, et sicut dies mercenarii, dies eius[25], das Leben des Menschen auf Erden ist ein Kriegsdienst, seine Tage verstreichen unter der Last der Arbeit. Niemand kann sich diesem Auftrag entziehen, auch die Faulenzer nicht, die nichts von ihm wissen wollen. Sie desertieren aus den Reihen Christi und stürzen sich in andere Kämpfe, um ihre Faulheit, ihre Eitelkeit, ihr jämmerliches Streben zu befriedigen. Sie werden zu Sklaven der eigenen Launen.

Da der Zustand des Kampfes zur Natur des menschlichen Geschöpfes gehört, versuchen wir, unsere Pflichten mit Beständigkeit zu erfüllen, indem wir gutwillig und mit lauterer Absicht beten und arbeiten und dabei immer Gottes Erwartungen an uns im Blick haben. Unser Verlangen nach Liebe wird gestillt werden, unser Streben nach Heiligkeit wird nicht nachlassen, auch wenn wir am Ende jeden Tages feststellen, daß vor uns noch ein langer Weg liegt.

[25] Jb 7, 1.

Erneuert jeden Tag mit einem entschlossenen *Serviam!* – ich will Dir dienen, Herr! – den Vorsatz, nicht aufzugeben, nicht faul oder nachlässig zu werden, die Arbeit mit mehr Hoffnung und Optimismus anzugehen. Wir sind ja davon überzeugt, daß ein aufrichtiger Akt der Liebe die Niederlage in einem Scharmützel wettmacht.

218 Die Tugend der Hoffnung – dieses Sichersein, daß Gott uns mit seiner Vorsehung und seiner Allmacht leitet und uns alle notwendigen Mittel gibt – vergegenwärtigt uns die immerwährende Güte des Herrn gegenüber den Menschen, dir und mir gegenüber: Er ist immer bereit, uns zu hören, und nie wird Er müde, sich uns zuzuwenden. Er will alles von dir hören: deine Freuden, deine Erfolge und deine Liebe genauso wie deine Nöte, dein Leid und dein Versagen. Hoffe deshalb auf Ihn nicht nur dann, wenn du auf deine Schwäche stößt; wende dich an deinen Vater im Himmel in den guten und in den schlimmen Lagen, suche unentwegt den Schutz seiner Barmherzigkeit. Es bedarf keiner großen Demut, um wahrzunehmen, daß wir nichts sind, nur eine lange Reihe von Nullen; und doch verwandelt sich diese Einsicht in eine unwiderstehliche Kraft, denn links von den Nullen steht Christus: welch unermeßliche Zahl! *Der Herr ist mein Licht und mein Heil, wen sollte ich fürchten?*[26]

Gewöhnt euch daran, hinter allen Dingen Gott zu gewahren. Seid euch dessen bewußt, daß Er stets auf uns wartet, uns sieht und mit Recht Treue in der Nachfolge verlangt, ohne daß wir den Platz verlassen, der uns in der Welt

[26] Ps 26, 1.

zukommt. Gehen wir unseren Weg mit liebevoller Wachsamkeit und mit dem aufrichtigen Wunsch zu kämpfen, damit wir uns unserem göttlichen Begleiter nicht entziehen.

Dieser Kampf eines Kindes Gottes ist nicht von trauri- 219
gem Verzicht, von trüber Resignation oder von Freudlosigkeit geprägt: er ist vielmehr der Kampf eines Liebenden, der bei der Arbeit und beim Ausruhen, in der Freude und im Leid immer den geliebten Menschen vor Augen hat und sich um dieses Menschen willen gern allen Schwierigkeiten stellt. Bei uns ist es außerdem so – ich möchte das wiederholen –, daß Gott keine Schlachten verliert, mit Ihm im Bunde dürfen wir uns immer Sieger nennen. Das ist meine Erfahrung: Wenn ich treu seinen Bitten folge, dann *läßt Er mich lagern auf grünen Auen, zum Ruheplatz am Wasser führt Er mich. Er labt meine Seele. Er leitet mich auf rechten Pfaden in der Kraft seines Namens. Muß ich auch wandern in finsterer Schlucht, ich fürchte kein Unheil, denn Du bist bei mir. Dein Stock und Dein Stab, die sind es, die mich trösten*[27].

In den Kämpfen der Seele ist die Strategie vielfach eine Frage der Zeit, der geduldigen und beharrlichen Anwendung des rechten Mittels. Immer wieder Gebetsakte der Hoffnung. Denkt daran: In eurem inneren Leben werdet ihr Niederlagen erleiden, ihr werdet Schwankungen erfahren – gebe Gott, daß sie kaum bemerkbar sind –, denn niemand ist frei von solchen Anfechtungen. Aber der Herr, der allmächtig und barmherzig ist, hat uns die geeigneten

[27] Ps 22, 2–4.

Mittel gegeben, um siegen zu können. Es genügt, daß wir sie anwenden und entschlossen sind – ich sagte es schon –, wenn nötig, immer wieder neu zu beginnen.

Geht wöchentlich – und immer, wenn ihr es nötig habt, aber ohne Skrupeln Raum zu geben – zum heiligen Sakrament der Buße, zum Sakrament der göttlichen Vergebung. Mit der Gnade angetan, werden wir die Gebirge durchqueren[28] und den steilen Weg der Erfüllung unserer christlichen Pflichten mit Beständigkeit zurücklegen. Wenn wir mit gutem Willen zu diesen Hilfen greifen und den Herrn bitten, Er möge uns Tag für Tag eine stärkere Hoffnung schenken, dann werden wir die ansteckende Freude der Kinder Gottes besitzen: *Wenn Gott für uns ist, wer ist dann gegen uns?*[29] Optimismus also. In der Kraft der Hoffnung werden wir kämpfen, um den zähen Unrat zu tilgen, den die Säleute des Hasses ausstreuen. Aus einer neuen, freudigen Sicht werden wir die Welt wiederentdecken. Schön und rein ist sie aus den Händen Gottes hervorgegangen, und an uns liegt es – wenn wir zur wirklichen Reue fähig werden –, sie dem Herrn in dieser Schönheit zurückzugeben.

Den Blick zum Himmel gerichtet

220 Wachsen wir in der Hoffnung, so werden wir auch sicherer im Glauben, denn er *ist das feste Vertrauen auf das, was man erhofft, die Überzeugung von dem, was man*

[28] Vgl. Ps 103, 10.
[29] Röm 8, 31.

nicht sieht[30]. In dieser Tugend wachsen heißt den Herrn anflehen, Er möge in uns die Liebe vermehren, denn wirkliches Vertrauen setzt man nur in das, was man mit aller Kraft liebt. Und es lohnt sich, den Herrn zu lieben. Ihr habt genau wie ich erfahren, daß, wer liebt, sich dank des liebenden Gleichklangs der Herzen rückhaltlos hingibt. Wie wird da erst die Liebe Gottes sein? Wißt ihr nicht, daß Christus für jeden von uns gestorben ist? Das erlösende Opfer des Herrn – es galt wirklich unserem armseligen, kleinen Herzen.

Der Herr spricht häufig von dem Lohn, den Er uns durch seinen Tod und seine Auferstehung erworben hat. *Ich gehe hin, euch eine Stätte zu bereiten. Wenn ich dann hingegangen bin und euch eine Stätte bereitet habe, so komme ich wieder und nehme euch zu mir, damit auch ihr seid, wo ich bin*[31]. Der Himmel ist das Ziel unseres irdischen Weges. Jesus Christus ist uns vorausgegangen und erwartet uns dort mit der Mutter Gottes und dem heiligen Josef – den ich so sehr verehre –, den Engeln und den Heiligen.

Niemals hat es an Irrlehrern gefehlt – auch selbst nicht in der apostolischen Zeit –, die versucht haben, den Christen die Hoffnung zu rauben. *Wenn aber gepredigt wird, daß Christus von den Toten auferstanden ist, wie können dann einige von euch behaupten, es gebe keine Auferstehung der Toten? Gibt es keine Auferstehung der Toten, so ist auch Christus nicht auferstanden. Ist aber Christus nicht auferstanden, dann ist unsere Predigt hinfällig und hinfäl-*

[30] Hebr 11, 1.
[31] Jo 14, 2–3.

lig auch euer Glaube ...[32]. Unser Weg ist ein göttlicher Weg. Jesus ist der Weg, die Wahrheit und das Leben[33]; in Ihm haben wir das sichere Unterpfand dafür, daß dieser Weg in die ewige Seligkeit einmündet, wenn wir uns nicht vom Herrn trennen.

221 Wie herrlich wird es sein, wenn unser Vater Gott zu uns sagt: *Du guter und getreuer Knecht, weil du über weniges treu gewesen bist, will ich dich über vieles setzen: Geh ein in die Freude deines Herrn*[34]. Hoffnung! Das ist das Wunder der beschaulichen Seele. Wir leben aus dem Glauben, aus der Hoffnung, aus der Liebe. Und die Hoffnung macht uns stark. Erinnert ihr euch an das Wort des heiligen Johannes? *Ich schreibe euch, die ihr jung seid, denn ihr seid stark, und das Wort Gottes bleibt in euch. Ihr habt den Bösen überwunden*[35]. Gott drängt uns, Er will eine ewige Jugend für die Kirche und für die ganze Menschheit. Gleich König Midas, der alles, was er berührte, in Gold verwandelte, so könnt ihr alles Menschliche vergöttlichen.

Vergeßt es niemals: Nach dem Tod wird euch die Ewige Liebe aufnehmen. Und in ihr, in der Liebes Gottes, werdet ihr außerdem alle lautere Liebe wiederfinden, die ihr auf Erden empfunden habt. Der Herr will, daß wir diese kurze Zeit unseres Lebens verbringen, indem wir arbeiten und wie Jesus *Gutes tun*[36]. Unterdessen müssen wir aufhorchen in Erwartung jenes liebenden Zurufs, den der heilige Ignatius von Antiochien in seiner Seele vernahm, als die

[32] 1 Kor 15, 12–14.
[33] Vgl. Jo 14, 6.
[34] Mt 25, 21.
[35] 1 Jo 2, 14.
[36] Vgl. Apg 10, 38.

Stunde des Martyriums herannahte: *Komm zum Vater!*[37] zu deinem Vater, der dich sehnsüchtig erwartet.

Bitten wir die Mutter Gottes, *Spes nostra*, unsere Hoffnung, sie möge in uns das heilige Verlangen entzünden, daß wir alle einmal im Hause des Vaters wohnen. Nichts wird uns das Herz schwer machen, wenn wir es in dieser Sehnsucht nach der wahren Heimat verankern. Durch den Aufwind seiner Gnade wird der Herr unser Boot an das ersehnte Ufer gelangen lassen.

[37] Ignatius von Antiochien, *Epistola ad Romanos*, 7 (PG 5, 694).

MIT DER KRAFT DER LIEBE*

Aus der Menge heraus hat ein Schriftgelehrter dem Herrn eine Frage gestellt; er gehört zu denen, die im Gestrüpp einer selbstentwickelten, sterilen Kasuistik die Moses geoffenbarte Lehre nicht mehr wahrzunehmen vermochten. Die göttliche Antwort Jesu an ihn, gemessen und von der sicheren Überzeugungskraft eines zutiefst Wissenden getragen, lautet: *Du sollst den Herrn, deinen Gott, lieben, mit deinem ganzen Herzen, mit deiner ganzen Seele, mit deinem ganzen Gemüt. Dies ist das erste und größte Gebot. Das zweite aber ist diesem gleich: Du sollst deinen Nächsten lieben wie dich selbst. An diesen beiden Geboten hängt das ganze Gesetz und die Propheten*[1]. 222

Vergegenwärtigt euch jetzt den Meister, mit seinen Jüngern versammelt in der vertrauten Gemeinschaft des Abendmahlssaales. Die Stunde seines Leidens naht, der Herr ist umgeben von den Menschen, die Er liebt, und sein Herz ist ein einziger Feuerbrand. Er sagt zu seinen Jün-

* Homilie, gehalten am 6. April 1967.

[1] Mt 22, 37–40.

gern: *Ein neues Gebot gebe ich euch, daß ihr einander liebt, wie ich euch geliebt habe. So sollt auch ihr einander lieben. Daran sollen alle erkennen, daß ihr meine Jünger seid, wenn ihr einander liebt*[2].

Um dem Herrn durch die Lektüre des heiligen Evangeliums näher zu kommen, habe ich euch immer empfohlen, euch in die jeweilige Szene so hineinzuversetzen, als ob ihr eine der anwesenden Personen wäret. Dann werdet ihr wie Maria – und ich kenne viele ganz normale Menschen, die so leben – nur für Ihn da sein und an seinen Lippen hängen, oder wie Martha wagen, Ihm aufrichtig all eure Sorgen, auch die unbedeutendsten, anzuvertrauen[3].

223 Herr, warum nennst Du dieses Gebot neu? Haben wir nicht soeben gehört, daß die Liebe zum Nächsten schon im Alten Bund geboten war? Und außerdem – ihr wißt es – hat Jesus zu Beginn seines öffentlichen Wirkens mit göttlicher Großherzigkeit diese Forderung erweitert: *Ihr habt gehört, daß gesagt worden ist: Du sollst deinen Nächsten lieben und deinen Feind hassen. Ich aber sage euch: Liebet eure Feinde, tut Gutes denen, die euch hassen, und betet für die, die euch verfolgen und verleumden*[4].

Herr, gestatte also, daß wir Dich nochmals fragen: Warum nennst Du dieses Gebot auch jetzt noch neu? In jener Nacht, wenige Stunden vor Deinem Opfertod am Kreuz, während des herzlichen Gespräches mit denen, die Dich trotz ihrer persönlichen Schwäche und ihrer Armse-

[2] Jo 13, 34–35.
[3] Vgl. Lk 10, 39–40.
[4] Mt 5, 43–44.

ligkeit – die ja auch uns so vertraut sind – nach Jerusalem begleitet hatten, hast Du uns ein unerwartetes Maß der Liebe geoffenbart: *Wie ich euch geliebt habe.* Sie werden Dich wohl verstanden haben, jene Apostel, die Zeugen Deiner unergründlichen Liebe gewesen waren!

Die Verkündigung und das Beispiel des Meisters sind klar, eindeutig. Er hat seine Lehre durch Taten bekräftigt. Und doch muß ich oft daran denken, daß dieses Gebot auch nach zwanzig Jahrhunderten immer noch *neu* ist, weil sich sehr wenige Menschen um seine Verwirklichung bemüht haben. Die anderen – die meisten – haben es vorgezogen, es nicht zur Kenntnis zu nehmen. Ihr überspannter Egoismus flüstert ihnen zu: Warum so kompliziert? Ich habe an meinen eigenen Sorgen genug.

Eine solche Haltung darf es für einen Christen nicht geben. Wenn wir den Glauben an Ihn bekennen, wenn wir wirklich den Weg gehen wollen, den Christus uns während seines irdischen Lebens so deutlich vorgezeichnet hat, dann dürfen wir uns nicht damit zufriedengeben, von den anderen die Übel, die wir für uns nicht wünschen, fernzuhalten. Das mag schon viel sein, ist aber doch recht wenig, sobald wir begreifen, daß das Maß unserer Liebe von der Handlungsweise Jesu bestimmt sein muß. Und diese stellt Er uns vor Augen, nicht als ein weit entferntes Ziel oder als die abschließende Krönung eines lebenslangen Kampfes, sondern als den Ausgangspunkt; das Beispiel seiner Liebe ist – ich wiederhole es, damit du konkrete Vorsätze faßt – der Ausgangspunkt, denn unser Herr sieht in dieser Liebe das von Anfang an aufgerichtete Zeichen: *Daran sollen alle erkennen, daß ihr meine Jünger seid.*

224 Christus, unser Herr, hat Fleisch angenommen, um sich der Menschheit als Vorbild aller Tugenden zu zeigen. Er sagt: *Lernet von mir, denn ich bin sanftmütig und demütig von Herzen*[5].

Später aber, wenn Er den Aposteln erklärt, woran man sie als Christen erkennen wird, sagt Er nicht: daran, daß ihr demütig seid. Er ist die Reinheit selbst, das unbefleckte Lamm; nichts konnte seine vollkommene, makellose Heiligkeit verdunkeln[6]. Aber Er sagt nicht: Sie werden merken, daß ihr meine Jünger seid, weil ihr keusch und rein seid.

Er ging durch unsere Welt in vollständiger Loslösung von den irdischen Gütern. Er, der Schöpfer und der Herr des Alls, besaß nichts, wohin Er sein Haupt legen konnte[7]. Aber Er sagt nicht: Sie werden wissen, daß ihr zu mir gehört, weil euer Herz nicht an Reichtümern hängt. Vierzig Tage und Nächte verbringt Er unter strengem Fasten in der Wüste[8], bevor Er sich der Verkündigung des Evangeliums zuwendet. Und doch sagt Er seinen Jüngern nicht: Sie werden begreifen, daß Ihr Gott dient, weil ihr keine Schlemmer und Trinker seid.

Das auszeichnende Merkmal der Apostel und der echten Christen aller Zeiten ist, wie wir bereits vernommen haben, dies: Daran – gerade daran – *werden alle erkennen, daß ihr meine Jünger seid, wenn ihr einander liebt*[9].

Es scheint mir nur natürlich, daß eine solche Eindring-

[5] Mt 11, 29.
[6] Vgl. Jo 8, 46.
[7] Vgl. Mt 8, 20.
[8] Vgl. Mt 4, 2.
[9] Jo 13, 35.

lichkeit des Meisters die Kinder Gottes zu allen Zeiten – und dich und mich in diesem Augenblick – aufgewühlt hat. *Der Herr erhebt nicht die unerhörten Zeichen und Wunder seiner Jünger zum Erkennungsmerkmal ihrer Treue, obschon Er ihnen die Macht übertragen hat, sie im Heiligen Geist zu wirken. Was sagt Er ihnen? Daß ihr meine Jünger seid, werden sie erkennen, weil ihr einander liebt*[10].

Göttliche Pädagogik

Den Feind nicht hassen, Böses nicht mit Bösem vergel- 225
ten, auf Rache verzichten, verzeihen und nicht nachtragen: damals, aber auch – täuschen wir uns nicht – heute, sah man darin ein ungewohntes, allzu heroisches und beinahe unnormales Verhalten. Soweit reicht die Mittelmäßigkeit der Geschöpfe. Jesus Christus, der zum Heil aller gekommen ist und die Christen an seinem Erlösungswerk teilhaben lassen möchte, wollte seine Jünger – dich und mich – eine große und aufrichtige, weit edlere und stärkere Liebe lehren: Wir müssen einander lieben, wie Christus jeden von uns geliebt hat. Nur auf diese Weise, indem wir – unbeholfen, wie wir sind – die göttliche Liebe nachahmen, wird es uns gelingen, unser Herz allen Menschen zu öffnen und sie auf eine ganz neue, höhere Weise zu lieben.

Wie sehr haben die ersten Christen diese brennende Liebe verwirklicht, die so weit über bloße menschliche Solidarität oder Gutmütigkeit hinausragt. Sie liebten einan-

[10] Basilius, *Regulae fusius tractatae*, 3, 1 (PG 31, 918).

der, zärtlich und stark, mit der Liebe, die aus dem Herzen Christi kommt. Tertullian, ein Schriftsteller des zweiten Jahrhunderts, überliefert uns die Reaktion der Heiden, die, bewegt durch die übernatürlich und menschlich so anziehende Art der Gläubigen jener Zeit, zueinander sagten: *Seht, wie sie einander lieben*[11].

Wenn du merkst, daß du jetzt oder sonst so oft in deinem Alltag dieses Lob nicht verdienst und daß dein Herz nur schwerfällig auf die göttlichen Anregungen eingeht, dann erkenne auch, daß jetzt die Zeit gekommen ist, den Kurs zu begradigen. Beherzige die Aufforderung des heiligen Paulus: *Laßt uns denn allen Gutes tun, besonders jenen, die durch den Glauben derselben Familie wie wir angehören*[12], dem mystischen Leib Christi.

226 Unser wichtigstes Apostolat als Christen, das beste Glaubenszeugnis gegenüber der Welt, besteht darin, daß wir innerhalb der Kirche für eine Atmosphäre echter Liebe sorgen. Wenn wir uns nicht wirklich lieben und statt dessen Anfeindungen, Verleumdungen und Intrigen Raum geben, wie kann sich dann jemand von solchen angeblichen Verkündern der frohen Botschaft des Evangeliums angezogen fühlen?

Es ist leicht und gängig, die Liebe zu allen, Gläubigen wie Ungläubigen, mit dem Mund zu bekennen. Ich zweifle aber, ob in solchem Bekennen mehr als *heuchlerisches Gerede* steckt, wenn der so Bekennende seine Glaubensbrüder mißhandelt. Lieben wir hingegen in dem Herzen Christi jene, die *Kinder desselben Vaters, im selben Glauben*

[11] Tertullian, *Apologeticus*, 39 (PL 1, 471).
[12] Gal 6, 10.

vereint und Erben derselben Hoffnung sind[13], dann wird die Seele weit und glüht vor Eifer, damit alle Menschen dem Herrn näherkommen.

Vielleicht denkt jemand von euch, ich hätte jetzt, während ich euch an die Forderungen der Liebe erinnere, selbst lieblos gesprochen. Nein, ganz im Gegenteil. Ich versichere euch, daß ich einen freudigen, heiligen Stolz empfand, ohne einen falschen Ökumenismus, als im Zweiten Vatikanischen Konzil die Sorge mit neuer Intensität aufbrach, jenen die Wahrheit zu bringen, die vom einzigen Weg, dem Weg Jesu, getrennt sind: denn ich wünsche nichts sehnlicher, als daß die ganze Menschheit gerettet wird.

Unter anderem habe ich mich auch deshalb so gefreut, 227
weil damit eine vom Opus Dei bevorzugte apostolische Arbeit wie das Apostolat *ad fidem* erneut bestätigt wurde: ein Apostolat, das keinen Menschen zurückweist und sich den Nichtchristen, den Atheisten und den Heiden öffnet, damit sie soweit wie möglich an den geistlichen Gütern unserer Vereinigung teilhaben. Bei anderen Gelegenheiten habe ich euch von dieser langen Geschichte erzählt, einer Geschichte des Leidens und der Treue. Deshalb darf ich dies jetzt unumwunden sagen: Einen Eifer, der zu einer besonders fürsorglichen Behandlung der Fernstehenden drängt und dabei gleichzeitig unsere Brüder im gemeinsamen Glauben heruntersetzt oder verachtet, halte ich für heuchlerisch und lügenhaft. Ich glaube auch nicht daran, daß du dich für den Bettler an der Straßenecke wirklich in-

[13] Minucius Felix, *Octavius*, 31 (PL 3, 338).

teressierst, wenn du zu Hause die Deinen peinigst, ihren Freuden, Sorgen und Schmerzen gegenüber unbeteiligt bleibst und dich nicht bemühst, ihre Fehler zu verstehen und – falls sie keine Beleidigung Gottes sind – über sie hinwegzusehen.

228 Findet ihr es nicht ergreifend, wie der Apostel Johannes – schon ein Greis – den Hauptteil eines seiner Briefe darauf verwendet, uns zur Befolgung dieser göttlichen Lehre anzuspornen? Die Liebe, die unter den Christen herrschen soll, kommt von Gott, der die Liebe ist. *Geliebte, laßt uns einander lieben. Denn die Liebe stammt von Gott. Wer Liebe hat, hat sein Leben aus Gott und erkennt Gott. Wer keine Liebe hat, kennt Gott nicht, denn Gott ist die Liebe*[14]. Er spricht lange von der brüderlichen Liebe, da wir durch Christus zu Kindern Gottes geworden sind: *Seht, welche Liebe uns der Vater erwiesen hat: wir heißen Kinder Gottes und wir sind es*[15].

Während er uns hart ins Gewissen redet, damit wir für die göttliche Gnade empfänglicher werden, schärft er uns ein, daß wir einen herrlichen Beweis der Liebe des Vaters zu den Menschen besitzen: *Gottes Liebe hat sich uns darin geoffenbart, daß Gott seinen eingeborenen Sohn in die Welt gesandt hat, damit wir durch Ihn das Leben haben*[16]. Der Herr hat die Initiative ergriffen. Er ist uns entgegengekommen. Er hat uns dieses Beispiel gegeben, damit wir mit Ihm zusammen den anderen dienen und – wie gern wiederhole ich das – großzügig unser Herz auf den Boden hinbrei-

[14] 1 Jo 4, 7–8.
[15] 1 Jo 3, 1.
[16] 1 Jo 4, 9.

ten, damit die anderen weich auftreten können und ihnen der Kampf leichter fällt. Wir sollen so handeln, weil wir zu Kindern des einen Vaters geworden sind, der nicht gezögert hat, seinen vielgeliebten Sohn für uns dahinzugeben.

Die Liebe ist nicht unser eigenes Werk, sie strömt in uns 229
ein durch Gottes Gnade: *denn Er hat uns zuerst geliebt*[17]. Wir sollten von dieser großartigen Wahrheit ganz eingenommen sein: *Wenn wir Gott lieben können, dann deshalb, weil wir von Gott geliebt worden sind*[18]. Du und ich, wir sind imstande, den anderen mit verschwenderischer Liebe zu begegnen, weil wir durch die Liebe des Vaters zum Glauben geboren wurden. Bittet den Herrn mit Kühnheit um diesen Schatz, um die übernatürliche Tugend der Liebe, damit ihr sie dann auch bis in die winzigste Kleinigkeit hinein weiterschenken könnt.

Oft haben wir Christen es nicht verstanden, dieser Gabe zu entsprechen; manchmal haben wir sie verwässert, als wäre sie nichts als ein seelenloses, unbeteiligtes Almosengeben; manchmal auch haben wir sie auf eine mehr oder weniger formelhafte Wohltätigkeit verkürzt. Resigniert beklagte eine Kranke diese Verirrung mit den Worten: Ja, hier behandelt man mich mit *Nächstenliebe,* meine Mutter aber umsorgte mich mit Herzenswärme. Die Liebe, die im Herzen Christi wurzelt, verträgt solche Unterscheidungen nicht.

Um euch diese Wahrheit unverlierbar einzuprägen, habe ich tausendmal dasselbe Bild gebraucht: Wir haben nicht ein Herz, um damit Gott, und ein anderes, um damit

[17] 1 Jo 4, 10.
[18] Origenes, *Commentarii in Epistolam ad Romanos,* 4, 9 (PG 14, 997).

die Geschöpfe zu lieben: mit diesem unserem einen armen Herzen aus Fleisch lieben wir menschlich und, wenn sich diese Liebe mit der Liebe Christi vereint, zugleich übernatürlich. Diese, und keine andere, ist die Liebe, die in uns wachsen muß und die uns in den Mitmenschen die Gestalt unseres Herrn erkennen lassen wird.

Alle lieben

230 *Als unseren Nächsten*, sagt der heilige Leo der Große, *sollen wir nicht nur den betrachten, der mit uns durch die Bande der Freundschaft oder der Verwandtschaft verknüpft ist, sondern alle Menschen, mit denen uns ja dieselbe Natur verbindet. (. . .) Ein und derselbe Schöpfer hat uns die Seele gegeben. Alle erfreuen wir uns an demselben Himmel und an derselben Luft, an denselben Tagen und an denselben Nächten, und obwohl die einen gut und die anderen böse, die einen gerecht und die anderen ungerecht sind, ist Gott trotzdem zu allen großzügig und gütig*[19].

Durch die Übung dieses neuen Gebotes gewinnen wir – Kinder Gottes – Form und Gestalt, lernen wir in der Kirche zu dienen und uns nicht bedienen zu lassen[20], und finden so die Kraft, alle Menschen auf eine neue Art zu lieben, die als Frucht der Gnade Christi sichtbar wird. Unsere Liebe ist weder Sentimentalität noch bloße Kameradschaft, noch der fragwürdige Eifer, anderen zu helfen, um die eigene Überlegenheit zu genießen. Sie bedeutet vielmehr,

[19] Leo der Große, *Sermo*, 12, 2 (PL 54, 170).
[20] Vgl. Mt 20, 28.

den Nächsten anzunehmen und – sagen wir es noch einmal – in jedem Menschen das Bild Gottes zu ehren, darum bemüht, daß auch der andere dieses Bild betrachtet und sich dadurch Christus zuwenden kann.

Alle lieben heißt daher das Apostolat zu allen tragen, heißt tatkräftig und ehrlich – soweit es an uns liegt – den göttlichen Impuls aufnehmen, denn *Gott will, daß alle Menschen gerettet werden und zur Erkenntnis der Wahrheit gelangen*[21].

Wenn wir sogar die Feinde lieben müssen – ich meine jene, die uns für solche halten, denn von mir aus kenne ich keine Feinde –, dann schulden wir erst recht jenen Liebe, die uns bloß fern sind oder die wir nicht so sympathisch finden oder die aufgrund von Sprache, Bildung oder Erziehung uns fremdartig erscheinen.

Und was für eine Liebe ist gemeint? Die Heilige Schrift 231
spricht von *dilectio*, um zu verdeutlichen, daß es sich nicht nur um eine gefühlsmäßige Zuneigung handelt; das Wort weist vielmehr auf eine feste Entscheidung, auf einen Willensakt hin. *Dilectio* kommt von *electio*, ,,erwählen". Ich würde noch hinzufügen, daß Liebe für einen Christen *lieben wollen* bedeutet, sich in Christus dazu entschließen, ohne irgendeinen Unterschied das Wohl aller Menschen zu suchen, damit ihnen die beste aller Gaben zuteil wird: Christus kennenzulernen und Ihn innig zu lieben.

Der Herr drängt uns: *Tut Gutes denen, die euch hassen, und betet für die, die euch verfolgen und verleumden*[22]. Es mag wohl sein, daß wir für die, die unsere Nähe zurück-

[21] 1 Tim 2, 4.
[22] Mt 5, 44.

weisen würden, menschlich gesehen keine Zuneigung empfinden; aber Jesus verlangt, daß wir ihnen nicht Böses mit Bösem vergelten, daß wir keine Gelegenheit versäumen, ihnen von Herzen, auch wenn es uns schwerfällt, zu dienen, daß wir sie immer wieder in unser Gebet einschließen.

Diese *dilectio*, diese Liebe, wird noch herzlicher, wenn sie sich auf unsere Brüder im Glauben richtet und insbesondere auf jene, die – weil Gott es so gefügt hat – uns sehr nahe stehen: die Eltern, der Ehemann oder die Ehefrau, die Kinder oder die Geschwister, die Freunde und Kollegen, die Nachbarn. Ohne diese spürbare Herzlichkeit einer reinen und edlen menschlichen Liebe, die auf Gott hingeordnet und in Ihm begründet ist, gäbe es die göttliche Tugend der Liebe nicht.

Wie sich die Liebe ausdrückt

232 Mir gefällt das Wort, das der Heilige Geist durch den Propheten Isaias spricht: *Discite benefacere*[23], lernt Gutes tun. Ich pflege diesen Rat auf die verschiedenen Aspekte unseres inneren Kampfes zu beziehen, denn niemals kann man das christliche Leben als vollendet betrachten: das Wachsen in den Tugenden ist ja Frucht einer wirklichen Arbeit an sich selbst, Tag für Tag.

Im täglichen Leben, wie lernen wir da eigentlich, eine Arbeit zu verrichten? Zuerst fragen wir uns nach dem Ziel,

[23] Is 1, 17.

das wir erreichen wollen, und nach den dazu erforderlichen Mitteln; dann setzen wir diese Mittel ein, immer wieder, solange, bis wir jene aus eingefleischter Übung resultierende Leichtigkeit in unserem Tun erreichen. Und kaum sind wir soweit, entdecken wir auch schon andere, bis dahin uns unbekannte Aspekte; sie spornen uns an, weiter zu arbeiten und niemals aufzuhören.

Die Liebe zum Nächsten ist Ausdruck der Liebe zu Gott. Wenn wir uns daher bemühen, in dieser Tugend zu wachsen, dürfen wir uns keine Grenzen setzen: Ihn ohne Maß lieben ist das einzige Maß, das dem Herrn gegenüber gilt. Denn einerseits werden wir nie genug für alles danken können, was Er für uns getan hat; und andererseits offenbart sich seine Liebe zu den Geschöpfen eben als ein Übermaß, jenseits aller Berechnungen und Grenzen.

Uns alle, die wir bereit sind, die Seele seinem Wort zu öffnen, lehrt der Herr in der Bergpredigt das göttliche Gebot der Liebe. Gleichsam zusammenfassend, sagt Er am Schluß: *Liebet eure Feinde, tut Gutes und leiht, ohne etwas zurückzuerwarten. Dann wird euer Lohn groß sein; denn auch Er ist gütig gegen die Undankbaren und Bösen. Seid also barmherzig, wie euer Vater barmherzig ist*[24].

Barmherzigkeit ist mehr als bloßes Mitleid: Sie ist Überfluß der Liebe und bringt Überfluß an Gerechtigkeit hervor. Der Barmherzige hat ein Herz, das feinfühlig empfindet und mit einer starken, opferbereiten, großzügigen Liebe antwortet. Paulus preist diese Liebe hoch: *Die Liebe ist langmütig, die Liebe ist gütig, die Liebe ist nicht eifer-*

[24] Lk 6, 35–36.

süchtig. Sie prahlt nicht, überhebt sich nicht, sie handelt nicht unschicklich, sucht nicht das Ihre, kennt keine Erbitterung, trägt das Böse nicht nach. Am Unrecht hat sie keinen Gefallen, mit der Wahrheit freut sie sich. Alles erträgt sie, alles glaubt sie, alles hofft sie, alles duldet sie[25].

233 Eine der ersten Ausdrucksformen der Liebe ist die Hinführung der Seele auf die Wege der Demut. Wenn uns in ehrlicher Selbsterkenntnis aufgeht, daß wir nichts sind; wenn wir begreifen, daß das armseligste Geschöpf, hätten wir die Hilfe Gottes nicht, besser wäre als wir; wenn wir uns zu allen Irrtümern und Verirrungen fähig wissen; wenn wir trotz des entschiedenen Kampfes gegen die Untreue die Sünde in uns erfahren – wie werden wir dann noch Böses von den anderen denken können, wie Fanatismus, Intoleranz oder Überheblichkeit in unserem Herzen aufkommen lassen?

Die Demut ist es, die uns sacht und wie selbstverständlich die beste Art des Umgangs mit unseren Mitmenschen lehrt: jeden verstehen, annehmen, entschuldigen; weder Spaltungen herbeiführen noch Schranken aufrichten, sondern – immer! – die Eintracht fördern. Nicht umsonst ist der starke Drang nach Frieden, nach Zusammenhalt und gegenseitiger Achtung der Rechte der Person tief im Menschen verwurzelt; so kann aus Rücksichtnehmen Brüderlichkeit werden, und hierin wird eine Spur des Wertvollsten im Menschen sichtbar: wenn wir alle Kinder Gottes sind, dann ist die Brüderlichkeit weder ein Schlagwort noch eine Utopie, sondern ein wohl schwieriges, aber erreichbares Ziel.

[25] 1 Kor 13, 4–7.

Den Spöttern, den Skeptikern, den Gleichgültigen und denen, die sich von der eigenen Feigheit bestimmen lassen, müssen wir Christen zeigen, daß eine solche Liebe möglich ist. Das mag bisweilen recht schwierig sein, denn der Mensch wurde frei erschaffen und er hat es in der Hand, sich in sinnloser Verbitterung gegen Gott aufzulehnen – aber möglich ist es; und nicht nur möglich, es ist eine notwendige Folge der Liebe Gottes und der Liebe zu Gott. Wenn du und ich wollen, dann will Christus auch. Und dann erkennen wir tiefer, wie fruchtbar der Schmerz, das Opfer und die uneigennützige Hingabe im täglichen Umgang miteinander sind.

Wie die Liebe verwirklicht wird

Die Forderungen der christlichen Liebe sind nicht 234
leicht erfüllbar; es wäre naiv, dies zu meinen. Die tägliche Erfahrung im Umgang mit unseren Mitmenschen, leider auch innerhalb der Kirche, zeigt uns das. Die Liebe verpflichtet uns zum Schweigen – sonst: Wieviel könnte jeder berichten über Spaltungen, Aggressivität, Ungerechtigkeiten, üble Nachrede, Intrigen. Wir wollen dies nur einfach feststellen, damit wir dann unsererseits das passende Heilmittel anwenden, das vor allem in unserem persönlichen Bemühen bestehen wird, niemanden zu verletzen, niemanden zu mißhandeln und eine Zurechtweisung so zu erteilen, daß sie niemals erdrückend wirkt.

Solch traurige Erfahrungen sind nicht neu. Bereits wenige Jahre nach der Himmelfahrt Christi, als noch die Apostel die Gemeinden bereisten und überall Glaube und Hoffnung herrschten, begannen manche, vom Wege abzuirren und die Liebe des Meisters nicht mehr zu leben.

Solange Eifersucht und Zwietracht unter euch herrschen, schreibt Paulus an die Korinther, *seid ihr da nicht irdisch gesinnt und wandelt nach recht menschlicher Art? Denn wenn der eine sagt: Ich halte es mit Paulus, der andere: Ich mit Apollo, seid ihr da nicht allzu menschlich?*[26] Begreifen sie also nicht, daß Christus gekommen ist, um alle diese Spaltungen zu überwinden? *Was ist denn Apollo? Was ist Paulus? Weiter nichts als Diener, die euch zum Glauben geführt haben, jeder, wie es der Herr ihm verliehen hat*[27].

Der Apostel verwirft nicht die Vielfalt; jeder hat von Gott seine eigene Gabe erhalten, der eine von dieser, der andere von jener Art[28]. Aber diese Vielfalt soll dem Wohl der Kirche dienen. Ich bitte jetzt den Herrn – und wenn ihr wollt, könnt ihr euch mit meinem Gebet vereinigen –, Er möge nicht zulassen, daß in seiner Kirche die Seelen durch mangelnde Liebe vergiftet werden. Die Liebe ist das Salz im Apostolat der Christen. Wenn dieses Salz schal wird, wie werden wir dann vor der Welt laut sagen können: *Hier ist Christus?*

235 Deshalb sage ich mit dem Apostel Paulus: *Wenn ich mit Menschen- und Engelszungen redete, hätte aber die Liebe nicht, so wäre ich nur tönendes Erz oder eine klingende Schelle. Und wenn ich die Prophetengabe hätte und durchschaute alle Geheimnisse und besäße alle Erkenntnis und*

[26] 1 Kor 3, 3–4.
[27] 1 Kor 3, 4–5.
[28] Vgl. 1 Kor 7, 7.

wenn ich allen Glauben hätte, so daß ich Berge versetzte, hätte aber die Liebe nicht, so wäre ich nichts. Und wenn ich alle meine Habe den Armen austeilte und wenn ich meinen Leib den Flammen preisgäbe, hätte aber die Liebe nicht, so nützte es mir nichts[29].

Diese Worte des Apostels lösen bisweilen die gleiche Reaktion aus wie die des Herrn bei den Jüngern, als Er ihnen das Sakrament seines Leibes und Blutes ankündigte: *Hart ist diese Rede, wer kann sie hören*[30]. Ja, sie ist hart. Denn die Liebe, die Paulus schildert, erschöpft sich nicht in Mitmenschlichkeit, Humanismus oder Mitgefühl mit dem Leiden anderer: Hier wird die Übung der höchsten Tugend, der Gottesliebe und der Nächstenliebe um Gottes willen, verlangt. Deshalb heißt es: *Die Liebe hört niemals auf; Prophetengaben verschwinden, Sprachengaben hören auf, Erkenntnis vergeht (...). Für jetzt bleiben Glaube, Hoffnung und Liebe, diese drei. Am größten aber ist die Liebe*[31].

Der einzige Weg

Wir wissen längst, daß die Tugend der Nächstenliebe, 236
die die Mitte des christlichen Lebens ausmacht, nichts zu tun hat mit jenen Karikaturen von ihr, die man uns bisweilen aufschwatzen möchte. Warum ist es aber notwendig, immer wieder über sie zu predigen? Ist das bloß eine

[29] 1 Kor 13, 1–3.
[30] Jo 6, 61.
[31] 1 Kor 13, 8; 13.

Pflichtübung? Handelt es sich um eine Lehre, die man nur selten in eine konkrete Tat umsetzen kann?

Ein Blick in unsere Umgebung könnte uns zu der Annahme verführen, die Tugend der Liebe sei nur eine Illusion. Aber ein tieferer Blick mit übernatürlicher Perspektive wird dir die Ursache zeigen, weshalb jene Tugend oft so unfruchtbar dahinkümmert: weil der innige und beständige Umgang mit Jesus Christus, das Du-zu-Du-Verhältnis mit dem Herrn fehlt und weil die Seele das Wirken des Heiligen Geistes in ihr, jenes Geistes, dessen erste Frucht gerade die Liebe ist, verkennt.

Unter Hinweis auf den Rat des Apostels – *Einer trage des anderen Last: so werdet ihr das Gesetz Christi erfüllen*[32] – bemerkt ein Kirchenvater: *Wenn wir Christus lieben, wird es uns leichtfallen, die Schwäche der anderen zu ertragen, auch die Schwäche dessen, den wir noch nicht lieben, weil er keine guten Werke aufzuweisen hat*[33].

Dies ist der ansteigende Weg des Wachsens in der Liebe. Es wäre ein Irrtum zu meinen, wir müßten uns zuerst in Werken der Humanität und der sozialen Hilfe einüben und dabei die Liebe zu Gott ausklammern. *Vernachlässigen wir nicht Christus wegen der Sorge um den kranken Nächsten, denn um Christi willen müssen wir den Kranken lieben*[34].

Blickt immerfort auf Christus, seht, wie Er, ohne sein Gottsein preiszugeben, sich erniedrigte und Knechtsgestalt annahm[35], um uns dienen zu können; denn nur von dieser

[32] Gal 6, 2.
[33] Augustinus, *De diversis quaestionibus*, 83, 71, 7 (PL 40, 83).
[34] Augustinus, ebd.
[35] Vgl. Phil 2, 6–7.

Perspektive her eröffnen sich uns die Zielsetzungen, die wirklich der Mühe wert sind. Liebe sucht die Vereinigung, das Einswerden mit dem Geliebten; wenn wir uns mit Christus vereinigen, werden wir ganz und gar von dem Drang erfüllt werden, sein Leben der Hingabe, der unermeßlichen Liebe und des Opfers bis zum Tode nachzuahmen. Christus stellt uns vor die fundamentale Entscheidung: entweder die eigene Existenz in Egoismus und Einsamkeit verkümmern zu lassen, oder sich mit ganzem Herzen einem Leben des Dienstes zu verschreiben.

Bitten wir den Herrn am Ende dieses Gespräches mit 237
Ihm, daß Er uns gewährt, mit dem Apostel Paulus sagen zu können: *Wir bleiben siegreich in dem, der uns geliebt hat. Ich bin überzeugt: weder Tod noch Leben, weder Engel noch Herrschaften noch Gewalten, weder Gegenwärtiges noch Zukünftiges, weder Mächte, weder Hohes noch Niedriges noch sonst etwas Erschaffenes vermag uns von der Liebe Gottes zu scheiden, die da ist in Christus Jesus, unserem Herrn*[36].

Es ist die Liebe, von der die Heilige Schrift in glühenden Worten sagt: *Selbst Wasserfluten können die Liebe nicht löschen, und Ströme spülen sie nicht hinweg*[37], die Liebe, die das Herz der Mutter Gottes erfüllte und so reich machte, daß sie zur Mutter aller Menschen werden konnte. In ihr verschmilzt die Liebe zu Gott mit der Sorge um alle seine Kinder. Wie groß muß der Schmerz ihres so unendlich sanften Herzens gewesen sein, dem auch das kleinste

[36] Röm 8, 37–39.
[37] Hl 8, 7.

nicht entging – *sie haben keinen Wein mehr*[38] –, als sie bei Jesu Leiden und Tod dem Ausbruch kollektiver Raserei beiwohnen mußte. Aber Maria spricht nicht. Sie liebt, schweigt und verzeiht, wie ihr Sohn. Das ist die Kraft der Liebe.

[38] Jo 2, 3.

1515
AD

LEBEN AUS DEM GEBET*

Immer wenn wir im Herzen den Wunsch verspüren, 238
besser zu werden und dem Herrn großzügiger zu dienen, und wenn wir dann einen Wegweiser, einen Leitstern für unser christliches Dasein suchen, ruft uns der Heilige Geist die Worte des Evangeliums in Erinnerung, *daß man allezeit beten müsse und nicht nachlassen dürfe*[1]. Das Gebet ist das Fundament jedes auf Gott ausgerichteten Tuns; mit dem Gebet sind wir allmächtig, und ohne das Gebet erreichen wir nichts.

Ich möchte, daß wir uns heute, in dieser Betrachtung, ein für allemal von der Notwendigkeit überzeugen, kontemplative Seelen zu werden; ob auf der Straße oder bei der Arbeit – unser Gespräch mit Gott soll immerfort andauern und niemals im Laufe des Tages abreißen. Das ist der einzige Weg, um treu den Schritten des Meisters folgen zu können.

* Homilie, gehalten am 4. April 1955.

[1] Lk 18, 1.

239 Blicken wir auf Jesus Christus, auf unser Vorbild, der gleichsam der Spiegel ist, in dem wir uns sehen müssen. Wie verhält Er sich – auch äußerlich – bei wichtigen Anlässen? Was berichtet uns das Evangelium über Ihn? Es ist für mich ergreifend zu beobachten, wie der Herr sich jedesmal an den Vater wendet, bevor Er ein großes Wunder wirkt; ergreifend auch das Beispiel, das Er gibt, indem Er sich vierzig Tage und vierzig Nächte zum Gebet in die Wüste zurückzieht[2], bevor Er öffentlich zu wirken beginnt.

Entschuldigt, daß ich darauf zurückkomme, aber es ist sehr wichtig, auf die einzelnen Schritte des Messias zu achten, denn Er ist gekommen, um uns den Weg zu zeigen, der zum Vater führt. Zusammen mit Ihm machen wir die Entdeckung, daß man auch den scheinbar unbedeutendsten Kleinigkeiten eine übernatürliche Dimension verleihen kann; wir werden, von Ihm lernend, fähig, in jedem Augenblick des Lebens die Ewigkeit mitschwingen zu fühlen; wir vermögen tiefer zu begreifen, daß das Geschöpf Zeiten des vertrauten Gespräches mit Gott nötig hat, Zeiten, in denen wir Umgang mit Ihm haben, Ihn anflehen, Ihn lobpreisen, Ihm danken, Ihm zuhören oder einfach bei Ihm sind.

Schon vor vielen Jahren bin ich beim Betrachten dieser Eigenart unseres Herrn zu dem Schluß gekommen, daß das Apostolat – jede Form des Apostolates – ein Überfließen des inneren Lebens ist. Deshalb erscheint mir jene Stelle im Evangelium, wo von der endgültigen Wahl der ersten Zwölf durch Jesus die Rede ist, so natürlich und übernatür-

[2] Vgl. Mt 4, 2.

lich zugleich. Lukas berichtet, daß Jesus vorher *die ganze Nacht im Gebet verbrachte*[3]. Oder seht Ihn in Bethanien, bevor Er sich anschickt, Lazarus zum Leben zu erwecken; Er hat um den Freund geweint, Er erhebt die Augen zum Himmel und betet: *Vater, ich danke dir, daß du mich erhört hast*[4]. Das ist die eindeutige Lehre, die Er uns erteilt: Wenn wir unseren Mitmenschen helfen wollen und aufrichtig bemüht sind, sie zur Entdeckung des wahren Sinnes ihres irdischen Lebens hinzuführen, dann muß diese Absicht im Gebet verankert sein.

Das Evangelium berichtet uns von so vielen Augenblik- 240
ken, in denen Jesus mit seinem Vater spricht, daß es unmöglich ist, sie alle einzeln zu betrachten. In besonderem Maße aber sollten wir bei den erschütternden Stunden vor seinem Leiden und Tod verweilen, da Er sich auf die Vollendung des Opfers vorbereitet, das uns in die göttliche Liebe heimholen wird. In der Geborgenheit des Abendmahlssaales entfaltet sich die Fülle seiner Liebe: Er wendet sich flehend an den Vater, kündigt die Herabkunft des Heiligen Geistes an und ermutigt die Seinen zu einer ständigen glühenden Hingabe in Liebe und Glauben.

Dieses innige, brennende Gebet steigert sich noch, da unser Erlöser im Garten Gethsemani sein Leiden herannahen sieht: die Erniedrigung, die Schmerzen, das harte Kreuz, nur den Missetätern vorbehalten, das Er so lange ersehnt hat. *Vater, wenn du willst, so nimm diesen Kelch von mir*[5]. Und gleich darauf: *Doch nicht mein, sondern*

[3] Lk 6, 2.
[4] Jo 11, 41.
[5] Lk 22, 42.

dein Wille geschehe[6]. Später dann, am Kreuzesbalken angenagelt, einsam, die Arme in der Haltung des Ewigen Priesters ausgebreitet, verharrt Er im Gespräch mit dem Vater: *In deine Hände befehle ich meinen Geist*[7].

241 Betrachten wir nun seine heilige Mutter, die auch unsere Mutter ist. Auf Golgotha betet sie neben dem Kreuz. Das ist bei ihr keine neue Haltung, immer hat sie gebetet, während sie die alltäglichen Pflichten des Haushalts erfüllte. Inmitten der irdischen Dinge blieb sie mit Gott vereinigt. Christus, *perfectus Deus, perfectus homo*[8], vollkommener Gott und vollkommener Mensch, hat gewollt, daß auch seine Mutter – das erhabenste Geschöpf, voll der Gnade – uns in dem Drang bestärkt, unsere Augen allezeit auf die göttliche Liebe zu richten. Erinnert euch an das Geschehen der Verkündigung: Als der Erzengel erscheint, um ihr die himmlische Botschaft zu bringen, daß sie Mutter Gottes werden soll, findet er sie versunken in Gebet. Maria ist ganz im Herrn gesammelt, da Gabriel sie anspricht: *Sei gegrüßt, du Gnadenvolle! Der Herr ist mit dir*[9]. Einige Tage später bricht dann ihr Jubel in die Worte des *Magnificat* aus, das eine Frucht ihres ständigen Umgangs mit Gott ist, ein marianischer Lobgesang, den uns der Heilige Geist durch die einfühlsame Treue des heiligen Lukas geschenkt hat.

Unsere Mutter hat lange die Worte und Taten der heiligen Männer und Frauen des Alten Bundes betrachtet, die den Erlöser erwarteten. Sie hat die zahllosen Wunder und

[6] Ebd.
[7] Lk 23, 46.
[8] Glaubensbekenntnis *Quicumque*.
[9] Lk 1, 28.

die verschwenderische Barmherzigkeit Gottes mit seinem Volk, das oft so undankbar war, bestaunt. Beim Bedenken der liebenden, ständig erneuerten Zuneigung des Himmels begeistert sich ihr unbeflecktes Herz: *Hochpreiset meine Seele den Herrn, und mein Geist frohlockt in Gott, meinem Heiland: Herabgesehen hat Er in Gnaden auf seine niedrige Magd*[10]. Die Kinder dieser guten Mutter, die ersten Christen, haben von ihr gelernt, und auch wir können und müssen von ihr lernen.

In der Apostelgeschichte kommt eine Stelle vor, die mir 242
teuer ist, weil sie uns ein deutliches, immer aktuelles Beispiel liefert: *Sie hielten fest an der Lehre der Apostel und an der Gemeinschaft, am Brotbrechen und am Gebet*[11]. Es ist eine Randbemerkung, die bei den Berichten über das Leben der ersten Jünger Jesu Christi immer wiederkehrt: *Sie alle verharrten einmütig im Gebet*[12]. Auch als Petrus gefangengenommen wird, weil er mutig die Wahrheit gepredigt hat, beschließen sie zu beten: *Die Kirche aber betete unablässig für ihn zu Gott*[13].

Das Gebet war damals wie heute die einzige Waffe, das mächtigste Mittel, um in den Schlachten des inneren Kampfes zu siegen: *Leidet einer unter euch? Er bete!*[14] Und der heilige Paulus faßt zusammen: *Betet ohne Unterlaß*[15], werdet niemals müde, Gott anzuflehen.

[10] Lk 1, 46–48.
[11] Apg 2, 42.
[12] Apg 1, 14.
[13] Apg 12, 5.
[14] Jak 5, 13.
[15] 1 Thess 5, 17.

Wie beten?

243 Wie soll man beten? Sicher gehe ich nicht fehl, wenn ich sage, daß es unzählig viele Arten des Gebetes gibt. Aber für uns alle wünsche ich das echte Gebet der Kinder Gottes, nicht den Wortschwall der Heuchler, die vom Herrn hören müssen: *Nicht jeder, der zu mir sagt: Herr, Herr! wird in das Himmelreich eingehen*[16]. Über die, die heuchlerisch beten, schreibt der heilige Augustinus, zwar gebe es bei ihnen möglicherweise *das Geräusch des Gebetes, nicht aber seine wahre Stimme, denn es fehlt das Leben*[17] und das Verlangen, den Willen des Vaters wirklich zu tun. Möge unser Ruf: Herr! von dem wirksamen Wunsch beseelt sein, die inneren Eingebungen des Heiligen Geistes in unserer Seele in Taten umzusetzen.

Wir müssen uns Mühe geben, damit sich in uns keine Spur von Falschheit findet. Die erste Voraussetzung, um dieses Übel auszurotten, das der Herr so hart verurteilt, besteht darin, daß wir die klare Bereitschaft haben, der Sünde, sowohl im allgemeinen als auch in der konkreten Situation, zu widerstehen. Herz und Verstand müssen heftig und aufrichtig die schwere Sünde verabscheuen, und auch gegenüber der vorsätzlichen läßlichen Sünde muß der Widerwille in uns tief verwurzelt sein, denn sie läßt uns zwar die göttliche Gnade nicht verlieren, erschwert aber ihren Weg zu uns.

244 Niemals bin ich müde geworden, vom Gebet zu sprechen, und das wird mit der Gnade Gottes immer so blei-

[16] Mt 7, 21.
[17] Augustinus, *Enarrationes in Psalmos*, 139, 10 (PL 37, 1809).

ben. Als um 1930 zu mir, einem jungen Priester, Leute aus allen Kreisen – Akademiker und Arbeiter, Reiche und Arme, Gesunde und Kranke, Priester und Laien – mit dem Verlangen kamen, näher beim Herrn zu sein, da gab ich ihnen stets den einen Rat: Betet! Und wenn einer mir antwortete, er wisse nicht einmal, wie er es anfangen sollte, dann empfahl ich ihm, sich in die Gegenwart Gottes zu versetzen und Ihm seine Unruhe und seine Beklemmung mit genau dieser Klage vorzutragen: Herr, ich kann nicht! Und oft ist aus jenen bescheidenen Aussprachen eine innige Beziehung zu Christus, ein ständiger Umgang mit Ihm geworden.

Viele Jahre sind seither vergangen, und immer noch ist dies das einzige Mittel, das ich kenne. Wenn du dich nicht imstande fühlst zu beten, geh zu Christus, wie seine Jünger zu Ihm gingen: *Herr, lehre uns beten!*[18] Du wirst dann erfahren, daß der Heilige Geist *uns in unserer Schwachheit beisteht. Wir wissen ja nicht, was rechtes Beten ist. Da tritt der Geist mit unaussprechlichem Seufzen und Flehen für uns ein*[19], denn kein Wort vermag jene unauslotbare Tiefe auszudrücken.

Festigkeit soll das Wort Gottes in uns bewirken! Der Rat, den ich im Laufe meiner priesterlichen Arbeit immer wieder gegeben habe und den ich weiterhin gebe, ist keine Erfindung von mir. Er steht in der Heiligen Schrift, und von dort habe ich ihn übernommen: Herr, ich weiß nicht, wie ich mich an Dich wenden soll! Herr, lehre uns beten! Der liebende Beistand des Heiligen Geistes kommt uns

[18] Lk 11, 1.
[19] Röm 8, 26.

dann zu Hilfe. Als Licht, als Feuer, als Sturmwind entzündet Er die Flamme und macht sie fähig, Brände der Gottesliebe zu entfachen.

Gebet ist Dialog

245 Wir sind schon auf dem Weg des Gebetes. Wie ihn weitergehen? Habt ihr nicht bemerkt, daß viele Männer und Frauen den Eindruck erwecken, als sprächen sie mit sich selbst und hörten sich selbst auch gerne? Worte, Worte, in einem Selbstgespräch, das unermüdlich um die Probleme kreist, die ihnen Sorge bereiten, das aber keinen Raum für Lösungen läßt; man möchte meinen, die einzige Antriebskraft solcher Leute wäre die krankhafte Lust, bemitleidet oder bewundert zu werden, und sonst nichts.

Wenn wir wirklich ganz offen und einfach unser Herz erleichtern wollen, holen wir uns Rat bei Menschen, die uns lieben und uns verstehen. Man spricht mit dem Vater, mit der Mutter, mit der Ehefrau, mit dem Ehemann, mit dem Bruder, mit dem Freund. Das ist schon ein Dialog, auch wenn man häufig nicht so sehr hören als sich selbst aussprechen, das Herz ausschütten möchte. Fangen wir an, es auch mit Gott so zu halten, in der Gewißheit, daß Er uns hört und uns antwortet. Wir werden auf sein Wort achten und uns in einem demütigen, vertrauensvollen Gespräch öffnen, in dem alles Platz findet, was unseren Geist und unser Herz beschäftigt: freudige und traurige Erlebnisse, Hoffnungen und Enttäuschungen, Erfolge, Mißerfolge und selbst unbedeutende Alltagserfahrungen. Denn mittlerweile haben wir schon gemerkt, daß unser himmlischer Vater sich für alles interessiert, was uns betrifft.

Überwindet die Trägheit, wenn sie sich einschleichen 246
will, und meint nicht, das Gebet könne ja warten. In ihm gehen wir zur Quelle der Gnaden, das dürfen wir niemals auf morgen verschieben. Jetzt ist die richtige Zeit. Gott schaut den ganzen Tag voller Liebe auf uns, Er ist es, der uns in der innigen Begegnung des Gebetes führt: und du und ich – ich wiederhole es –, wir müssen uns Ihm anvertrauen, so wie man sich dem Bruder, dem Freund, dem Vater anvertraut. Sage Ihm – ich tue es jetzt auch –, daß Er der ganz Erhabene, der ganz Gute, der ganz Barmherzige ist. Und sage Ihm weiter: Deshalb will ich Dich ganz lieben, auch wenn ich so ein ungehobelter Kerl bin, und auch wenn diese meine armen Hände schwielig und vom Staub der irdischen Wege schmutzig sind.

Vielleicht merken wir es zunächst kaum, aber wir werden vorankommen: entschlossenen und festen Schrittes, im Einklang mit Gott und in der sicheren Überzeugung, daß an der Seite des Herrn auch Schmerz, Selbstverleugnung und Leiden süß sind. Wie stark fühlt sich ein Kind Gottes, wenn es sich so nahe beim Vater weiß! Deshalb bin ich sicher aufgehoben bei Dir, mein Herr und mein Vater, geschehe, was da wolle, denn Du bist mein Fels und meine Burg[20].

Den einen mag all dies bekannt, den anderen neu vor- 247
kommen; für jeden aber ist es mühsam. Doch solange ich lebe, werde ich nicht aufhören zu predigen, daß wir mit ab-

[20] Vgl. 2 Sm 22, 2.

soluter Notwendigkeit betende Menschen sein müssen; immer, bei allen Gelegenheiten und in den verschiedensten Umständen, denn Gott verläßt uns niemals. Es ist nicht christlich, sich als allerletzte Zuflucht auf die Freundschaft mit Gott zu besinnen. Oder finden wir es etwa normal, daß wir die Menschen, die wir lieben, ignorieren und vergessen? Nein, natürlich nicht, sie sind uns vielmehr ständig gegenwärtig, und ihnen gelten unsere Worte, unsere Wünsche, unsere Gedanken. Genauso muß es auch im Umgang mit Gott sein.

Wenn wir Gott so suchen, verwandelt sich der ganze Tag in ein einziges Gespräch, innig und voller Vertrauen. Ich habe es sehr oft gesagt und geschrieben, aber ich wiederhole es jetzt noch einmal: durch sein eigenes Beispiel hat der Herr uns erkennen lassen, welches die einzig richtige Art des Umgangs mit Ihm ist: das immerwährende Gebet, vom Morgen bis zum Abend und vom Abend bis zum Morgen. Geht uns alles leicht von der Hand: Danke, mein Gott! Kommt ein schwieriger Augenblick: Herr, verlaß mich nicht! Und dieser Gott, der *sanftmütig und demütig von Herzen*[21] ist, Er wird unsere Bitten nicht verschmähen, wird nicht gleichgültig bleiben, denn Er hat gesagt: *Bittet, und es wird euch gegeben; sucht, und ihr werdet finden; klopft an, und es wird euch aufgetan*[22].

Seien wir also darum bemüht, niemals die übernatürliche Sicht zu verlieren und Gott in allem Geschehen wahrzunehmen, bei freudigen und bei schmerzlichen Anlässen, wenn wir Trost erfahren ... oder wenn wir, etwa wegen

[21] Mt 11, 29.
[22] Lk 11, 9.

des Todes eines geliebten Menschen, untröstlich sind. Allem voran: das Gespräch mit deinem Vater Gott. Ihn müssen wir in der Mitte unserer Seele suchen. Tut das nicht als unbedeutende Kleinigkeit ab. Es ist vielmehr das klare Zeichen für ein inneres Leben, das niemals brachliegt, und für einen Dialog, der sich in echter Liebe entfaltet. Durch solche Übung wird das seelische Gleichgewicht nicht beeinträchtigt, denn für einen Christen sollte sie so selbstverständlich sein wie das Schlagen des Herzens.

Mündliches und betrachtendes Gebet

In dieses Geflecht eines tätigen christlichen Glaubens 248
sind die mündlichen Gebete wie Juwelen eingelassen: an Gott gerichtete Worte wie *Vater unser . . ., Gegrüßet seist du, Maria . . ., Ehre sei dem Vater, dem Sohne und dem Heiligen Geiste;* oder der Rosenkranz, durch den wir Gott und unsere Mutter Maria lobpreisen; oder so viele andere fromme Anrufungen und Gebete, die unsere christlichen Brüder seit Alters her verrichtet haben.

Der heilige Augustinus kommentiert einen Vers des fünfundachtzigsten Psalms – *Sei mir gnädig, o Herr!; denn zu Dir rufe ich allezeit* – mit folgenden Worten: *Unter „allezeit" verstehe ich „beständig", „ohne aufzuhören" (. . .). So ist es gleichsam ein einziger Mensch, der bis zum Ende der Welt reicht; sind es doch die Glieder des Christus, die da rufen; einige ruhen schon in Ihm, andere beten zu Ihm in dieser Zeit, und wieder andere werden zu Ihm flehen, wenn wir schon gestorben sind, und nach denen aber-*

mals andere[23]. Ist es nicht ergreifend, wenn wir uns vorstellen, daß wir an dem durch die Jahrhunderte fortdauernden Lob unseres Schöpfers teilnehmen dürfen? Wie groß ist der Mensch, wenn er sich als von Gott geliebtes Geschöpf erkennt und sich *tota die*, in jedem Augenblick seines irdischen Weges, an Ihn wendet!

249 Nie dürfen in unserem Tagesablauf die Augenblicke fehlen, die eigens dem Umgang mit dem Herrn vorbehalten sind: Wir erheben unsere Gedanken zu Ihm, der Mund braucht nicht zu sprechen, weil das Herz singt. Räumen wir diesem Gebet die genügende Zeit ein und verrichten wir es, wenn möglich, zu festgesetzter Stunde; entweder vor dem Tabernakel, ganz nah bei Ihm, der dort aus Liebe hat bleiben wollen, oder, wenn es anders nicht geht, einfach da, wo wir uns gerade befinden, denn Gott ist in unserer Seele, so sie sich im Stande der Gnade befindet, auf eine unaussprechliche Weise gegenwärtig. Jedoch rate ich dir, immer, wenn du kannst, in die Kapelle zu gehen; absichtlich sage ich nicht Kirche, um deutlich zu machen, daß du nicht die Feierlichkeit, sondern die Erhebung des Geistes zum Himmel in gesammelter Innigkeit suchen sollst, überzeugt davon, daß der Herr vom Tabernakel aus, wo Er unter den sakramentalen Gestalten wirklich gegenwärtig ist, uns sieht und hört, auf uns wartet und unser Zusammensein mit Ihm lenkt.

Jeder von euch kann, wenn er nur will, seinen eigenen Weg finden, um das Gespräch mit Gott zu führen. Ich spreche nicht gern von Methoden und Formeln, denn ich

[23] Augustinus, *Enarrationes in Psalmos*, 85, 5 (PL 37, 1085).

möchte niemanden in ein Korsett zwängen. Mein Bemühen ging stets dahin, alle zum nahen Umgang mit dem Herrn zu ermuntern und dabei doch die Eigenart jeder einzelnen Seele zu achten. Bittet Ihn, Er möge seine Absichten in unser Leben einprägen: nicht nur in unseren Verstand, sondern auch tief ins Herz und ebenso in alles, was wir nach außen hin wirken. Ich versichere euch, daß ihr euch auf diese Weise viel von den Enttäuschungen und Plagen des Egoismus ersparen und die Kraft finden werdet, in eurer Umgebung das Gute auszubreiten. Wie viele Widerwärtigkeiten lösen sich auf, wenn wir uns innerlich ganz in die Hände Gottes geben, der uns nie verläßt! Die Liebe Jesu zu den Seinen zeigt sich jedesmal neu, jedesmal in anderen Schattierungen: zu den Kranken, zu den Gelähmten . . . Er fragt uns: Was hast du? Ich habe . . . Und sofort Licht, oder zumindest unser Ja und Frieden.

Wenn ich dich dazu einlade, dich mit dem Herrn auszusprechen, dann denke ich besonders an deine persönlichen Schwierigkeiten. Das meiste, was uns unglücklich macht, rührt von einem mehr oder minder verkappten Hochmut her. Wir halten uns für außergewöhnlich wertvoll und begabt und fühlen uns gedemütigt, sobald die anderen uns anders einschätzen. Welch gute Gelegenheit, zum Gebet zu gehen und umzudenken. Unseren Weg neu auszurichten, dazu ist es nie zu spät, doch ist es angebracht, so früh wie möglich damit anzufangen.

Im Gebet kann sich der Hochmut mit Hilfe der Gnade in Demut verwandeln. Dann keimt in der Seele die wahre Freude auf, auch wenn an unseren Flügeln noch der Schlamm unseres Elends klebt und nur langsam trocknet.

Später aber wird, durch Abtötung, diese Schlammkruste abfallen, und wir werden, vom Wind der göttlichen Barmherzigkeit getragen, sehr hoch fliegen können.

250 Seht, der Herr sehnt sich danach, uns mit einem wunderbaren Schrittmaß voranzubringen, auf göttliche und auf menschliche Weise, in Schritten, die sich äußern als glückspendende Selbstverleugnung, als schmerzerprobte Freude, als Selbstlosigkeit. *Wer mir nachfolgen will, verleugne sich selbst*[24]. Wir alle haben diesen Rat gehört, wir müssen nun entschlossen sein, Ihm wirklich zu folgen. So wird der Herr sich unser bedienen können, damit wir – ganz in Gott verankert – an allen Wegekreuzungen dieser Welt Salz, Sauerteig und Licht sein können. Sei du ganz in Gott – und du wirst die anderen erleuchten, ihnen Geschmack am Ewigen wecken, sie zum Wachsen bringen, sie innerlich verwandeln.

Vergiß aber nie, daß wir dieses Licht nicht hervorbringen, sondern nur widerspiegeln. Nicht wir sind es, die die Seelen retten, indem wir sie zum Guten hinführen; wir sind nur mehr oder minder wertvolle Werkzeuge im Dienste des Heilsplanes Gottes. Bildeten wir uns je ein, daß das Gute, das wir tun, unser Werk sei, dann wäre der Hochmut in uns zurückgekehrt, heimtückischer als vorher: das Salz würde schal werden, der Sauerteig faulen, das Licht sich verfinstern.

[24] Mt 16, 24.

Wie eine weitere Gestalt im Evangelium

Im Laufe dieser dreißig Jahre meines Priestertums habe 251
ich immer wieder die Notwendigkeit des Gebetes betont und darauf hingewiesen, daß man das ganze Leben in ein unaufhörliches Sprechen mit Gott verwandeln kann. Gelegentlich bin ich gefragt worden: Aber ist es wirklich möglich, sich immer so zu verhalten? Ja, es ist möglich. Die Vereinigung mit unserem Herrn sondert uns nicht von der Welt ab, sie macht uns nicht zu weltfremden Wesen, die dem Lauf der Dinge entrückt sind.

Gott hat uns erschaffen, hat uns erlöst, liebt uns so sehr, daß Er seinen eingeborenen Sohn für uns dahingegeben hat[25], Er wartet jeden Tag auf uns, so wie im Gleichnis der Vater auf den verlorenen Sohn wartet[26]: Wie sollte Er dann nicht wünschen, daß wir Ihm liebend begegnen? Anormal wäre es vielmehr, mit Gott nicht zu sprechen, sich von Ihm abzuwenden, Ihn zu vergessen, in Tätigkeiten aufzugehen, die uns gegen die nie aussetzenden Impulse der Gnade abriegeln würden.

Außerdem möchte ich euch zu bedenken geben, daß 252
kein Mensch sich vom Nachahmungstrieb freihalten kann. Der bewußte oder unbewußte Drang, einander nachzuahmen, ist allen gemeinsam. Und da sollten wir ausgerechnet die Aufforderung, Jesus nachzuahmen, ins Leere verhallen lassen? Jeder ist bestrebt, nach und nach mit dem Vorbild gleichförmig zu werden, das er sich seiner Eigenart entsprechend gewählt hat. Er gestaltet dann sein Verhalten

[25] Vgl. Jo 3, 16.
[26] Vgl. Lk 15, 11–32.

nach diesem Ideal. Unser Meister ist Christus, der Sohn Gottes, die zweite Person der Allerheiligsten Dreifaltigkeit. Ahmen wir Christus nach, so eröffnet sich uns die herrliche Möglichkeit, an dem Strom der Liebe teilzuhaben, der das Geheimnis des einen und dreifaltigen Gottes durchwaltet.

Wenn ihr euch einmal nicht in der Lage fühlt, den Spuren Jesu Christi zu folgen, dann tauscht Worte der Freundschaft mit denen, die Ihn während seines Lebens auf Erden gut gekannt haben; vor allem mit Maria, die uns Jesus geschenkt hat, aber auch mit den Aposteln. *Einige Heiden wandten sich an Philippus, der aus Bethsaida in Galiläa stammte, und baten ihn: „Herr, wir möchten gern Jesus sehen." Philippus ging hin und sagte es Andreas, worauf Andreas und Philippus sich an Jesus wandten, um es Ihm auszurichten*[27]. Ist das nicht ermutigend? Jene Fremden wagen es nicht, selbst zum Meister zu gehen, und suchen sich einen guten Fürsprecher.

253 Vielleicht denkst du, deine Sünden seien so zahlreich, daß der Herr dich nicht hören könne. Du irrst, denn sein Herz ist voller Barmherzigkeit. Bedrückt dich aber dein Elend trotz dieser tröstlichen Erkenntnis, dann tritt vor Ihn hin wie der Zöllner[28]: Herr, da bin ich, tue mit mir, was Du willst! Erinnere dich, was uns Matthäus erzählt: wie sie den Gelähmten zu Jesus brachten. Der Kranke spricht kein Wort: Er liegt einfach da, in der Gegenwart Gottes. Diese Zerknirschung, diese Reue eines Menschen, der weiß, daß er nichts verdient, bewegen unseren Herrn,

[27] Jo 12, 20–22.
[28] Vgl. Lk 18, 13.

und Er erweist sich, wie immer, barmherzig: *Sei getrost, mein Sohn, deine Sünden sind dir vergeben*[29].

Ich rate dir für dein Gebet, daß du dich in die Berichte des Evangeliums so hineinversetzt, als ob du ein weiterer Teilnehmer wärest. Zuerst stellst du dir das Geschehen vor, das du in Sammlung betrachten möchtest. Dann wird dein Geist tätig, und du bedenkst einen bestimmten Zug im Leben des Meisters: sein liebendes Herz, seine Demut, seine Reinheit, die Art, wie Er den Willen des Vaters erfüllt. Erzähle Ihm, wie es bei dir in solchen Fällen ist, was dich im Augenblick bewegt, was in dir vorgeht. Bleib aufmerksam, denn vielleicht will Er dich auf etwas hinweisen; und so regen sich Eingebungen, zeigen sich Entdeckungen, hörst du einen Tadel.

Um dem Gebet den Weg zu ebnen, pflege ich – und das 254
mag einigen von euch ebenfalls hilfreich sein – auch rein geistige Wirklichkeiten gleichsam greifbar zu machen. Hat es doch unser Herr ebenso gehalten. Er lehrte gerne in Gleichnissen und Bildern, die Er aus der normalen Umwelt seiner Zuhörer nahm: Er spricht vom Hirten und von den Schafen, vom Weinstock und den Reben, von Booten und Netzen, von dem Samen, den der Sämann sät...

Das Wort Gottes ist in unsere Seele gefallen. Wie ist der Erdboden, den wir diesem Samen bieten? Ist er sehr steinig? Mit Dornen überwachsen? Oder vielleicht durch zuviel rein irdische, kleinliche, schwerfällige Schritte festgetreten? Herr, gib, daß ich gutes Erdreich sei, gute, fruchtbare Erde, dem Regen und der Sonne offen; gib, daß Deine

[29] Mt 9, 2.

Saat aufgeht und volle Ähren, guten Weizen hervorbringt.

Ich bin der Weinstock, ihr seid die Rebzweige[30]. Die Zeit der Weinlese naht. An den Weinstöcken hängen lange, dünne, biegsame, knotige Zweige voller Trauben, reif für die Ernte. Betrachtet die Rebzweige: Sie haben den Saft des Weinstocks empfangen und jetzt tragen sie reiche Frucht. Noch vor ein paar Monaten ganz junge Triebe, sind sie jetzt süßes und reifes Fruchtfleisch, das Auge und Herz vieler Menschen erfreuen wird[31]. Halb von Erde bedeckt, liegen einige Zweige am Boden, die sich vom Stock losgelöst haben. Auch sie waren Reben, nun aber verdorrt und ausgetrocknet; das anschauliche Sinnbild der Unfruchtbarkeit. *Denn ohne mich könnt ihr nichts tun*[32].

Das Gleichnis vom verborgenen Schatz. Stellt euch die Freude des glücklichen Finders vor. Für ihn sind Kummer und Not vorüber. Er verkauft alles, was er hat, um den Akker zu kaufen. Sein Herz ist, wo sich sein Schatz verbirgt[33]. Unser Schatz ist Christus. Es soll uns nichts ausmachen, allen hinderlichen Ballast über Bord zu werfen, um Ihm folgen zu können. Ohne diese unnütze Last wird unser Boot geradewegs zum sicheren Hafen der Liebe Gottes gelangen.

255 Und nochmals sage ich euch, daß es tausend Arten zu beten gibt. Die Kinder Gottes bedürfen keiner pedantisch ausgeklügelten Methode, um sich an ihren Vater zu wenden. Die Liebe ist erfinderisch und einfallsreich. Wenn wir

[30] Jo 15, 5.
[31] Vgl. Ps 103, 15.
[32] Jo 15, 5.
[33] Vgl. Mt 6, 21.

lieben, werden wir ganz persönliche, eigene Wege zum ständigen Dialog mit dem Herrn finden.

Möge der Herr bewirken, daß alles, was wir heute betrachtet haben, nicht wie ein Sommergewitter über unsere Seele hinweggeht: ein paar Regentropfen, und dann wieder Sonne und Dürre. Das Wasser, das von Gott kommt, muß sich stauen und die Wurzeln erreichen, damit es die Frucht vieler Tugenden hervorbringt. Die Jahre unseres Lebens werden so in der Gegenwart des Vaters verlaufen, Tag für Tag, mit Arbeit und Gebet. Wenn wir nachlassen, wenden wir uns hin zur Liebe der Gottesmutter, der Lehrmeisterin des Gebetes; und wir gehen auch zum heiligen Josef, unserem Vater und Herrn, den wir alle so sehr verehren; ist er es doch, der den innigsten Umgang mit Maria gehabt hat und nach Maria ihrem göttlichen Sohn am nächsten war. Sie werden unsere Schwachheit vor Jesus bringen, und Er wird sie in Stärke verwandeln.

AD

DAMIT ALLE GERETTET WERDEN*

Die christliche Berufung, der an uns ergehende Ruf des Herrn, führt dazu, daß wir uns mit Ihm vereinen. Aber wir dürfen nicht vergessen, daß Er auf die Erde gekommen ist, um die ganze Welt zu erlösen: *Er will, daß alle Menschen gerettet werden*[1]. Es gibt keine Seele, die Christus gleichgültig wäre; für jede einzelne hat Er den Preis seines Blutes bezahlt[2]. 256

Während ich diese Wahrheiten betrachte, kommt mir ein Gespräch zwischen dem Meister und den Aposteln, kurz vor der wunderbaren Brotvermehrung, in den Sinn. Eine große Menschenmenge hatte Jesus begleitet. Da blickt der Herr auf und fragt Philippus: *Woher sollen wir Brot nehmen, damit diese Leute essen können?*[3] Philippus überdenkt rasch die Lage und antwortet: *Zweihundert Denare reichen nicht aus, selbst wenn jeder auch nur ein wenig er-*

* Homilie, gehalten am 16. April 1954.

[1] 1 Tim 2, 4.

[2] Vgl. 1 Petr 1, 18–19.

[3] Jo 6, 5.

halten soll[4]. So viel Geld haben sie nicht, sie müssen also etwas improvisieren: *Einer von seinen Jüngern, Andreas, der Bruder des Simon Petrus, sagte zu Ihm: „Hier ist ein Knabe, der hat fünf Gerstenbrote und zwei Fische. Allein was ist das für so viele?“*[5]

Der Teig und die Hefe

257 Wir wollen dem Herrn folgen und sein Wort verbreiten. In menschlich-natürlicher Sicht ist es nur logisch, daß auch wir uns die Frage stellen: Was sind wir eigentlich für so viele Menschen? Mögen wir auch Millionen sein, so ist das im Vergleich zu der Zahl der Erdbewohner recht wenig. Deshalb müssen wir uns als ein kleines Stück Sauerteig betrachten, dazu ausersehen und bereit, der ganzen Menschheit Gutes zu tun, nach dem Wort des Apostels, daß *ein wenig Sauerteig den ganzen Teig durchsäuert*[6], ihn verwandelt. Wir müssen lernen, Hefe, Sauerteig zu sein, damit wir die Vielen umgestalten und verwandeln.

Ist die Hefe von sich aus besser als der Teig? Sicher nicht. Und doch ist sie das Mittel dafür, daß der Teig gerät und zu eßbarer, gesunder Nahrung wird.

Halten wir uns kurz die Wirkung des Sauerteiges vor Augen, der zur Bereitung einer so einfachen und allen zugänglichen Grundnahrung wie des Brotes dient. Vielleicht habt ihr es selbst einmal gesehen, wie man mancher-

[4] Jo 6, 7.
[5] Jo 6, 8–9.
[6] 1 Kor 5, 6.

orts das Backwerk zubereitet: es ist ein richtiges Zeremoniell, und am Ende kommt etwas Gutes, Schmackhaftes und auch Schönes dabei heraus.

Sie nehmen gutes Mehl, nach Möglichkeit von der besten Sorte. In einer langen Prozedur, die Geduld erfordert, bereiten sie den Teig im Backtrog zu und mischen die Hefe darunter. Dann lassen sie ihn ruhen; das ist nötig, damit die Hefe wirkt und den Teig aufgehen läßt.

Unterdessen brennt schon das Feuer im Backofen. Immer mehr Holz wird eingelegt. Das Backgut wird durch die Wärme des Feuers zum weichen, lockeren Brot von großer Qualität. Dies wäre nicht möglich gewesen, wenn das kleine Stück Sauerteig sich nicht in das Ganze hinein aufgelöst hätte, wirksam und unauffällig.

Betrachten wir nun jenes Wort des heiligen Paulus im 258
geistlichen Sinne, so begreifen wir, daß uns nichts anderes übrigbleibt, als im Dienste aller Seelen zu wirken. Etwas anderes wäre Egoismus. Ein demütiger Blick auf unser Leben zeigt uns klar, daß der Herr uns außer der Gnade des Glaubens auch Talente, Fähigkeiten geschenkt hat. Keiner von uns ist die Kopie eines anderen: unser Vater hat uns einzeln erschaffen und unter seinen Kindern viele verschiedene Gaben ausgeteilt. Wir müssen diese Talente, diese Fähigkeiten, in den Dienst aller stellen: es sind Gaben Gottes, die zu dem Werkzeug werden müssen, mit dem wir vielen helfen, Christus zu entdecken.

Denkt aber nicht, dieses Bemühen wäre nur eine ornamentale Verzierung, die zu dem eigentlichen Christsein hinzukäme. Wenn der Sauerteig nicht in Gärung gerät, verfault er. Er kann sich dadurch auflösen, daß er den Teig aufgehen läßt, aber auch dadurch, daß er sich in Nutzlosigkeit und Egoismus verliert. Denken wir nur nicht, wir erwiesen Gott einen Gefallen, wenn wir Ihn den Menschen bekannt machen: *Von der Verkündigung des Evangeliums bleibt mir kein Ruhm. Es ist meine Pflicht*, als ein Auftrag Jesu Christi: *Wehe mir, wenn ich das Evangelium nicht verkündigte!*[7]

Die Mühen des Fischfanges

259 *Siehe, ich werde viele Fischer kommen lassen – Spruch des Herrn –, die werden sie herausfischen*[8]. Sehr bestimmt zeigt uns der Herr die große Aufgabe: Fischen. Zuweilen hören oder lesen wir den Vergleich, die Welt sei wie das Meer. Und darin liegt Wahrheit. Wie auf dem Meer gibt es im menschlichen Leben Zeiten der Stille und des Sturmes, Flauten und Orkane. Oft schwimmen die Menschen in bitteren Gewässern, von hohen Wellen überspült, von Stürmen umtost. Ein trauriges Dahintreiben, auch wenn man meinen könnte, sie wären froh, weil sie so laut lärmen; aber das grelle Gelächter soll nur ihre Hoffnungslosigkeit, ihre Verbitterung, ihr Leben ohne Liebe und ohne Einsicht verdecken. Sie fressen sich untereinander auf, die Menschen ebenso wie die Fische.

Aufgabe der Kinder Gottes ist es zu erreichen, daß alle Menschen – in Freiheit – in das göttliche Netz gelangen und fähig werden, sich zu lieben. Der Christ soll sich in den Fi-

[7] 1 Kor 9, 16.
[8] Jer 16, 16.

scher verwandeln, auf den der Prophet Jeremias mit einem Bild anspielt, das auch Jesus Christus oft gebrauchte: *Folget mir! Ich will euch zu Menschenfischern machen*[9], sagt Er zu Petrus und Andreas.

Begleiten wir Christus bei diesem göttlichen Fischfang! 260
Jesus steht am Ufer des Sees Genezareth, während das Volk Ihn umdrängte, *um das Wort Gottes zu hören*[10]. So wie heute, seht ihr es nicht? Die Menschen wollen die Botschaft Gottes hören, auch wenn sie es nach außen nicht zeigen. Bei einigen ist die Lehre Christi vielleicht in Vergessenheit geraten, anderen, die ohne eigene Schuld mit dieser Lehre niemals vertraut gemacht wurden, erscheint die Religion als etwas Fremdes. Aber seid von einer Tatsache überzeugt, die ständig aktuell bleibt: Es kommt immer der Augenblick, in dem die Seele nicht mehr weiterkann, sich mit den üblichen Erklärungen nicht mehr zufrieden gibt und in den Lügen der falschen Propheten keine Befriedigung mehr findet. Dann hungern diese Menschen danach, ihre innere Unruhe mit der Lehre des Herrn zu stillen, auch wenn sie es nicht zugeben.

Lassen wir den heiligen Lukas erzählen: *Da sah Er zwei Boote am Ufer liegen. Die Fischer waren ausgestiegen und reinigten ihre Netze. Er stieg in eines der Boote, das dem Simon gehörte, und bat ihn, ein wenig vom Lande abzustoßen. Dann setzte Er sich nieder und lehrte die Volksscharen vom Boote aus*[11]. Am Ende dieser Glaubensunterweisung sagt der Herr zu Simon: *Fahr hinaus auf die hohe*

[9] Mt 4, 19.
[10] Lk 5, 1.
[11] Lk 5, 2–3.

See und werft eure Netze zum Fange aus[12]. Christus ist der Herr dieses Bootes, Er ist es, der den Fischfang vorbereitet: dazu ist Er in die Welt gekommen, daß seine Brüder den herrlichen Weg der Liebe zum Vater finden. Wir haben das christliche Apostolat nicht erfunden; eher werden wir Menschen manchmal zu einem Hindernis dafür, wenn wir träge sind und uns der Glaube fehlt.

261 „*Meister*", *entgegnete Simon*, „*die ganze Nacht haben wir uns abgemüht und haben nichts gefangen*"[13]. Die Antwort scheint vernünftig. Sie pflegten in den Nachtstunden zu fischen, und in jener Nacht war die Arbeit umsonst gewesen. Wie sollte man dann am Tag mehr erwarten? Doch Petrus glaubt: *Aber auf Dein Wort hin will ich die Netze auswerfen*[14]. Er entschließt sich zu tun, was Christus ihn geheißen hat. Im Vertrauen auf das Wort des Herrn macht er sich an die Arbeit. Und was geschieht dann? *Sie taten es und fingen eine so große Menge Fische, daß ihre Netze zu reißen drohten. Darum winkten sie ihren Gefährten in dem anderen Boote, sie möchten kommen und ihnen helfen. Die kamen auch. Man füllte beide Boote, so daß sie beinahe versanken*[15].

Als Jesus mit seinen Jüngern auf das Meer hinausfuhr, dachte Er nicht allein an diesen Fischfang. Deshalb, nachdem Petrus sich Ihm zu Füßen geworfen und demütig bekannt hatte: *Geh weg von mir, Herr, denn ich bin ein sündiger Mensch*, antwortete ihm der Herr: *Fürchte dich nicht!*

[12] Lk 5, 4.
[13] Lk 5, 5.
[14] Ebd.
[15] Lk 5, 6–7.

Von nun an sollst du Menschenfischer sein[16]. Auch bei dieser neuen Art des Fischfanges wird die göttliche Wirksamkeit nicht fehlen: Die Apostel sollen trotz ihrer persönlichen Armseligkeiten zu Werkzeugen vieler Großtaten werden.

Wunder, die auch heute geschehen

Auch uns wird der Herr zu Werkzeugen machen, die 262
Wunder zu wirken vermögen, große Wunder sogar, wenn sie notwendig sind. Ich wage zu behaupten, daß es so sein wird, wenn wir täglich darum kämpfen, uns zu heiligen, jeder in seinem eigenen Stand, mitten in der Welt, in seinem eigenen Beruf, im Alltag. Wir werden Blinde sehend machen. Wer von euch weiß nicht viele Fälle zu berichten, in denen Menschen, die gleichsam blindgeboren waren, die ganze Fülle des Lichtes Christi empfangen haben? Andere waren taub, andere stumm, unfähig, als Kinder Gottes ein Wort zu hören oder zu sprechen... Ihre Sinne wurden rein, jetzt können sie schon wie Menschen, nicht mehr wie Tiere, zuhören und sich äußern. *In nomine Jesu!*[17] Im Namen Jesu heilen die Apostel einen Lahmgeborenen, der zu nichts Nützlichem fähig war, so daß er gehen kann. Jener andere da war träge, er kannte seine Pflichten, wollte sie aber nicht erfüllen... Auch ihm gilt das Wort: Im Namen des Herrn, *surge et ambula!*[18] Steh auf und geh.

[16] Lk 5, 8; 10.
[17] Apg 3, 6.
[18] Ebd.

Wieder einer war schon gestorben, der Leichengeruch der Verwesung ging von ihm aus; nun hat er die Stimme Gottes vernommen, nicht anders als damals der Sohn der Witwe von Naim: *Jüngling, ich sage dir, steh auf!*[19] Wir werden Wunder wirken, wie Christus, wie die ersten Apostel. Vielleicht sind schon an dir, an mir, solche Wunder geschehen; vielleicht waren wir blind oder taub oder lahm oder hatten schon den Geruch des Todes, und dann hat das Wort des Herrn uns aus unserer Hinfälligkeit aufgerichtet. Wenn wir Christus lieben und Ihm aufrichtig folgen, wenn wir nicht uns selbst suchen, sondern nur Ihn, dann werden wir in seinem Namen anderen Menschen das umsonst geben können, was wir umsonst empfangen haben.

263 Ständig habe ich in meiner Verkündigung auf die übernatürliche und auf die menschliche Möglichkeit hingewiesen, die unser Vater Gott in die Hände seiner Kinder legt: teilzunehmen an der Erlösung, welche Christus gewirkt hat. Mit Freude fand ich diese Lehre in den Schriften mancher Kirchenväter. So schreibt zum Beispiel Gregor der Große: *Und wenn sie durch Ermahnungen zum Guten die Arglist aus fremden Herzen entfernen, heben sie da nicht Schlangen auf? (...) Wenn sie, sooft sie ihre Nächsten im guten Tun erschlaffen sehen, ihnen mit ganzer Kraft zur Hilfe eilen und durch ihr gutes Beispiel das Leben derer stärken, die in ihrem Handeln wanken, tun sie nichts anderes, als daß sie Kranken die Hände auflegen, damit sie gesund werden. Diese Wunderzeichen sind wahrlich um so größer, je geistiger sie sind, und um so wichtiger, weil durch*

[19] Lk 7, 14.

sie nicht die Leiber, sondern die Seelen auferweckt werden. Solche Wunderzeichen, teuerste Brüder, könnt ihr, wenn ihr nur wollt, in Gottes Kraft wirken[20].

Gott will, daß alle gerettet werden. Das ist eine Aufforderung an uns und erlegt uns eine Verantwortung auf, der sich jeder von uns stellen muß. Die Kirche ist kein Hort für Privilegierte: *Ist vielleicht die Kirche nur ein geringfügiger Teil der Erde? Die große Kirche ist die ganze Welt*[21]. So schrieb der heilige Augustinus und fügte dann hinzu: *Wo immer du dich auch hinwendest, da ist Christus. Du erhältst als Erbe die Grenzen der Erde; komm, besitze sie alle mit mir!*[22] Erinnert ihr euch, was über die Netze gesagt wurde? So übervoll waren sie, daß sie keine Fische mehr fassen konnten. Gott wartet mit Sehnsucht darauf, daß sein Haus voll werde[23]. Er ist Vater und Er möchte alle seine Kinder um sich haben.

Apostolat im Alltag

Betrachten wir jetzt den anderen Fischfang, den, der 264
nach Leiden und Tod Christi geschah. Petrus hatte den Meister dreimal verleugnet und dann Tränen demütiger Reue vergossen. Der Hahnenschrei hatte ihn an die Mahnungen des Herrn erinnert, und aus der Tiefe seiner Seele stieg die Bitte um Vergebung auf. Während er zerknirscht

[20] Gregor der Große, *Homiliae in Evangelia,* 29, 4 (PL 76, 1215–1216).
[21] Augustinus, *Enarrationes in Psalmos,* 21, 2, 26 (PL 36, 177).
[22] Augustinus, *Enarrationes in Psalmos,* 21, 2, 30 (PL 36, 180).
[23] Vgl. Lk 14, 23.

auf die verheißene Auferstehung wartet, arbeitet er in seinem Beruf, er geht fischen. *Man pflegt in Hinsicht auf diesen Fischfang der Jünger zu fragen, warum Petrus und die Söhne des Zebedäus zu dem zurückkehrten, was sie früher getan hatten, ehe sie vom Herrn berufen wurden; sie waren nämlich Fischer, als Er zu ihnen sprach: „Folget mir nach, und ich werde euch zu Menschenfischern machen." Wen das beunruhigt, dem ist zu sagen, daß es den Aposteln nicht verboten war, durch die Ausübung ihres legitimen und rechtschaffenen Berufes ihr Brot zu verdienen*[24].

Das Apostolat, nach welchem es den gewöhnlichen Christen so sehr verlangt, läuft nicht beziehungslos neben der alltäglichen Arbeit her: Es verschmilzt mit dieser Arbeit, die uns Anlaß zur persönlichen Begegnung mit Christus wird. Gerade durch diese Arbeit, im gemeinsamen Bemühen Seite an Seite mit unseren Berufskollegen, unseren Freunden oder unseren Verwandten, können wir diesen helfen, daß sie zu Christus kommen, der am Ufer des Sees auf uns wartet. Fischer vor der Berufung zum Apostel und Fischer nach der Berufung zum Apostel: die gleiche berufliche Tätigkeit vorher und nachher.

265 Was also wird anders? Der Seele eröffnen sich jetzt weitere Horizonte, weil Christus in sie eingetreten ist, so wie Er damals in das Boot des Petrus stieg; sie öffnet sich der stärkeren Bereitschaft zu dienen und verspürt ein unwiderstehliches Verlangen, allen Menschen die *magnalia Dei*[25] zu verkünden, die Großtaten, die Gott wirkt, wenn wir Ihn wirken lassen. Ich darf nicht verschweigen, daß die –

[24] Augustinus, *In Ioannis Evangelium tractatus,* 122, 2 (PL 35, 1959).
[25] Apg 2, 11.

wenn wir sie so nennen wollen – *berufliche Arbeit* des Priesters ein *göttliches und öffentliches Amt* ist; es nimmt seine ganze Tätigkeit so sehr in Anspruch, daß er für gewöhnlich sicher sein kann, seine Amtspflichten nicht zu erfüllen, wenn ihm Zeit für Aufgaben verbleibt, die nicht zum eigentlichen Priestersein gehören.

Simon Petrus, Thomas mit dem Beinamen Didymus, Nathanael aus Kana in Galiläa, die Söhne des Zebedäus und noch zwei andere von seinen Jüngern waren beisammen. Simon Petrus sagte zu ihnen: „Ich gehe fischen." Sie erwiderten ihm: „Wir gehen mit." Sie gingen nun hinaus und stiegen in das Boot, fingen aber nichts in jener Nacht. Als bereits der Morgen dämmerte, stand Jesus am Ufer[26].

Jesus ist seinen Aposteln nahe, ist dicht bei diesen Menschen, die sich Ihm hingegeben haben; aber sie merken es nicht. Wie oft ist Christus uns nicht nur nahe, sondern in uns, und trotzdem bleibt unser Leben so sehr dem rein Menschlichen verhaftet! Der Herr ist in unserer Nähe, und kein Blick, kein Wort, kein Werk der Liebe seiner Kinder gilt Ihm.

Aber die Jünger – schreibt der heilige Johannes – *wußten nicht, daß es Jesus war. Da sprach Jesus zu ihnen: „Kinder, habt ihr nicht etwas zu essen?"*[27] Mich beglückt diese familiäre Szene. Jesus Christus, Gott, spricht solche Worte! Er, dessen Leib schon verklärt ist! *„Werft das Netz zur Rechten des Bootes aus, so werdet ihr etwas finden." Sie warfen es aus und vermochten es wegen der Menge der Fi-* 266

[26] Jo 21, 2–4.
[27] Jo 21, 4–5.

sche nicht mehr heraufzuziehen[28]. Jetzt begreifen die Jünger. Sie erinnern sich an das, was sie so oft vom Meister gehört hatten: Menschenfischer sein, Apostel sein. Jetzt verstehen sie, daß dies möglich ist, weil Jesus selbst den Fischfang leitet.

Da sagte der Jünger, den Jesus liebhatte, zu Petrus: „Es ist der Herr“[29]. Die Liebe! Die Liebe sieht den Herrn schon von weitem. Die Liebe ist es, die zuerst jene aufmerksame Geste Christi gewahr wird. Der jugendliche Apostel, der Jesus mit der ganzen Festigkeit, Reinheit und Zartheit eines Herzens liebt, das niemals verdorben war – er ruft: Es ist der Herr.

Als Simon Petrus hörte, es sei der Herr, warf er sein Obergewand um – er hatte es nämlich abgelegt – und sprang in den See[30]. Petrus ist der Glaube. Mit bewundernswertem Wagemut stürzt er sich ins Wasser. Mit der Liebe des Johannes und mit dem Glauben des Petrus – wie weit werden wir kommen?

Die Seelen gehören Gott

267 *Die anderen Jünger folgten ihm im Boote und zogen das Netz mit den Fischen nach. Sie waren nicht mehr weit vom Lande, nur etwa zweihundert Ellen*[31]. Sogleich legten sie den ganzen Fang dem Herrn zu Füßen; denn er ist sein Ei-

[28] Jo 21, 6.
[29] Jo 21, 7.
[30] Ebd.
[31] Jo 21, 8.

gentum. Daraus sollen wir lernen, daß die Seelen Gott gehören, daß kein Mensch auf Erden sie zu seinem Eigentum erklären darf und daß das Apostolat der Kirche – die Verkündigung und die Wirklichkeit des Heiles – nicht auf dem Ansehen bestimmter Menschen beruht, sondern auf der Gnade Gottes.

Jesus fragt Petrus dreimal, als ob der Herr es seinem Apostel erleichtern möchte, die dreifache Verleugnung wiedergutzumachen. Petrus hat schon gelernt, die eigene Erbärmlichkeit hat ihn zur Einsicht gebracht. Er kennt jetzt seine Schwachheit und weiß, wie überflüssig voreiliges Angeben ist. Deshalb legt er alles in die Hände Christi. *Herr, Du weißt, daß ich Dich liebe. (...) Herr, Du weißt alles, Du weißt, daß ich Dich liebe*[32]. Und was antwortet Christus? *Weide meine Lämmer (...) weide meine Schafe*[33]. Er sagt nicht: deine, und auch nicht: eure; Er sagt: meine! Denn Er hat den Menschen erschaffen, Er hat ihn erlöst, Er hat jede einzelne Seele – ich wiederhole es – um den Preis seines Blutes erkauft.

Als die Donatisten im fünften Jahrhundert die Kirche bekämpften, behaupteten sie, es sei unmöglich, daß der Bischof von Hippo, Augustinus, die Wahrheit verkünde, denn er sei ein großer Sünder gewesen. Der heilige Augustinus sagte seinen Brüdern im Glauben, wie sie darauf antworten sollten: *Augustinus ist Bischof in der katholischen Kirche; er trägt seine Last, über die er vor Gott Rechenschaft ablegen muß. Ich habe ihn unter den Guten kennengelernt. Wenn er schlecht ist, er weiß es; wenn er gut*

[32] Jo 21, 15–17.
[33] Ebd.

ist, habe ich selbst auf ihn nicht meine Hoffnung gesetzt. Denn das erste, das ich in der katholischen Kirche gelernt habe, ist, meine Hoffnung nicht auf einen Menschen zu setzen[34].

Das Apostolat, das wir ausüben, ist nicht *unser* Apostolat. Was hätten wir denn überhaupt zu sagen, wenn es unsere Sache wäre? Es ist das Apostolat Christi, das wir tun, weil Gott es so will und uns den Befehl dazu gegeben hat: *Geht hin in alle Welt und verkündet das Evangelium*[35]. Die Fehler sind von uns, die Früchte vom Herrn.

Den Mut haben, von Gott zu sprechen

268 Und wie werden wir dieses Apostolat vollbringen? An erster Stelle durch das Beispiel, indem wir nach dem Willen des Vaters leben, so wie ihn uns Jesus Christus mit seinem Leben und seiner Lehre geoffenbart hat. Der Glaube ist echt, wenn er nicht zuläßt, daß das Handeln dem Bekenntnis widerspricht. Wir sollen die Echtheit unseres Glaubens an unserem persönlichen Verhalten prüfen. Unser Glaube wäre nicht aufrichtig, wenn wir uns nicht bemühten, das wirklich zu tun, was wir mit unseren Lippen bekennen.

269 In diesem Zusammenhang wollen wir eine Episode bedenken, die den wunderbaren apostolischen Elan der Urchristen deutlich macht. Es war noch kein Vierteljahrhundert vergangen, seitdem Jesus in den Himmel aufgefahren war, und schon verbreitete sich sein Ruf in vielen Städten

[34] Augustinus, *Enarrationes in Psalmos*, 36, 3, 20 (PL 36, 395).
[35] Mk 16, 15.

und Dörfern. Nach Ephesus kommt ein Mann namens Apollo, *ein redegewandter und schriftkundiger Mann. Er war über den Weg des Herrn unterrichtet, und voll glühender Begeisterung redete und predigte er genau über Jesus; doch kannte er nur die Taufe des Johannes*[36].

In Apollos Verstand dämmerte schon das Licht Christi: Er hatte von Ihm gehört und verkündete Ihn den anderen Menschen. Noch fehlte ihm aber ein Stück Weg, um Christus tiefer zu erkennen, ganz zum Glauben zu kommen und den Herrn wirklich zu lieben. Ein Ehepaar hört ihm zu, Aquila und Priszilla; beide sind Christen. Sie bleiben nicht passiv und gleichgültig; sie denken auch nicht: Der weiß schon genug, niemand hat uns dazu gerufen, ihn zu belehren. Da sie Menschen mit echt apostolischer Sorge sind, treten sie an Apollo heran: *Sie nahmen ihn zu sich und erklärten ihm den Weg Gottes noch genauer*[37].

Ebenso bewundernswert ist die Art, wie der heilige 270
Paulus sich verhält. Obwohl er gefangen ist, weil er die Lehre Christi verbreitet hat, versäumt er keine Gelegenheit, das Evangelium weiter zu verkünden. Vor Festus und Agrippa zögert er nicht zu bekennen: *Ich habe Gottes Beistand erfahren, und so stehe ich noch heute da und lege vor groß und klein Zeugnis ab. Dabei verkündige ich nichts anderes, als was die Propheten und Moses geweissagt haben: Der Messias werde leiden müssen und als erster von den Toten auferstehen und dem Volke wie den Heiden das Licht verkünden*[38].

[36] Apg 18, 24–25.
[37] Apg 18, 26.
[38] Apg 26, 22–23.

Der Apostel hüllt sich nicht in Schweigen, er verbirgt weder seinen Glauben noch die apostolische Lehrtätigkeit, die ihm den Haß der Verfolger zugezogen hatte. Er fährt fort, allen Menschen das Heil zu verkünden. Mit wunderbarer Kühnheit tritt er vor Agrippa: *Glaubst du den Propheten? Ich weiß, du glaubst ihnen*[39]. Als Agrippa sagt: *Es fehlt nicht viel, so machst du mich noch zu einem Christen,* erwidert Paulus: *Wollte Gott, daß über kurz oder lang nicht bloß du, sondern alle, die mich heute hören, das würden, was ich bin – abgesehen von diesen Fesseln*[40].

271 Woher schöpft der heilige Paulus diese Kraft? *Alles vermag ich in dem, der mich stärkt*[41]. Ich kann alles, weil dieser Glaube, diese Hoffnung, diese Liebe allein von Gott kommen. Es fällt mir sehr schwer, an die übernatürliche Wirksamkeit eines Apostolates zu glauben, das sich nicht auf ein Leben des ständigen Umgangs mit dem Herrn stützt und darin seine feste Mitte findet; und zwar inmitten der Arbeit, zu Hause oder auf der Straße, inmitten der vielen großen und kleinen Probleme, die sich jeden Tag einstellen: dort, und nicht woanders, aber mit deinem Herzen bei Gott. Dann werden die Menschen in unseren Worten, in unseren Handlungen, ja sogar in unseren Armseligkeiten, den *bonus odor Christi*[42], den Wohlgeruch Christi wahrnehmen. Sie werden sagen: Da ist ein Christ.

272 Gäbest du der Versuchung nach zu fragen: Und wer sagt mir eigentlich, daß ich mich darauf einlassen soll? –

[39] Apg 26, 27.
[40] Apg 26, 28–29.
[41] Phil 4, 13.
[42] 2 Kor 2, 15.

dann müßte ich dir antworten: Christus selbst befiehlt es dir. Er bittet dich darum. *Die Ernte ist groß, aber der Arbeiter sind wenige. Bittet darum den Herrn der Ernte, daß er Arbeiter in seine Ernte sende*[43]. Ziehe nicht den bequemen Schluß: Dafür tauge ich nicht, dafür sind schon andere da, solche Aufgaben sind mir fremd. Nein, nicht die anderen sind dafür da; wäre es so, dann könnte sich jeder darauf hinausreden. Die Bitte Christi geht vielmehr an alle, an jeden einzelnen Christen. Nichts entbindet uns davon, weder das Alter noch die Krankheit, noch die Arbeit. Es gibt keine Ausreden: entweder bringen wir Früchte des Apostolates, oder unser Glaube ist unfruchtbar.

Und außerdem: Wer hat gesagt, daß man Absonderli- 273
ches oder Auffallendes tun müsse, um von Christus zu sprechen und seine Lehre zu verbreiten? Führe ein normales Leben wie alle. Arbeite da, wo dein Platz ist; sei bemüht, deine Standespflichten gut zu erfüllen und deine berufliche Arbeit zu vervollkommnen, wachse darin, steigere dich jeden Tag. Sei loyal und verständnisvoll den anderen gegenüber und anspruchsvoll mit dir selbst. Suche die Abtötung, lebe die Freude. Das wird dein Apostolat sein. Du wirst es dir nicht erklären können, weil du dich so armselig siehst: und doch werden deine Mitmenschen dich und das Gespräch mit dir suchen, natürlich und unkompliziert, nach der Arbeit, im Kreis der Familie, im Bus, auf einem Spaziergang, überall. Ihr werdet von der Unruhe sprechen, die jeder in der Seele trägt, auch wenn manche es nicht wahrhaben wollen. Und sie werden diese Unruhe besser

[43] Mt 9, 37–38.

begreifen, wenn sie einmal angefangen haben, Gott wirklich zu suchen.

Bitte Maria, *Regina apostolorum*, die Königin der Apostel, um Entschlossenheit, damit du das Verlangen teilst, das im Herzen ihres Sohnes lebt: ein Verlangen nach *Aussaat* und nach *Fischfang*. Beginne nur, und – ich versichere dir – du wirst wie jene Fischer aus Galiläa ein Boot an Land ziehen, das übervoll ist. Und du wirst Christus am Ufer stehen sehen, der auf dich wartet. Denn die Menge der Fische ist sein.

M S

MUTTER GOTTES, UNSERE MUTTER*

Alle Marienfeiertage sind wichtig, denn sie sind Anlässe, die uns die Kirche bietet, damit wir unsere Liebe zur Mutter Gottes mit Werken beweisen. Wenn ich aber unter diesen verschiedenen Feiertagen einen auswählen müßte, so würde ich das heutige Fest nehmen: die göttliche Mutterschaft der allerseligsten Jungfrau. 274

Dieses Fest führt uns einige der wesentlichen Geheimnisse unseres Glaubens vor Augen: Wir betrachten die Menschwerdung des Wortes, das Werk der drei Personen der Allerheiligsten Dreifaltigkeit. Maria, die Tochter Gottes, des Vaters, ist durch die Menschwerdung unseres Herrn in ihrem unbefleckten Schoß die Braut Gottes, des Heiligen Geistes und die Mutter Gottes, des Sohnes.

Als Maria ihr freies Ja zu den ihr vom Schöpfer geoffenbarten Absichten sprach, nahm das Wort Gottes die menschliche Natur an: eine vernünftige Seele und einen Leib, im reinsten Schoß Mariens. Die göttliche und die

* Homilie, gehalten am 11. Oktober 1964 (Fest der Mutterschaft Mariens).

menschliche Natur vereinigten sich in der einen Person Jesu Christi. Er ist wahrer Gott und, von jener Stunde an, wahrer Mensch; Er ist der Eingeborene des Vaters von Ewigkeit her und, seit jenem Augenblick, da Er Mensch wurde, auch der wahre Sohn Mariens. Deshalb ist Unsere Liebe Frau die Mutter des menschgewordenen Wortes, der zweiten Person der Allerheiligsten Dreifaltigkeit, die, für immer und unvermischt, die menschliche Natur angenommen hat. Und deshalb dürfen wir an Maria als das höchste Lob jenes Wort richten, welches ihre höchste Würde ausdrückt: Mutter Gottes.

Der Glaube des christlichen Volkes

275 Das ist immer sicherer Gegenstand des Glaubens gewesen. Gegen die, die ihn leugneten, verkündete das Konzil von Ephesus: *Wer nicht bekennt, daß der Emmanuel in Wahrheit Gott und die heilige Jungfrau deshalb Gottesgebärerin ist, weil sie das fleischgewordene, aus Gott entstammende Wort dem Fleische nach geboren hat, der sei ausgeschlossen*[1].

Die Geschichte hat uns Zeugnisse der Freude unter den Christen wegen jener klaren und eindeutigen Entscheidung überliefert, welche den Glauben aller bestätigte: *Das ganze Volk der Stadt Ephesus wartete beharrlich auf die Entscheidung, vom Morgen früh bis spät am Abend. (...) Als man dann erfuhr, daß der Urheber der Lästerungen abge-*

[1] Konzil von Ephesus, Can. 1, Denzinger-Schön. 252 (113).

setzt worden war, begannen wir alle einstimmig Gott zu verherrlichen und das Konzil zu preisen, weil ja der Feind des Glaubens gestürzt war. Als wir die Kirche verließen, wurden wir mit Fackeln zu unseren Häusern begleitet. Es war Nacht: die ganze Stadt war fröhlich und beleuchtet[2]. So schreibt der heilige Cyrill von Alexandrien, und ich gebe zu, daß dieser Ausdruck der Frömmigkeit über sechzehn Jahrhunderte hinweg mich tief beeindruckt.

Gebe Gott, unser Herr, daß in unseren Herzen ein ebensolcher Glaube brennt, damit auch wir in einen Lobgesang des Dankes einstimmen können: denn durch die Auserwählung Mariens als Mutter Jesu Christi, eines Menschen wie wir, läßt die Allerheiligste Dreifaltigkeit jeden von uns unter dem Schutzmantel dieser Mutter geborgen sein. Sie ist Mutter Gottes und unsere Mutter.

Die göttliche Mutterschaft Mariens ist die Wurzel all 276
ihrer Vollkommenheit und Vorzüge. Aus diesem Grund ist sie die unbefleckt Empfangene, die Gnadenvolle, die immerwährende Jungfrau, die mit Leib und Seele in den Himmel Aufgenommene, die, zur Königin der ganzen Schöpfung gekrönt, über allen Engeln und Heiligen thront. Größer als sie ist nur Gott. *Weil die heilige Jungfrau die Mutter Gottes ist, hat sie eine gewisse unendliche Würde von dem unendlichen Gut her, das Gott ist*[3]. Eine Gefahr zu übertreiben kann es hier nicht geben. Niemals werden wir tief genug in dieses unaussprechliche Geheimnis eindringen; niemals werden wir unserer heiligen Mutter

[2] Cyrill von Alexandrien, *Epistolae,* 24 (PG 77, 138).
[3] Thomas von Aquin, *Summa Theologiae,* I, q. 25, a.6.

genug dafür danken können, daß sie uns diese Nähe zur Allerheiligsten Dreifaltigkeit ermöglicht hat.

Wir waren Sünder und Feinde Gottes. Die Erlösung befreit uns nicht nur von der Sünde, versöhnt uns nicht nur mit Gott, sondern sie macht uns zu seinen Kindern: Gott schenkt uns eine Mutter, dieselbe, die das Ewige Wort der Menschheit nach empfing. Ist eine größere Verschwendung, ein größeres Maß an Liebe noch möglich? Es verlangte Gott danach, uns zu erlösen. Unter den vielen Möglichkeiten, die seiner unendlichen Weisheit offenstanden, um seinen heiligen Willen zu verwirklichen, wählte Er diejenige, die keinen Zweifel über unsere Rettung und Verherrlichung zuläßt. *So wie der erste Adam nicht von einem Mann und einer Frau stammt, sondern von der Erde genommen ist, so nahm der letzte Adam, der die Wunden des ersten heilen sollte, seinen Leib aus dem Schoß der Jungfrau, damit Er dem Fleische nach gleich sei wie das Fleisch derer, die gesündigt hatten*[4].

Mutter der schönen Liebe

277 *Ego quasi vitis fructificavi... Ich trieb wie ein Weinstock liebliche Sprossen, und meine Blüten tragen prächtige und reiche Frucht*[5]. Wir haben in der Lesung der heiligen Messe diese Worte gehört. Möge sich eine blühende, innige Marienverehrung in unseren Seelen und in den Seelen aller

[4] Basilius der Große, *Commentarius in Isaiam*, 7, 201 (PG 30, 466).
[5] Sir 24, 23.

Christen entfalten und das rückhaltlose Vertrauen zu der hervorbringen, die ständig über uns wacht.

Ich bin die Mutter der schönen Liebe, der Furcht, der Erkenntnis und der heiligen Hoffnung[6]. Alles dies sind Lektionen, an die uns die Mutter Gottes heute erinnert. Lektionen einer schönen Liebe, eines sauberen Lebens und eines zartfühlenden und leidenschaftlichen Herzens, damit wir lernen, im Dienste der Kirche treu zu sein. Nicht irgendeine beliebige Liebe ist da gemeint, sondern *die* Liebe schlechthin, die weder Verrat noch Berechnung, noch Vergessen kennt: die schöne Liebe, die vom dreimalheiligen Gott ausgeht und zu Ihm hinführt, zu Ihm, der die Schönheit und die Güte und die Erhabenheit selbst ist.

Aber auch die Furcht wird erwähnt. Ich kann mir keine andere vorstellen als die, daß man sich von der Liebe trennen könnte. Denn Gott will uns ja nicht ängstlich, kleinmütig oder träge in unserer Hingabe, sondern kühn, tapfer und ganz wach. Diese Furcht, die hier erwähnt wird, ruft uns ein anderes Wort der Heiligen Schrift in Erinnerung: *Ich suchte, den meine Seele liebt; ihn suchte ich, doch ich fand ihn nicht*[7].

Das kann dann geschehen, wenn der Mensch nicht bis auf den Grund begriffen hat, was Gott lieben heißt. Das Herz läßt sich dann von Dingen fortreißen, die nicht zu Gott hinführen, und als Folge davon verlieren wir Ihn aus den Augen. Manchmal ist es vielleicht der Herr selbst, der sich verbirgt. Er allein weiß warum. Er treibt uns an, Ihn mit noch größerem Eifer zu suchen, und wenn wir Ihn

[6] Sir 24, 24.
[7] Hl 3, 1.

wiedergefunden haben, freuen wir uns und rufen: *Ich hielt ihn fest und will ihn nicht lassen*[8].

278 Das Evangelium der heutigen heiligen Messe schildert uns jene bewegende Episode, da Jesus in Jerusalem zurückbleibt und im Tempel lehrt. *Maria und Josef gingen in der Meinung, Er sei bei der Reisegesellschaft, eine Tagereise weit und suchten Ihn bei Verwandten und Bekannten. Aber sie fanden Ihn nicht. Darum kehrten sie nach Jerusalem zurück und suchten Ihn*[9]. Die Mutter Gottes hat in Sorge ihren Sohn gesucht, den sie ohne eigene Schuld verloren hatte, und sie hat die große Freude erfahren, Ihn wiederzufinden: Sie wird uns helfen, damit auch wir umkehren und alles, was nötig ist, in Ordnung bringen, wenn unsere Nachlässigkeiten oder unsere Sünden uns einmal nicht erlauben sollten, Christus wahrzunehmen. So werden auch wir die Freude erfahren, uns an Ihm festzuklammern und Ihm zu sagen, daß wir Ihn nie mehr verlieren wollen.

Maria ist auch Mutter der Erkenntnis, denn an ihrer Hand kann man die wichtigste aller Lektionen lernen: daß nichts lohnt, wenn wir dem Herrn nicht nahe sind; daß alle herrlichen Dinge dieser Erde und alle erfüllten Wünsche unseres Herzens nichts sind, wenn dieses Herz nicht von der Flamme der lebendigen Liebe und vom Licht der heiligen Hoffnung erhellt wird, die uns die unendliche Liebe in der endgültigen Heimat ahnen lassen.

279 *In mir ist die Gnade jedes Weges und jeglicher Wahrheit; in mir ist alle Hoffnung des Lebens und der Tugend*[10].

[8] Hl 3, 4.
[9] Lk 2, 44–45.
[10] Sir 24, 25.

Wie weise hat doch die Kirche diese Worte in den Mund unserer Mutter gelegt, damit wir Christen sie nicht vergessen! Sie ist die feste Sicherheit, die Liebe, die einen niemals verläßt, die Zuflucht, die stets offen bleibt, die Hand, deren Zärtlichkeit immer Trost spendet.

Einer der frühen Kirchenväter schreibt, daß wir bemüht sein müssen, vor unserem geistigen Auge und in unserem Gedächtnis eine wohlgeordnete Übersicht des Lebens der Gottesmutter zu behalten[11]. Wahrscheinlich habt ihr schon oft die üblichen Kompendien über Medizin, Mathematik oder andere Fächer, in denen das Grundwissen für den konkreten, dringlichen Fall enthalten ist, zu Rate gezogen: eine Art Soforthilfe mit den nötigen Anweisungen, damit man keine Fehler macht.

Betrachten wir auch oft in ruhigem, stillem Gebet alles, 280
was wir von unserer Mutter gehört haben. Als Frucht davon werden sich in unsere Seele viele Merksätze einprägen, die es uns ermöglichen, ohne Zögern zu ihr zu eilen, wenn wir nirgendwo sonst noch Halt finden. Aber ist das nicht bloß persönlicher Eigennutz? Gewiß. Nur – weiß eine Mutter nicht, daß die Kinder für gewöhnlich etwas eigennützig sind und daß sie sich oft an sie als letzte Zuflucht wenden? Eine Mutter weiß das, und es macht ihr nichts aus: sie ist eben Mutter, und ihre selbstlose Liebe vermag hinter der Fassade unseres Egoismus doch kindliche Zuneigung und festes Vertrauen zu entdecken.

Weder für mich noch für euch möchte ich die Verehrung der Mutter Gottes auf solch eindringliche Notrufe be-

[11] Vgl. Johannes Damaszenus, *Homiliae in dormitionem B. V. Mariae*, 2, 19 (PG 96, 751).

schränken. Doch scheint mir, daß wir uns nicht gedemütigt fühlen müssen, sollte es uns einmal so ergehen. Eine Mutter führt ja nicht Buch über die Liebeserweise der Kinder, sie wägt und mißt nicht mit kleinlichen Maßstäben. Eine winzige liebevolle Aufmerksamkeit ist für sie wie Sonnenschein; sie gibt viel mehr, als sie empfängt. Wenn es bei einer guten irdischen Mutter schon so ist, dann stellt euch vor, was wir von unserer Mutter Maria erhoffen dürfen.

Mutter der Kirche

281 Immer wieder suche ich mich mit meiner Vorstellungskraft in die Zeit zurückzuversetzen, da Jesus ganz bei seiner Mutter war: viele Jahre, fast das gesamte irdische Leben unseres Herrn. Ich sehe Ihn als kleines Kind, wie Maria Ihn pflegt, Ihn küßt und sich mit Ihm beschäftigt. Ich sehe Ihn dann unter den liebenden Blicken von Maria und Josef, seinem irdischen Vater, heranwachsen. Wie aufmerksam und mit welchem Zartgefühl müssen sich Maria und der heilige Patriarch um das Kind gekümmert haben. Wieviel müssen sie ständig in aller Stille von Ihm gelernt haben. Ihre Seelen wurden der Seele des Sohnes, der Mensch und Gott ist, immer ähnlicher. Deshalb kennt Maria – und nach ihr Josef – die Regungen des Herzens Jesu wie sonst niemand; und deshalb sind Maria und Josef der beste Weg – ich möchte sogar sagen: der einzige –, um zu unserem Heiland zu gelangen.

Der heilige Ambrosius schreibt: *In jeder Seele sei Marias Seele, daß sie den Herrn preise; in jeder sei der Geist*

Mariens, daß er frohlocke in Gott. Und der heilige Kirchenvater verbindet diese Worte mit Gedanken, die auf den ersten Blick gewagt erscheinen, aber für das Leben eines Christen einen klaren geistlichen Sinn enthalten: *Gibt es auch nur eine leibliche Mutter Christi, so ist doch in der Ordnung des Glaubens Christus die Frucht aller*[12].

Wenn wir mit Maria gleichförmig werden und ihre Tugenden nachahmen, werden wir dazu beitragen, daß Christus durch die Gnade in die Seele vieler Menschen hineingeboren wird, die dann durch das Wirken des Heiligen Geistes mit Ihm eins sein werden. Die Ausrichtung an Maria läßt uns irgendwie an ihrer geistigen Mutterschaft Anteil haben; und dies geschieht, wie bei ihr selbst, ganz im stillen, unbemerkt und ohne viele Worte, durch das Zeugnis eines bedingungslos konsequenten christlichen Verhaltens und durch die großzügige Erneuerung eines *fiat* – es geschehe! –, das die Verbundenheit mit Gott ständig aufrechterhält.

Ein guter Christ, voll Liebe zur Mutter Gottes, aber 282
theologisch nicht sehr geschult, erzählte mir einmal eine Geschichte, die ich euch jetzt weitergeben möchte, weil sie in ihrer Naivität bei einem wenig gebildeten Menschen verständlich ist.

Ich muß mir Luft machen, sagte er: Verstehen Sie bitte, daß heute manche Dinge geschehen, die einen richtig traurig stimmen können. Während des gegenwärtigen Konzils und auch in der Vorbereitungszeit darauf wurde vorgeschlagen, *das Thema der Mutter Gottes* in die Beratungen

[12] Ambrosius, *Expositio Evangelii secundum Lucam,* 2, 26 (PL 15, 1561).

aufzunehmen, einfach so: *das Thema*. Sprechen Kinder so? Ist das der Glaube, den die Christen stets bekannt haben? Seit wann ist die Liebe zur Mutter Gottes *ein Thema*, das man diskutiert und auf seine Zweckmäßigkeit hin prüft?

Wenn überhaupt etwas im Widerspruch zur Liebe steht, dann das Knausern. Ich geniere mich nicht – sagte er mir weiter –, so deutlich zu sprechen, denn sonst hätte ich das Gefühl, ich beleidigte unsere heilige Mutter. Man hat darüber debattiert, ob es zweckmäßig sei oder nicht, Maria die „Mutter der Kirche" zu nennen – nun, es ist mir zuwider, auf weitere Einzelheiten einzugehen. Denn wieso soll die Mutter Gottes, die deshalb Mutter aller Christen ist, nicht die Mutter der Kirche sein, wenn die Kirche die Gemeinschaft all derer ist, die durch die Taufe ein neues Leben in Christus, dem Sohn Mariens, empfangen haben?

Ich kann mir nicht erklären – so sagte er noch –, woher ein solcher Geiz stammen kann, Unserer Lieben Frau diesen Lobpreis vorenthalten zu wollen. Wie anders ist der Glaube der Kirche! Das *Thema* der Mutter Gottes ... Kommt es Kindern in den Sinn, aus der Liebe zur eigenen Mutter ein *Thema* zu machen? Sie lieben sie ganz einfach. Und sie lieben sie sehr, wenn sie gute Kinder sind. Von einem *Thema* – oder von einem Schema – sprechen nur Fremde, jene, die sich kühl an die Formulierung eines Problems geben. So weit die Worte jenes einfachen und herzlichen Menschen: offen und fromm, wenn auch nicht gerecht.

283 Setzen wir nun die Betrachtung dieses Geheimnisses der Gottesmutterschaft Mariens fort in der Stille unseres Gebetes, indem wir aus tiefster Seele bekennen: *O Jung-*

frau und Mutter Gottes! Jener, den das Weltall nicht zu fassen vermag, ist in deinen Schoß eingekehrt und Mensch geworden[13].

Die Liturgie der Kirche läßt uns heute beten: *Selig der Schoß der Jungfrau Maria, der den Sohn des Ewigen Vaters getragen hat*[14]. Ein Ruf, alt und neu, menschlich und göttlich. Es ist, als ob wir an den Herrn jenen lobenden Gruß richteten, der mancherorts Sitte ist: Gepriesen sei die Mutter, die dich gebar.

Lehrmeisterin des Glaubens, der Hoffnung und der Liebe

Maria hat durch ihre Liebe mitgewirkt, damit in der 284
Kirche die Gläubigen geboren würden, als Glieder jenes Hauptes, dessen Mutter sie tatsächlich dem Leibe nach ist[15]. Als Mutter lehrt sie; aber eben darum ist die Lehre, die sie uns erteilt, gar nicht laut. Es bedarf einer Grundstimmung der Aufmerksamkeit, einer Spur Feingefühl in der Seele, um zu erfassen, was sie uns nicht so sehr mit Worten wie mit Werken mitteilen möchte.

Sie ist Lehrmeisterin des Glaubens. *Selig bist du, da du geglaubt hast!*[16] Das ist der Gruß ihrer Base Elisabeth, als Maria sie in dem Gebirgsdorf besucht. Wunderbar war der Akt des Glaubens, den Maria verrichtet hatte: *Siehe, ich bin die Magd des Herrn, mir geschehe nach deinem Wort*[17].

[13] *Graduale* der Messe von der Mutterschaft der allerseligsten Jungfrau Maria.
[14] Antiphon *ad Communionem* der Messe der allerseligsten Jungfrau Maria.
[15] Augustinus, *De sancta virginitate,* 6 (PL 40, 399).
[16] Lk 1, 45.
[17] Lk 1, 38.

Als ihr Sohn geboren wird, bestaunt sie die Großtaten Gottes auf Erden: Engelchöre, Hirten und Große dieser Welt beten das Kind an. Aber danach muß die heilige Familie nach Ägypten fliehen, um den verbrecherischen Plänen des Herodes zu entgehen. Und dann kommt die Zeit des Schweigens: dreißig Jahre eines einfachen, gewöhnlichen Lebens, wie bei jeder anderen Familie in einem kleinen galiläischen Dorf.

285 Das Evangelium weist uns mit wenigen Worten den Weg, um das Beispiel unserer Mutter zu verstehen: *Maria aber bewahrte alle diese Dinge und erwog sie in ihrem Herzen*[18]. Versuchen wir, sie auch darin nachzuahmen, indem wir den Umgang mit dem Herrn suchen und mit Ihm ein liebendes Gespräch führen über alles, was uns beschäftigt, selbst über winzige Begebenheiten. Vergessen wir nicht, daß sie erwogen, gewertet, mit gläubigen Augen gesehen werden sollen, damit wir in ihnen den Willen Gottes entdecken.

Gehen wir zu Maria, wenn unser Glaube schwach ist. Johannes berichtet, wie nach dem Wunder auf der Hochzeit zu Kana, das Jesus auf Bitten seiner Mutter wirkte, *seine Jünger an Ihn glaubten*[19]. Unsere Mutter tritt immer bei ihrem Sohn für uns ein, damit Er sich uns zuwendet und sich uns so zeigt, daß wir dann bekennen: Du bist der Sohn Gottes.

286 Maria ist auch Lehrmeisterin der Hoffnung. *Von nun an werden mich selig preisen alle Geschlechter*[20], ruft sie

[18] Lk 2, 19.
[19] Jo 2, 11.
[20] Lk 1, 48.

aus. War diese Hoffnung menschlich gesehen überhaupt begründet? Wer war sie für die Männer und Frauen von damals? Die großen Heldinnen des Alten Testaments, wie Judith, Esther und Debora, gewannen schon auf Erden menschlichen Ruhm, sie wurden vom Volk bejubelt und verherrlicht. Für Maria – wie für Jesus – ist der einzige Thron das Kreuz. Was uns an ihrem irdischen Leben bis zu ihrer Aufnahme mit Leib und Seele in den Himmel beeindruckt, ist ihre stille Gegenwart. Der heilige Lukas, der sie gut kannte, bemerkt, daß sie zusammen mit den ersten Jüngern im Gebet verharrte. So vollendet Maria ihre irdischen Tage, sie, die dann für immer von allen Geschöpfen gepriesen werden soll.

Welch ein Kontrast zwischen der Hoffnung Mariens und unserer Ungeduld! Oft fordern wir von Gott, Er möge sofort das wenige Gute vergelten, das wir getan haben. Wir stöhnen, kaum daß die erste Schwierigkeit auftaucht. Nicht selten sind wir unfähig, in der Anstrengung auszuharren und die Hoffnung aufrecht zu erhalten. Denn es fehlt uns an Glauben: *Selig bist du, da du geglaubt hast, daß in Erfüllung gehen wird, was dir vom Herrn verkündet worden ist!*[21]

Maria ist Lehrmeisterin der Liebe. Erinnert euch, was 287
bei der Darstellung Jesu im Tempel geschah. Der greise Simeon spricht zu ihr: *Siehe, dieser ist bestimmt zum Fall und zur Auferstehung vieler in Israel und zum Zeichen des Widerspruchs. Auch deine Seele wird ein Schwert durchdringen. So sollen die Gedanken vieler Herzen offenbar*

[21] Lk 1, 45.

werden[22]. Die unermeßliche Liebe Mariens für alle Menschen bewirkt, daß auch in ihr das Wort des Herrn Wirklichkeit wird: *Eine größere Liebe hat niemand, als wer sein Leben hingibt für seine Freunde*[23].

Mit Recht haben die Päpste Maria Miterlöserin genannt: *Man kann mit Recht sagen, daß Maria zusammen mit Christus das Menschengeschlecht erlöste: weil sie zusammen mit ihrem leidenden und sterbenden Sohn so sehr gelitten hat und gewissermaßen gestorben ist; und weil sie auf ihre Mutterrechte gegenüber ihrem Sohn zur Erlösung der Menschheit verzichtete und Ihn aufopferte, soweit dies von ihr abhing, um so die göttliche Gerechtigkeit zu besänftigen*[24]. So begreifen wir jenen Umstand in der Passion unseres Herrn besser, den wir nie müde werden zu betrachten: *Stabat autem iuxta crucem Iesu mater eius*[25], die Mutter Jesu stand bei dem Kreuz ihres Sohnes.

Gewiß habt ihr schon beobachtet, wie manche Mütter mit berechtigtem Stolz an die Seite ihrer Söhne eilen, wenn diese einen Erfolg feiern oder eine öffentliche Ehrung empfangen. Andere Mütter dagegen bleiben auch in solchen Augenblicken im Hintergrund, in schweigender Liebe. So Maria, und Jesus wußte es.

288 Nun aber, da die Zeit des Ärgernisses, die Stunde des Kreuzesopfers gekommen ist, steht Maria da und hört voller Trauer wie *die Vorübergehenden Ihn lästerten, den Kopf schüttelten und sagten: „Du wolltest den Tempel*

[22] Lk 2, 34–35.
[23] Jo 15, 13.
[24] Benedikt XV., Brief *Inter sodalicia*, 22. 3. 1918, ASS 10 (1919), 182.
[25] Jo 19, 25.

Gottes niederreißen und in drei Tagen wieder aufbauen. Rette Dich selbst! Wenn Du der Sohn Gottes bist, steig herab vom Kreuz!"[26] Unsere Liebe Frau hört die Worte ihres Sohnes und vereinigt sich mit seinem Schmerz: *Mein Gott, mein Gott, warum hast du mich verlassen?*[27] Was konnte sie tun? Mit der erlösenden Liebe des Sohnes einswerden und dem Vater den unermeßlichen Schmerz darbringen, der wie ein scharfes Schwert ihr reines Herz durchbohrte.

Wieder fühlt sich Jesus durch die lautlose, liebende Gegenwart der Mutter gestärkt. Maria schreit nicht, sie läuft nicht ratlos umher. *Stabat* – sie steht, steht neben ihrem Sohn. Jesus blickt auf sie herab und wendet dann die Augen zu Johannes. Er sagt: „*Frau, da ist dein Sohn.*" *Dann sagt Er zu dem Jünger: „Da ist deine Mutter*"[28]. In Johannes vertraut Christus seiner Mutter alle Menschen an, besonders aber seine Jünger: jene, die an Ihn glauben sollten.

Felix culpa[29] singt die Kirche: heilbringende Schuld, die uns einen so erhabenen Retter gebracht hat. Und wir können noch hinzufügen: heilbringende Schuld, die uns Maria zur Mutter gegeben hat. Schon fühlen wir uns sicher, schon ist aller Kummer verscheucht; denn Unsere Liebe Frau, zur Königin des Himmels und der Erde gekrönt, ist vor Gott die allmächtige Fürbitterin. Jesus kann Maria keine Bitte abschlagen, und auch uns nicht, da wir die Kinder seiner Mutter sind.

[26] Mt 27, 39–40.
[27] Mt 27, 46.
[28] Jo 19, 26–27.
[29] *Praeconium* der Osternachtliturgie.

Unsere Mutter

289 Die Kinder, vor allem die kleinen Kinder, erwarten dauernd irgend etwas, das ihre Eltern für sie tun sollen oder tun könnten, und dabei vergessen sie ihre eigenen Pflichten der Kindesliebe. Im allgemeinen sind wir recht eigennützige Kinder. Aber wir sagten schon, daß das einer Mutter nicht viel ausmacht, denn in ihrem Herzen ist die Liebe groß genug, um dem Kind alles zu geben, ohne etwas von ihm zu erwarten.

So ist es auch mit unserer Mutter Maria. Aber heute, am Festtag ihrer göttlichen Mutterschaft, sollten wir in unserer Selbstprüfung genauer sein als sonst. Und wenn wir feststellen, daß es uns an Aufmerksamkeit gegenüber dieser guten Mutter gefehlt hat, sollte uns das Herz wehtun. Ich frage euch, ich frage mich selbst: Wie ehren wir sie?

Ein weiteres Mal kehren wir zur alltäglichen Erfahrung im Umgang mit unserer irdischen Mutter zurück. Wir fragen uns vor allem: Was erwartet eine Mutter von dem Kind, dem sie Fleisch und Blut gegeben hat? Ihr größter Wunsch ist, es in der Nähe zu haben. Wenn die Kinder groß werden und dies nicht mehr möglich ist, wartet die Mutter mit Ungeduld auf Nachricht und empfindet Anteilnahme für alles, was das Kind betrifft, von einer leichten Erkrankung bis hin zu den ganz wichtigen Ereignissen.

290 Versteht also: In den Augen unserer heiligen Mutter Maria hören wir niemals auf, kleine Kinder zu sein, denn sie öffnet uns den Weg zum Himmelreich, das nur denen, die zu Kindern werden, gegeben wird[30]. Wir dürfen uns

[30] Vgl. Mt 19, 14.

niemals von ihr trennen. Und wie können wir sie ehren? Indem wir Umgang mit ihr haben, mit ihr sprechen, ihr unsere Liebe bezeugen, in unseren Herzen die Szenen ihres irdischen Lebens erwägen, ihr von unseren Kämpfen, unseren Erfolgen und Mißerfolgen erzählen.

So entdecken wir den Sinn der Gebete zur Mutter Gottes, die die Kirche immer gebetet hat, und es ist uns, als sprächen wir diese Gebete zum erstenmal. Was sind das *Gegrüßet seist du, Maria* und der *Engel des Herrn* anderes als ein stürmisches Lob ihrer göttlichen Mutterschaft? Wir haben dann den heiligen Rosenkranz, eine wunderbare Frömmigkeitsübung, die ich nie müde werde, allen Christen zu empfehlen: mit dem Verstand und mit dem Herzen vergegenwärtigen wir uns die wunderbaren Geheimnisse im Leben Mariens, die wir als die grundlegenden Geheimnisse unseres Glaubens wiederentdecken.

Im Kirchenjahr gibt es zahlreiche Festtage zu Ehren der 291
Mutter Gottes. Ihrer aller gemeinsamer Grund aber ist die Gottesmutterschaft Mariens; aus ihr geht die Fülle von natürlichen und übernatürlichen Gaben, die ihr die Allerheiligste Dreifaltigkeit gewährt hat, hervor. Es wäre ein Zeichen mangelnder christlicher Bildung und auch ein Zeichen mangelnder kindlicher Liebe, würde jemand befürchten, daß die Marienverehrung die Gott geschuldete Anbetung schmälern könnte. Von unserer Mutter, dem Vorbild der Demut, stammen die Worte: *Von nun an werden mich selig preisen alle Geschlechter. Großes hat an mir getan der Mächtige. Heilig ist sein Name: Sein Erbarmen währt von Geschlecht zu Geschlecht für die, die Ihn fürchten*[31].

[31] Lk 1, 48–50.

Geizen wir nicht mit Liebeserweisen an den Festtagen Unserer Lieben Frau, erheben wir öfter als sonst das Herz zu ihr, indem wir sie um das Nötige bitten, ihr für ihre ständige mütterliche Fürsorge danken und ihr die Menschen anempfehlen, die wir lieben. Wenn wir uns aber wirklich wie gute Kinder verhalten wollen, dann werden wir alle Tage gleichermaßen geeignet finden, um unserer Mutter Liebe zu erweisen, nicht anders als Menschen es tun, die sich wirklich lieben.

292 Vielleicht meint jemand unter euch, der Alltag und das Hin und Her eines gewöhnlichen Lebens ließen kaum zu, daß man mit dem Herzen stets bei einem so reinen Geschöpf wie der Mutter Gottes verweile. Bitte, denkt ein wenig darüber nach. Was suchen wir in all unserem Tun, auch wenn wir es uns nicht immer ganz bewußt machen? Wenn wir, von der Liebe Gottes angetrieben, in lauterer Absicht arbeiten, dann suchen wir das Gute, das Reine, das, was dem Gewissen Frieden und der Seele Freude gibt. Daß auch Fehler vorkommen? Gewiß, aber gerade dann, wenn wir unsere Fehler einsehen, gewahren wir unser Ziel nur um so deutlicher: ein Glück, das nicht flüchtig, sondern tief und heiter, menschlich und übernatürlich ist.

Auf Erden hat ein einziges Geschöpf dieses Glück erreicht, das Meisterwerk Gottes: Maria, unsere heiligste Mutter. Sie lebt und beschützt uns. Sie ist mit Leib und Seele beim Vater, beim Sohn und beim Heiligen Geist: sie, dieselbe, die in Palästina geboren wurde, die sich von Kindheit an dem Herrn weihte, die Botschaft des Erzengels Gabriel empfing, unseren Heiland gebar und bei Ihm unter dem Kreuze stand.

In ihr werden die großen Ideale Wirklichkeit, aber wir dürfen darum nicht denken, ihre Erhabenheit und Größe mache sie zu einer unnahbaren, fernen Gestalt. Sie ist voll der Gnade, der Inbegriff aller Vollkommenheit, und sie ist Mutter. Mächtig vor Gott, erlangt sie für uns das, was wir erbitten, denn als Mutter will sie es uns gewähren. Und als Mutter begreift und versteht sie auch unsere Schwäche; sie ermutigt uns, sie entschuldigt uns, sie bereitet uns den Weg, sie kommt uns immer zu Hilfe, auch da, wo Hilfe unmöglich erscheint.

Wie wüchsen in uns die übernatürlichen Tugenden, 293
wenn es uns gelänge, wirklich Umgang mit ihr zu haben, mit Maria, mit unserer Mutter! Richten wir doch im Laufe des Tages kurze Gebete, Stoßgebete an sie, mit dem Herzen, ohne Worte. Die christliche Frömmigkeit hat viele solcher zärtlichen Anrufungen in der Lauretanischen Litanei zusammengefaßt, die im Anschluß an den Rosenkranz gebetet wird. Aber jedem steht es frei, diese Anrufungen um weitere zu vermehren und neue zu finden, die wir vielleicht – aus einer Zurückhaltung heraus, die sie versteht und gutheißt – nicht laut zu sprechen wagen.

Zum Schluß möchte ich dir noch raten, daß du deine persönliche Erfahrung mit der mütterlichen Liebe Mariens suchst, falls es noch nicht so ist. Es genügt nicht zu wissen, daß sie Mutter ist; es genügt auch nicht, sie nur als solche zu betrachten und in diesem Sinne von ihr zu sprechen. Sie ist deine Mutter, du bist ihr Sohn. Sie liebt dich, als ob du ihr einziger Sohn auf dieser Welt wärest. Dein Umgang mit ihr darf davon ausgehen; erzähle ihr alles, was dich bewegt, verehre sie, liebe sie. Keiner kann es für dich tun, wenn du es nicht tust, und keiner kann es besser für dich tun als du selbst.

Ich versichere dir, daß du auf diesem Wege sofort die ganze Liebe Jesu Christi finden wirst. Du wirst dann erfahren, daß du in der unergründlichen Lebensfülle Gottes des Vaters, Gottes des Sohnes und Gottes des Heiligen Geistes verweilst. Du wirst Kraft finden, um den Willen Gottes vollkommen zu erfüllen. Das Verlangen danach, allen Menschen zu dienen, wird in dir wachsen. Du wirst dann der Christ sein, von dem du manchmal träumst: reich an Werken der Liebe und Gerechtigkeit, freudig und stark, voller Verständnis für die anderen und mit strenger Forderung an dich selbst.

Das und nichts anderes ist die Spannkraft unseres Glaubens. Gehen wir zu Maria, und sie wird uns mit sicherem und beständigem Schritt begleiten.

INRI
15 AD 11

AUF DEM WEG ZUR HEILIGKEIT*

Wir werden innerlich aufgerüttelt und im Herzen tief 294
erschüttert, wenn wir den Ruf des heiligen Paulus aufmerksam hören: *Das ist der Wille Gottes: eure Heiligung*[1]. Heute führe ich mir dieses Wort noch einmal vor Augen und ich erinnere auch euch und die ganze Menschheit daran: Dies ist der Wille Gottes, daß wir heilig sind.

Um den Seelen den wahren Frieden zu bringen, um die Welt umzugestalten, um in der Welt und durch die Dinge der Welt Gott, unseren Herrn, zu suchen, ist unbedingt dic persönliche Heiligkeit notwendig. In meinen Gesprächen mit Menschen aus vielen Ländern, mit Menschen, die sehr verschiedene Stellungen in der Gesellschaft einnehmen, werde ich oft gefragt: Was sagen Sie uns, die wir verheiratet sind? Und uns, die wir auf dem Felde arbeiten? Und was sagen Sie einer Witwe? Und einem Jugendlichen?

Ich antworte immer, daß ich *nur einen einzigen Kochtopf habe*. Und dann pflege ich besonders darauf einzuge-

* Homilie, gehalten am 26. November 1967.

[1] 1 Thess 4, 3.

hen, daß unser Herr Jesus Christus allen, ohne Unterschied, die frohe Botschaft verkündet hat. Ein einziger Kochtopf und eine einzige Speise: *Meine Speise ist es, daß ich den Willen dessen tue, der mich gesandt hat, und daß ich sein Werk vollbringe*[2]. Jeden einzelnen ruft der Herr zur Heiligkeit, jeden einzelnen bittet Er um Liebe: Junge und Alte, Ledige und Verheiratete, Gesunde und Kranke, Gebildete und Ungebildete, gleichgültig, wo sie arbeiten und leben. Es gibt nur eine einzige Art und Weise, im Umgang mit Gott und im Vertrauen zu Ihm zu wachsen: Ihm im Gebet zu begegnen, mit Ihm zu sprechen, Ihm – von Herz zu Herz – unsere Liebe kundzutun.

Mit Gott sprechen

295 *Ihr ruft mich, und ich werde euch erhören*[3]. Wir rufen Ihn, wir unterhalten uns mit Ihm, wir wenden uns an Ihn. Deswegen müssen wir die Mahnung des Apostels in die Tat umsetzen, der sagt: *Sine intermissione orate*[4], betet immer, was auch geschehen mag. *Nicht nur von Herzen, sondern mit ganzem Herzen*[5].

Ihr denkt vielleicht, daß das Leben nicht immer so leicht erträglich ist, daß es an Unannehmlichkeiten, Mühen und Kummer wahrhaftig nicht fehlt. Ich werde euch wieder mit dem heiligen Paulus antworten: *Weder Tod noch*

[2] Jo 4, 34.
[3] Jer 29, 12.
[4] 1 Thess 5, 17.
[5] Ambrosius, *Expositio in Psalmum 118,* 19, 12 (PL 15, 1471).

Leben, weder Engel noch Mächte, weder Gegenwärtiges noch Zukünftiges, noch Kräfte, weder Höhe noch Tiefe, noch sonst etwas Geschaffenes vermag uns zu trennen von der Liebe Gottes, die in Christus Jesus ist, unserem Herrn[6]. Nichts kann uns von der Liebe Gottes trennen, von der Liebe schlechthin, von der beständigen Verbindung mit unserem Vater.

Aber bedeutet die Empfehlung, beständig die Vereinigung mit Gott zu suchen, nicht, ein derart erhabenes Ideal hinzustellen, daß es für die meisten Christen unerreichbar bleibt? Das Ziel ist wirklich hoch, doch nicht unerreichbar. Der Weg zur Heiligkeit ist ein Weg des Gebetes; und das Gebet muß nach und nach in der Seele Wurzeln schlagen, so wie ein kleines Samenkorn, das sich später in einen dichtbelaubten Baum verwandelt.

Wir beginnen mit mündlichen Gebeten, die viele von 296
uns als Kinder immer wieder gesprochen haben: es sind von Herzen kommende und sehr einfache Worte, an Gott und an seine Mutter, die auch unsere Mutter ist, gerichtet. Heute noch erneuere ich morgens und abends – und nicht nur gelegentlich, sondern täglich – das Aufopferungsgebet, das mich meine Eltern gelehrt haben: *O meine Herrin, o meine Mutter! Dir gebe ich mich ganz hin. Und als Erweis meiner kindlichen Liebe weihe ich dir heute meine Augen, meine Ohren, meine Zunge, mein Herz . . .* Ist das nicht irgendwie ein Anfang der Kontemplation und ein echter Beweis des vertrauenden Sich-Überlassens? Was erzählen sich Liebende, wenn sie sich treffen? Wie verhalten sie

[6] Röm 8, 38–39.

sich? Sie opfern alles, was sie sind und haben, für den Menschen, den sie lieben.

Zuerst ein Stoßgebet, und dann noch eins, und noch eins . . ., bis einem das ungenügend erscheint, weil Worte unzureichend sind . . .: und man läßt der Vertrautheit mit Gott freien Lauf, ist bei Ihm, schaut auf Ihn, beständig und mühelos. Wir leben dann wie Gefangene, gleichsam in Ketten. Während wir, bei all unseren Fehlern und Unzulänglichkeiten, so vollkommen wie möglich die Aufgaben und Pflichten unseres Standes erfüllen, sehnt sich die Seele nach Befreiung. Sie drängt zu Gott hin, angezogen von Ihm wie das Eisen vom Magneten. Wir beginnen Jesus auf eindringlichere Weise zu lieben, in seliger Bestürzung.

297 *Ich werde euch befreien aus der Gefangenschaft, wo auch immer ihr seid*[7]. Das Gebet befreit uns von der Knechtschaft. Wir wissen uns frei, die Seele schwingt sich in einem Hochgesang liebender Vereinigung zu Gott empor und sie will sich nicht mehr von Ihm trennen. Es ist eine ganz neue Weise, durchs Leben zu gehen, auf göttliche, übernatürliche, wunderbare Art. Angeregt durch so manchen spanischen Klassiker des sechzehnten Jahrhunderts werden wir dann vielleicht selber die Worte auszukosten begehren: Ich lebe, weil nicht ich lebe, es ist Christus, der in mir lebt![8]

Voller Freude sieht man ein, daß es nötig ist, viele Jahre hindurch auf dieser Welt zu arbeiten, denn Jesus hat in ihr wenige Freunde. Wir wollen der Verpflichtung nicht aus dem Wege gehen, so zu leben, daß wir uns im Dienst an

[7] Jer 29, 14.
[8] Vgl. Gal 2, 20.

Gott und an der Kirche – bis zur letzten Faser unserer Kräfte – verausgaben, und zwar in Freiheit: *in libertatem gloriae filiorum Dei*[9], *qua libertate Christus nos liberavit*[10], mit der Freiheit der Gotteskinder, die Christus für uns dadurch erkauft hat, daß Er am Holz des Kreuzes gestorben ist.

Es ist möglich, daß schon am Anfang des Weges Staub- 298
wolken aufgewirbelt werden. Diejenigen, die unserer Heiligung feindlich gegenüberstehen, können einen derart heftigen und ausgeklügelten psychologischen Terror entfesseln – unter Mißbrauch ihrer Macht –, daß sie in ihrem sinnlosen Treiben sogar manche mitreißen, die sich lange Zeit hindurch vernünftig und geradlinig verhalten hatten. Auch wenn ihre Stimme wie eine gesprungene Glocke aus schlechtem Metall klingt, ganz anders als die Stimme des Guten Hirten, so erniedrigen sie doch das Wort, das eines der kostbarsten Geschenke Gottes an die Menschen ist, eine herrliche Gabe, die es uns möglich macht, mit dem Herrn und seinen Geschöpfen erhabene Gedanken der Liebe und der Freundschaft auszutauschen. Da wird es denn verständlich, weshalb der heilige Jakobus von der Zunge sagt, sie sei *eine Welt voll Unrecht*[11]. Sie kann so viel Schaden anrichten: Lüge, Beschuldigung, Ehrabschneidung, Klatsch, Beleidigung, Intrige.

[9] Röm 8, 21.
[10] Gal 4, 31.
[11] Jak 3, 6.

Die heiligste Menschheit Jesu Christi

299 Wie können wir diese Hindernisse überwinden? Wie können wir uns selbst bestärken in unserer Entscheidung, die uns schon recht mühsam erscheinen will? Indem wir uns nach dem Vorbild richten, das uns die heiligste Jungfrau, unsere Mutter, gibt: ein sehr breiter Weg, der notwendigerweise über Jesus führt.

Um Gott näher zu kommen, müssen wir den rechten Weg einschlagen, den Weg der heiligsten Menschheit Jesu Christi. Deswegen rate ich immer die Lektüre von Büchern über die Leidensgeschichte des Herrn an. Diese Schriften, die echt fromm sind, vergegenwärtigen uns den Sohn Gottes, der Mensch wie wir und zugleich wahrer Gott ist und der im Fleische um der Erlösung der Welt willen liebt und leidet.

Denkt zum Beispiel an eine der Frömmigkeitsübungen, die unter den Christen am meisten verbreitet ist, das Rosenkranzgebet. Die Kirche ermuntert uns dazu, die Geheimnisse des Rosenkranzes zu betrachten, damit sich in unseren Geist, in unser Gedächtnis, zusammen mit der Freude, dem Schmerz und dem Ruhm Mariens, das staunenswerte Beispiel des Herrn tief einprägt: seine dreißig Jahre im verborgenen, die drei Jahre seiner Verkündigung, sein erniedrigendes Leiden und seine glorreiche Auferstehung.

Christus nachfolgen: darin besteht das Geheimnis. Ihn so sehr aus der Nähe begleiten, daß wir mit Ihm zusammen leben, wie die ersten Zwölf; so nahe, daß wir mit Ihm einswerden. Wenn wir der Gnade keine Hindernisse in den

Weg stellen, werden auch wir bald sagen können, daß wir unseren Herrn Jesus Christus angezogen haben[12]. In unserem Verhalten erscheint dann der Herr wie in einem Spiegel. Ist der Spiegel gut, dann gibt er das liebenswerte Antlitz unseres Erlösers wieder, keine Karikatur, sondern ein unverzerrtes Bild, das unsere Mitmenschen zur Bewunderung und zur Nachfolge ansporn.

Bei diesem Bemühen um die Gleichförmigkeit mit 300
Christus unterscheide ich vier Stufen: Ihn suchen, Ihn finden, mit Ihm Umgang haben, Ihn lieben. Vielleicht fühlt ihr euch noch auf der ersten Stufe. Sucht Ihn voller Sehnsucht, sucht Ihn mit ganzer Kraft in euch selbst. Wenn ihr darin hartnäckig seid, dann, das wage ich euch zu versichern, habt ihr Ihn schon gefunden, dann beginnt ihr schon, Umgang mit Ihm zu haben und Ihn zu lieben und ein Zwiegespräch im Himmel zu führen[13].

Ich bitte den Herrn darum, daß wir uns entschließen, in unserer Seele den einzig lohnenden Wunsch zu nähren, den einzigen, der der Mühe wert ist: so nahe bei Jesus Christus zu sein wie seine heilige Mutter und der heilige Josef: sehnsüchtig, selbstvergessen, aufmerksam. Wir werden das Glück der Gottesfreundschaft kosten – in innerer Sammlung, die mit unseren beruflichen und staatsbürgerlichen Pflichten gut vereinbar ist – und wir werden dem Herrn für die Zartheit und die Klarheit danken, mit der Er uns lehrt, den Willen unseres Vaters im Himmel zu erfüllen.

Aber vergeßt eines nicht: bei Jesus sein heißt auch mit 301
Sicherheit seinem Kreuz begegnen. Wenn wir uns in die

[12] Vgl. Röm 13, 14.
[13] Vgl. Phil 3, 20.

Hand Gottes geben, läßt Er es häufig zu, daß wir den Schmerz spüren, Einsamkeit, Widerwärtigkeiten, Verleumdungen, üble Nachrede, Spott, von innen und von außen; denn Er möchte uns nach seinem Bild und Gleichnis gestalten, und so erlaubt Er auch, daß man uns für verrückt hält und Narren nennt.

Das ist die Stunde der passiven Abtötung, die manchmal versteckt, bisweilen auch offen und sogar herausfordernd auf uns zukommt, gerade wenn wir es nicht erwarten. Man verletzt die Schafe mit Steinwürfen, die eigentlich den Wölfen gelten sollten: Wer Christus nachfolgt, wird am eigenen Leibe zu spüren bekommen, daß die, die ihn eigentlich lieben sollten, ihm mißtrauen, sich feindselig, argwöhnisch oder haßerfüllt gegen ihn verhalten. Sie schauen ihn skeptisch an, wie einen Lügner, weil sie einfach nicht glauben, daß es eine persönliche Beziehung zu Gott, ein inneres Leben geben kann; im Umgang mit Atheisten und Gleichgültigen aber geben sie sich liebenswürdig und verständnisvoll, auch wenn diese sich oft aggressiv und arrogant zeigen.

Vielleicht läßt es der Herr zu, daß sein Jünger sich Attacken gegenübersieht, die dem Angreifer wahrlich nicht zur Ehre gereichen; dazu gehören persönliche Beschimpfungen oder die Verbreitung von tendenziösen und übelwollenden Gerüchten, die einer massiven, lügenhaften Propaganda entstammen. Guter Geschmack und Wohlerzogenheit sind nun einmal nicht jedermanns Sache.

So kann es denn nicht verwundern, daß diejenigen, die eine fragwürdige Theologie und eine lockere, schrankenlose Moral vertreten oder die eine zweifelhafte Liturgie, nach persönlichen Einfällen, mit *Hippie*-Grundsätzen und ohne verantwortliche Leitung, praktizieren –, daß die also gegen Menschen, welche nur von Jesus Christus sprechen, Neidgefühle, Verdächtigungen, falsche Beschuldigungen, Beleidigungen, Mißhandlungen, Demütigungen, Gerede und Belästigungen aller Art mobilisieren.

Doch gerade dadurch formt Jesus die Seelen der Seinen und schenkt ihnen dabei innere Gelassenheit und Freude, weil sie sehr gut wissen, daß der Teufel auch aus hundert Lügen zusammen noch keine einzige Wahrheit machen kann; und der Herr prägt ihnen die tiefe Erkenntnis ein, daß sie es im Leben nur dann leicht haben werden, wenn sie sich dazu entschließen, es sich nicht leicht zu machen.

Wenn wir die heiligste Menschheit Jesu betrachten und 302
wirklich lieben, dann werden wir auch nach und nach seine Wunden entdecken. Und in der harten, mühevollen Zeit des Geläutert-Werdens, in der Zeit seliger und bitterer Tränen, der Umwelt verborgen, verlangen wir danach, uns in jede einzelne dieser heiligsten Wunden zu versetzen, in ihnen uns reinzuwaschen und voll tiefer Freude in der erlösenden Kraft seines Blutes zu erstarken. Gleich den Tauben, die, wie die Heilige Schrift sagt[14], während des Sturmes in den Felsspalten Zuflucht suchen, so suchen und finden wir diesen Zufluchtsort der herzlichen Vertrautheit mit Christus; wir entdecken, daß seine Stimme sanft und sein Antlitz schön ist[15], denn *daß seine Stimme mild und angenehm ist, wissen die, die die Gnade des Evangeliums*

[14] Vgl. Hl 2, 14.
[15] Ebd.

empfingen, welche sie ausrufen läßt: Du hast Worte des ewigen Lebens[16].

303 Wir dürfen nicht meinen, daß, wenn wir diesen beschaulichen Weg eingeschlagen haben, die Leidenschaften ein für allemal verstummt sind. Wir täuschten uns, wenn wir annähmen, daß die Sehnsucht nach Christus, die Erfahrung der Begegnung und des Umgangs mit Ihm und seine sanftmütige Liebe uns bereits in sündenlose Menschen verwandelten. Auch wenn ihr nicht mehr ohne Erfahrung seid, erlaubt mir trotzdem, euch noch einmal daran zu erinnern: Der Feind Gottes und der Menschen – der Satan – gibt sich nicht geschlagen, er ist unermüdlich. Er stürmt gegen uns an, auch wenn die Seele in Liebe zu Gott entflammt ist. Er weiß, daß die Verführung dann schwieriger ist, aber er weiß auch, daß er, wenn sie gelingt und ein Geschöpf den Herrn beleidigt – und sei es nur im Geringen –, das Gewissen dieses Menschen in die schwere Versuchung der Verzweiflung stürzen könnte.

Wenn ihr aus der Erfahrung eines armen Priesters lernen wollt, der von nichts anderem als von Gott sprechen möchte, dann rate ich euch: Verlangt das Fleisch sein verlorenes Recht oder bäumt sich – was noch schlimmer ist – der Stolz trotzig auf, dann flüchtet zu den göttlichen Wundmalen, die von den Nägeln stammen, welche den Leib Christi ans Kreuz hefteten, von der Lanze, die seine Seite durchbohrte. Eilt zu Ihm, wie das Herz es euch eingibt: bergt in den Wunden des Herrn eure ganze Liebe zu den Menschen – und zu Gott. Denn das ist die Sehnsucht nach der Verei-

[16] Gregor von Nyssa, *In Canticum Canticorum homiliae*, 5 (PG 44, 879).

nigung mit Ihm, die Überzeugung, sein Bruder zu sein: ein Blutsverwandter, ein Sohn derselben Mutter, ist sie es doch, die uns zu Jesus geführt hat.

Das heilige Kreuz

Verlangen nach Anbetung, Verlangen nach Sühne, ge- 304
lassen und in Milde, und nicht ohne Leiden. In eurem Leben wird das Wort Jesu Wirklichkeit werden: *Wer nicht sein Kreuz auf sich nimmt und mir nachfolgt, ist meiner nicht wert*[17]. Der Herr eröffnet sich uns jedesmal drängender, Er erbittet Wiedergutmachung und Buße, und schließlich weckt Er in uns das glühende Verlangen, *für Gott zu leben* und *mit Christus gekreuzigt* zu sein[18]. Aber *wir tragen diesen Schatz in irdenen Gefäßen* – brüchig, zerbrechlich also – *damit die überreiche Fülle der Kraft nicht uns, sondern Gott zugeschrieben werde*[19].

In allem werden wir bedrängt, aber nicht erdrückt; sind im Zweifel, aber verzweifeln nicht; leiden Verfolgung, sind aber nicht verlassen; werden niedergeworfen, aber nicht vernichtet. Allzeit tragen wir Jesu Sterben an unserem Leibe[20].

Zudem bilden wir uns ein, daß der Herr uns nicht erhört, daß wir uns täuschen, daß wir nur unsere eigene Stimme vernehmen, die Selbstgespräche führt. Wir fühlen

[17] Mt 10, 38.
[18] Gal 2, 19.
[19] 2 Kor 4, 7.
[20] 2 Kor 4, 8–10.

uns haltlos auf Erden und vom Himmel verlassen. Und doch empfinden wir eine echte, wirkliche Abscheu vor der Sünde, auch wenn sie nur läßliche Sünde ist. Fallen wir, hartnäckig wie die Kananäerin, in Ergebenheit vor Ihm nieder, beten wir Ihn an, rufen wir wie sie: *Herr, hilf mir*[21]. Und das Licht der Liebe wird die Dunkelheit verscheuchen.

305 Das ist die Stunde auszurufen: Gedenke Deiner Verheißungen, und ich werde mit Hoffnung erfüllt; das wird mir, der ich nichts bin, Trost geben und mein Dasein mit Starkmut erfüllen[22]. Unser Herr will, daß wir in allem mit Ihm rechnen; und uns wird klar, daß wir ohne Ihn nichts tun können[23] und mit Ihm zusammen alles vermögen[24]. So festigt sich unser Entschluß, immer in seiner Gegenwart zu wandeln[25].

Mit göttlicher Klarheit erkennen wir dann, scheinbar ohne eigenes Zutun, daß, wenn der Schöpfer sich um alle, sogar um seine Feinde, kümmert, Er um wieviel mehr dann für seine Freunde Sorge tragen wird! Wir gelangen zu der Überzeugung, daß jedes Übel, jede Widerwärtigkeit zum Guten gereicht; so wird unser Geist immer stärker von Freude und Frieden erfüllt, die uns künftig durch nichts Menschliches mehr zu rauben sind; denn diese *Heimsuchungen* hinterlassen immer eine Spur von Ihm, eine göttliche Spur. Wir preisen dann den Herrn, unseren Gott, der

[21] Mt 15, 25.
[22] Vgl. Ps 118, 49–50.
[23] Vgl. Jo 15, 5.
[24] Vgl. Phil 4, 13.
[25] Vgl. Ps 118, 168.

wunderbare Werke an uns vollbracht hat[26], und wir begreifen, daß wir erschaffen wurden mit der Fähigkeit, einen unermeßlichen Schatz unser eigen zu nennen[27].

Die Allerheiligste Dreifaltigkeit

Am Anfang standen einfache, schöne mündliche Gebe- 306
te, die wir als Kinder gelernt hatten und die wir niemals aufgeben möchten. Jetzt fließt das Gebet, das kindlich naiv begann, wie ein breiter, stiller und sicherer Strom; es folgt den Spuren der Freundschaft mit dem, der sagte: *Ich bin der Weg*[28]. Wenn wir Christus so lieben, wenn wir uns mit einer heiligen Verwegenheit in die offene Wunde seiner Seite, von der Lanze einst Ihm beigebracht, flüchten, dann wird sich die Verheißung des Meisters erfüllen: *Wenn einer mich liebt, wird er mein Wort bewahren, und mein Vater wird ihn lieben, und wir werden zu ihm kommen und Wohnung bei ihm nehmen*[29].

Das Herz kann dann gar nicht mehr anders, als jede einzelne der drei göttlichen Personen zu kennen und anzubeten. Das ist für die Seele wie eine neue Entdeckung im übernatürlichen Leben, so wie ein kleines Kind nach und nach die Welt entdeckt. Die Seele hält liebende Zwiesprache mit dem Vater, dem Sohn und dem Heiligen Geist; sie unterwirft sich gern dem Wirken des lebenspendenden

[26] Vgl. Jb 5, 9.
[27] Vgl. Weish 7, 14.
[28] Jo 14, 6.
[29] Jo 14, 23.

Trösters, der, ganz ohne unser Verdienst, in uns Einzug hält und uns die übernatürlichen Gnadengaben und Tugenden schenkt.

307 *Wie der Hirsch nach den Wasserquellen verlangt*[30], so sind auch wir herbeigeeilt mit trockenem, ausgedörrtem Mund. Wir wollen aus der Quelle lebendigen Wassers trinken. Und auf die natürlichste Weise verweilen wir den ganzen Tag bei dieser reichen Quelle klaren Wassers, das ins ewige Leben strömt[31]. Worte sind überflüssig, weil die Sprache versagt; der Verstand kommt zur Ruhe. Nicht mehr Nachdenken, sondern Anschauen! Und in der Seele hebt von neuem ein Lied an, ein neuer Gesang: denn auch sie fühlt und weiß sich von Gott angeschaut, liebevoll, immerwährend.

Ich denke jetzt nicht an außergewöhnliche Situationen. Vielmehr gehört dies zu den normalen Erfahrungen, die eine Seele sehr wohl machen kann: sie kann von der Torheit der Liebe so ergriffen werden, daß sie, ganz natürlich und ohne Aufhebens, die Lehre von Leiden und Leben erfaßt, denn Gott schenkt dann die Gabe der Weisheit. Welche Ruhe und welcher Frieden dann, wenn wir *den schmalen Weg, der zum Leben führt*[32], gehen.

308 Ist das Askese? Ist es Mystik? Mich kümmert es nicht. Ob Askese oder Mystik: was macht das schon aus? Es ist ein Geschenk Gottes. Wenn du dich um ein betrachtendes Gebet bemühst, wird dir der Herr seinen Beistand nicht versagen. Glaube und Taten aus dem Glauben: Taten, denn

[30] Ps 41, 2.
[31] Vgl. Jo 4, 14.
[32] Mt 7, 14.

die Erwartungen des Herrn an uns steigern sich mit der Zeit – du hast das selbst vom Anfang an erfahren, und ich hatte es dir seinerzeit gesagt. Das ist bereits Beschaulichkeit und Vereinigung, und so soll das Leben vieler Christen sein: Jeder schreitet auf seinem eigenen geistlichen Weg voran – es gibt deren sehr viele –, mitten in den Anforderungen der Welt, auch wenn er sich dessen nicht voll bewußt ist.

Unser Gebet und unser Verhalten lenken uns nicht von unseren gewöhnlichen Beschäftigungen ab; inmitten unserer rechtschaffenen irdischen Anliegen führen sie uns zum Herrn. Das menschliche Geschöpf vermag all dies emporzuheben zu Gott und so die Welt zu vergöttlichen. Wie oft habe ich das Beispiel von König Midas gebraucht, der alles, was er berührte, in Gold verwandelte! Auch wir können das, trotz unserer persönlichen Unzulänglichkeiten: wir können alles, was wir berühren, in das Gold übernatürlicher Verdienste verwandeln.

Seht, wie Gott handelt: Der Sohn kehrt heim; nachdem 309
er durch ein ausschweifendes Leben sein Geld verschleudert und – vor allem – seinen Vater vergessen hat, sagt der Vater: *Schnell, bringt das beste Gewand und zieht es ihm an. Gebt ihm einen Ring an die Hand und Schuhe an die Füße. Dann holt das Mastkalb und schlachtet es. Wir wollen ein Freudenmahl halten und fröhlich sein*[33]. Wenn wir uns reuig an unseren Vater Gott wenden, dann macht Er aus unserem Elend Reichtum und aus unserer Schwachheit Stärke. Was wird Er uns bereiten, wenn wir Ihn nicht verlassen, wenn wir jeden Tag bei Ihm sind, wenn wir Worte

[33] Lk 15, 22–23.

der Liebe, mit Taten bekräftigt, an Ihn richten, wenn wir im Vertrauen auf seine Allmacht und Barmherzigkeit alles von Ihm erbitten? Der Sohn kehrt heim, nachdem er seinen Vater verraten hat, und schon bereitet dieser ein Festmahl: Was wird Er uns gewähren, uns, die wir immer bestrebt gewesen sind, an seiner Seite zu bleiben?

Löschen wir also in uns die Erinnerung an uns zugefügte Beleidigungen, an erlittene Demütigungen, mögen sie noch so ungerecht, ungehörig und grob gewesen sein; denn ein Kind Gottes führt nicht Buch darüber, um die ganze Liste später einmal vorzulegen. Wir dürfen das Beispiel Christi nicht vergessen, wir dürfen unseren christlichen Glauben nicht wie ein Kleidungsstück wechseln; er kann geschwächt oder gestärkt werden, und er kann auch verloren gehen. Durch das übernatürliche Leben wird der Glaube gestärkt, und die Seele erschaudert, wenn sie bedenkt, wie elend und nackt der Mensch ohne Gott dasteht. Sie vergibt dann, und sie dankt: Mein Gott, wenn ich mein armes Leben betrachte, dann finde ich keinen einzigen Grund für Eitelkeit, und erst recht nicht für Stolz; ich finde nur viele Gründe für Reue und Zerknirschung; und ich weiß sehr wohl, daß Dienen die beste Art zu herrschen ist.

Lebendiges Gebet

310 *So will ich denn aufstehen und die Stadt durchstreifen; will auf Straßen und Plätzen den suchen, den meine Seele liebt*[34] ... Nicht nur die Stadt: die ganze Welt von einem

[34] Hl 3, 2.

Ende bis zum anderen, Nationen und Völker will ich durchstreifen, auf breiten Wegen und engen Pfaden, um Frieden für meine Seele zu erlangen. Ich finde ihn in den Beschäftigungen des Alltags; sie stören mich nicht, sondern sie sind vielmehr der Grund, Gott mehr und mehr zu lieben und mich mehr und mehr mit Ihm zu vereinigen.

Wenn heftige Versuchungen lauern – Mutlosigkeit, Widerwärtigkeiten, innerer Streit, Drangsal – und von neuem Nacht die Seele bedroht, dann legt uns der Psalmist in Geist und Mund das Wort: *In allen Nöten bin ich Ihm nahe*[35]. Was bedeutet, Jesus, mein Kreuz gegenüber Deinem Kreuz? Was sind meine Schrammen gegenüber Deinen Wunden? Was bedeutet ein wenig Kummer, den Du auf meine Schultern gelegt hast, gemessen an Deiner unendlichen, gewaltigen, reinen Liebe? Und mein und euer Herz erfüllt dann der heilige Drang, dem Herrn mit Werken zu bezeugen, daß *wir vor Liebe vergehen*[36].

Es entsteht in uns ein Durst nach Gott und das Verlangen, seine Tränen zu begreifen, sein Lächeln und sein Antlitz zu sehen . . . Am besten drücken wir das aus mit jenem Wort der Heiligen Schrift, das wir von neuem bedenken: *Wie der Hirsch nach den Wasserquellen verlangt, so verlangt meine Seele nach Dir, o Gott*[37]. Die Seele schreitet fort, in Gott geborgen, vergöttlicht. Der Christ ist zu einem dürstenden Wanderer geworden, der seinen Mund über die Wasserquellen beugt[38].

[35] Ps 90, 15.
[36] Vgl. Hl 5, 8.
[37] Ps 41, 2.
[38] Vgl. Sir 26, 15.

311 Eine solche Hingabe entfacht den apostolischen Eifer, der von Tag zu Tag wächst und andere mit demselben Verlangen ansteckt, denn das Gute will sich mitteilen. Wenn unsere armselige Natur so nahe bei Gott ist, kann es gar nicht anders sein, als daß sie vor Hunger brennt, in der ganzen Welt Freude und Frieden zu säen, alles mit den erlösenden Wassern zu überfluten, die aus der geöffneten Seite Christi hervorquellen[39], und all ihr Tun aus Liebe zu beginnen und aus Liebe zu vollenden.

Ich sprach vorhin von Schmerz, Leid und Tränen. Ich widerspreche mir nicht, wenn ich jetzt sage, daß ein Jünger Christi, der in Liebe den Meister sucht, Trauer, Drangsal und Bedrückung anders empfindet: sie verschwinden für ihn in dem Maße, in dem er wirklich den Willen Gottes annimmt und freudig die göttlichen Fügungen bejaht: als treuer Sohn, mögen auch die Nerven bis zum äußersten gespannt sein und die Qual unerträglich erscheinen.

Der Alltag

312 Ich möchte noch einmal bekräftigen, daß ich nicht über eine außergewöhnliche Art des christlichen Lebens spreche. Jeder einzelne von uns möge darüber nachdenken, was Gott für ihn getan, und wie er dem entsprochen hat. Wenn wir in dieser persönlichen Gewissenserforschung ehrlich sind, werden wir entdecken, was uns noch fehlt. Gestern hat es mich sehr bewegt, als man mir von einem noch ungetauften japanischen Glaubensschüler erzählte,

[39] Vgl. Jo 19, 34.

der anderen, die Christus noch nicht kennen, Katechismusunterricht erteilt. Ich habe mich geschämt. Mehr Glauben brauchen wir, mehr Glauben! Und zusammen mit dem Glauben, ein beschauliches Leben.

Bedenkt noch einmal in Ruhe jene göttliche Mahnung, die die Seele mit Unruhe erfüllt und sie zugleich die Süße des Wabenhonigs schmecken läßt: *Redemi te et vocavi te nomine tuo: meus es tu*[40], ich habe dich erlöst und dich beim Namen gerufen, du bist mein! Nehmen wir Gott nicht das, was sein Eigentum ist. Er ist ein Gott, der uns so sehr geliebt hat, daß Er für uns gestorben ist; ein Gott, der uns von aller Ewigkeit her, noch vor Erschaffung der Welt, auserwählt hat, damit wir in seiner Gegenwart heilig seien[41]; ein Gott, der uns immerfort Gelegenheit bietet, uns zu läutern und hinzugeben.

Sollten wir immer noch zweifeln, empfangen wir einen weiteren Beweis aus seinem Munde: *Nicht ihr habt mich erwählt, sondern ich habe euch erwählt, damit ihr hingeht und Frucht bringt, und eure Frucht bleibe*[42], nämlich die Frucht eurer Arbeit als beschauliche Seelen.

Also: Glaube, übernatürlicher Glaube. Wenn der Glaube schwach ist, neigt der Mensch dazu, sich einzubilden, Gott sei weit weg und kümmere sich kaum um seine Kinder. Wer so denkt, sieht dann in der Religion etwas, das man dem eigenen Leben im Notfall überstülpen kann, und er erwartet ohne Grund spektakuläre Äußerungen, außergewöhnliche Ereignisse. Wenn dagegen der Glaube die

[40] Is 43, 1.
[41] Vgl. Eph 1, 4.
[42] Vgl. Jo 15, 16.

Seele durchpulst, dann entdeckt man, daß die Wege des Christen die des gewöhnlichen, alltäglichen menschlichen Lebens sind. Und man wird gewahr, daß die große Heiligkeit, die Gott von uns erwartet, in den kleinen Dingen eines jeden Tages – hier und heute – verborgen liegt.

313 Ich pflege gern von einem „Weg" zu sprechen, denn wir sind ja unterwegs zu den himmlischen Wohnungen, zu unserer Heimat. Aber seid euch darüber im klaren, daß ein Weg, auch wenn er manchmal besondere Hindernisse bietet – wie etwa einen Fluß zu überqueren oder einen kleinen, dichten Wald zu durchdringen – für gewöhnlich etwas Alltägliches und ohne Überraschungen ist. Die Gefahr liegt in der Gewöhnung: in der Annahme, Gott könnte in dieser konkreten Sache in diesem Augenblick nicht zugegen sein, denn sie ist ja so banal, so alltäglich!

Zwei der Jünger Jesu gingen nach Emmaus. Es war ein gewöhnlicher Weg, wie der Weg so vieler anderer Wanderer dorthin. Da gesellt sich, ganz natürlich, Jesus zu ihnen. Das Gespräch mit Ihm verscheucht die Müdigkeit. Ich stelle mir die Szene vor. Der Tag neigt sich bereits, eine leichte Brise weht. Ringsum Felder. Der Weizen ist schon fast reif, die alten Ölbäume schimmern silbrig im schwächer werdenden Licht.

Jesus ist auf dem Weg. Groß bist Du, o Herr! Bist es immer, aber Deine Größe trifft mich besonders, wenn ich sehe, wie Du Dich herabläßt, um uns in unserem Alltag zu folgen, um uns zu suchen. Herr, gewähre uns die Einfalt des Geistes, den ungetrübten Blick, den klaren Verstand, damit wir Dich erkennen, wenn Du ohne äußere Zeichen Deiner Größe zu uns kommst.

Als sie das Dorf erreichen, geht die Wanderung zu 314
Ende. Die beiden Jünger sind – ohne es zu merken – von den Worten und der Liebe des menschgewordenen Gottes in ihrem Herzen tief getroffen. Sie bedauern, daß der Herr weiterzieht. Denn Er grüßte sie und *tat, als wolle Er weitergehen*[43]. Er, unser Herr, drängt sich nie auf. Er möchte, daß wir Ihn von uns aus rufen, nachdem wir die Reinheit seiner Liebe, die Er uns in die Seele gelegt hat, einmal erahnt haben. Wir müssen Ihn *nötigen*, Ihn bitten: *Bleibe bei uns, denn es will Abend werden, und der Tag hat sich schon geneigt*[44], es wird Nacht.

So sind wir: immer wenig kühn, vielleicht aus Unaufrichtigkeit, vielleicht aus Scham. Im Grunde denken wir: Bleibe bei uns, denn unsere Seele ist von Finsternis umhüllt, und nur Du bist das Licht, nur Du kannst die Sehnsucht in uns stillen, die uns verzehrt. Denn *verkennen wir unter den wunderbaren, edlen Gaben nicht die beste von allen: Gott für immer zu besitzen*[45].

Jesus bleibt. Wie dem Kleophas und seinem Begleiter gehen uns die Augen auf, da Christus das Brot bricht. Mag Er auch unseren Blicken wieder entschwinden, fortan werden wir fähig sein, uns von neuem auf den Weg zu machen, während die Nacht hereinbricht, um zu den anderen über Ihn zu sprechen, denn soviel Freude kann ein Herz allein nicht fassen.

Der Weg nach Emmaus ... Welch gewinnenden Klang hat Gott diesem Namen geben wollen. Emmaus – das ist

[43] Lk 24, 28.
[44] Lk 24, 29.
[45] Gregor von Nazianz, *Epistolae,* 212 (PG 37, 349).

die ganze Welt, denn der Herr hat die Wege Gottes auf Erden geöffnet.

Mit den heiligen Engeln

315 Ich bitte den Herrn darum, daß wir uns hier auf Erden niemals vom göttlichen Wanderer trennen. Festigen und vertiefen wir deshalb auch unsere Freundschaft mit den heiligen Schutzengeln. Wir alle haben Begleitung nötig: Begleitung des Himmels und der Erde. Verehrt die heiligen Engel! Eine Freundschaft besitzen, das ist sehr menschlich, aber auch sehr göttlich, genauso wie unser Leben göttlich und menschlich zugleich ist. Erinnert ihr euch an das Wort des Herrn? *Ich nenne euch nicht mehr Knechte, sondern Freunde*[46]. Er lehrt uns, Vertrauen zu den Freunden Gottes zu haben, die bereits im Himmel wohnen, und zu den Mitmenschen um uns; und auch zu denen, die sich – wie es scheint – von Gott abgewandt haben, denn wir wollen sie auf den guten Weg zurückführen.

Ich schließe mit einem Wort des heiligen Paulus an die Kolosser: *Und so hören wir nicht auf, für euch zu beten und darum zu bitten, daß ihr erfüllt werdet mit der Erkenntnis seines Willens in aller geisterfüllten Weisheit und Einsicht*[47]. Diese Weisheit erlangen wir durch das Gebet, durch die Beschauung und durch das Wirken des Heiligen Geistes in der Seele.

Auf diese Weise gelingt es, *daß ihr des Herrn würdig*

[46] Jo 15, 15.
[47] Kol 1, 9.

wandelt, ganz so, wie es Ihm wohlgefällt. Ihr sollt an allen guten Werken fruchtbar sein und durch die Erkenntnis Gottes wachsen; ihr sollt dank seiner machtvollen Herrlichkeit mit aller Kraft zu aller Geduld und Langmut ausgerüstet werden und mit Freude dem Vater danksagen, der uns befähigt hat, am Erbe der Heiligen im Lichte teilzunehmen. Er hat uns der Gewalt der Finsternis entrissen und in das Reich seines geliebten Sohnes versetzt[48].

Möge die Mutter Gottes, die auch unsere Mutter ist, 316
uns beschützen, damit jeder von uns der Kirche in der Fülle des Glaubens, mit den Gaben des Heiligen Geistes und mit einem beschaulichen Leben dienen kann. Jeder gebe freudig Gott die Ehre durch treue Erfüllung der eigenen Pflichten im Beruf, im eigenen Wirkungskreis und gemäß dem eigenen Stand.

Liebt die Kirche und dient ihr in Freude als Menschen, die sich aus Liebe zu diesem Dienst entschlossen haben. Wenn wir auf Menschen ohne Hoffnung, wie die beiden Emmaus-Jünger, treffen, dann wollen wir – nicht im eigenen, sondern in Christi Namen – voller Glauben auf sie zugehen und ihnen sagen, daß die Verheißung Jesu nicht fehlgehen kann, daß Er immer über seine Braut wacht und sie niemals verläßt. Die Finsternis wird schwinden, denn wir sind Kinder des Lichtes[49] und zum ewigen Leben berufen.

Er wird jede Träne von ihren Augen wegwischen, der Tod wird nicht mehr sein, und nicht Trauer und Klage und Mühsal; denn das Frühere ist vergangen. Der auf dem Thron sitzt, sprach: „Siehe, ich mache alles neu!" Und er

[48] Kol 1, 10–13.
[49] Vgl. Eph 5, 8.

sagte zu mir: „Schreibe, denn diese Worte sind zuverlässig und wahr." Weiter sprach er zu mir: „Es ist geschehen. Ich bin das Alpha und das Omega, der Anfang und das Ende. Umsonst werde ich dem Dürstenden von der Quelle lebendigen Wassers zu trinken geben. Der Sieger wird dies als Erbe erhalten: ich werde ihm Gott sein, und er soll mir Sohn sein"[50].

[50] Offb 21, 4–7.

VERZEICHNIS DER SCHRIFTSTELLEN

(Die Zahlen verweisen auf die Randnumerierung im laufenden Text)

ALTES TESTAMENT

Markusevangelium

Lukasevangelium

Johannesevangelium

Apostelgeschichte

Römerbrief

1. Korintherbrief

2. Korintherbrief

Galaterbrief

Epheserbrief

Philipperbrief

Judasbrief

Geheime Offenbarung

VERZEICHNIS DER KIRCHENVÄTER, KIRCHENLEHRER UND ANDERER KIRCHLICHEN SCHRIFTSTELLER

STICHWORTVERZEICHNIS

ABBILDUNGSVERZEICHNIS

Lucas Cranach d. Ä. (1472–1553) Seite

Albrecht Dürer (1471–1528)

Hans Baldung, genannt Grien (1484/85–1545)

Martin Schongauer (um 1425–1491)

Meister LCZ (um 1500)